「孤独・孤立」の歴史社会学

梅田直美 著

晃洋書房

目次

第II部　戦後社会システムの歪みと孤独・孤立問題の形成
——逸脱する人々をめぐって

序章

筆者はこれまで、戦後日本を中心に孤独・孤立をめぐる言説活動の歴史を研究してきた[1]。言説活動は、ある事柄に関する人々の認識枠組みを転換・変容させる可能性をもつ一方で、特定の認識枠組みを固定化し支え続ける可能性ももつ。筆者のこれまでの研究では、孤独・孤立をめぐる言説活動もまた、その両面性をもっていることが見出される。孤独・孤立という言葉で指し示される存在・状態を問題化する言説活動は、その背後にある社会システムの問題を浮き彫りにして世に問い、改善・変革のためのアクションを生み出してきた。一方で、社会システムから外れることに対する人々の不安を掻き立て、社会システムに適合的な生き方をしなければならないと思わせてきた側面もある。本書ではこうした両面性を視野に入れたうえで、孤独・孤立をめぐる言説活動が人々の生き方や社会システムのあり様にいかなる影響をもたらしてきたか、また、今後もたらしうるかを検討する。

第1節　問題の所在

1　孤独・孤立をめぐる言説活動の歴史

現在、孤独・孤立に対する社会の関心は、かつてないほどに高まっている。日本では、英国での孤独担当大臣設置に続き、二〇二一年に孤独・孤立対策室とその担当大臣が設置され、二〇二三年に孤独・孤立対策推進法が公布された。メディアでも孤独・孤立に関する報道や特集が組まれ、子どもから高齢者まであらゆる層の孤独・孤立の問題が取り上げられている。

筆者の調査によれば、戦後日本社会で孤独・孤立が社会的に対処すべき問題として注目され始めたのは一九六〇年頃である。詳細は後に述べるが、ここで戦後から現在までの孤独・孤立をめぐる言説活動の歴史の概略をまとめ、問題の所在について述べたい。

まず、一九六〇年代までの日本社会では、孤独・孤立が問題か否かは論争を呼ぶテーマであった。その論争は、単純化すると、近代化批判論と近代化肯定論との対立であったといえる。近代化に伴っては、地縁・血縁などの第一次的つながりは失われ社会解体が進むというのが当時の通説であった。その通説に沿って、一九五〇年代から六〇年代には日本社会でも個人主義が進行し社会的連帯が希薄化しているという言説が学術領域を中心に形成された。また、近代化の進展に伴っての大衆社会の出現をめぐる議論、すなわち大衆社会論を基盤として、「個人がバラバラになり無力な群衆として孤独に晒されている」という言説も流布した。一方で、そうした批判に対しては近代化肯定論の立場からの対抗言説が形成された。社会の各所で孤独・孤立の状態がみられるのは、近代化によって個人が前近代的束縛から解放され、個を確立し自律的な連帯を獲得するまでの過渡期であるからだと論じられた。このように、この時期には孤独・孤立を問題とする言説は主に近代化をめぐる議論のなかで現れ、孤独・孤立が問題か否かに関しては対立・論争が生じていたのである。

一九六〇年代末頃から、孤独・孤立をめぐる言説活動は新たなフェーズに入った。孤独・孤立は社会的に対処すべき問題であると主張する言説活動が活発化し、そのほとんどが、戦後社会システムの歪みを背景に逸脱する人々の問題をめぐって立ち現れた。一九六〇年代末から七〇年代初めにかけての時期には、自殺・孤独死につながる高齢者の社会的孤立、子殺し・母子心中の背景としての母親の孤立などを問題化する言説が形成された。これらはいずれも、各々の逸脱行動を個人の特殊な事情や精神・モラルの問題とする言説への対抗言説として現れ、「個人の問題」を「社会の問題」へと転化させた。一九七〇年代から八〇年代にかけては、「登校拒否」や「非行」、「いじめ自殺」などをめぐり、母子の孤立や子どもの孤独・孤立が問題化され始めた。以上のように一九六〇年代末から八〇年代にかけては、少数者の逸脱行動に注目してその背後にある社会システムの歪みを浮き彫りにして世に問い、それまで「個人の問題」とされてきた事象を「社会の問題」に転化させる活動が活発化した。

一九九〇年代以降は、失業・過労・うつなどを原因とした中高年者の自殺と孤独死、「ひきこもり」や非正規就労の状態にある若者の貧困問題が注目されたことで、中高年者と若者の孤独・孤立も問題化されていく。これらの言説活動は、高齢者や母子の孤独・孤立の言説活動と重なり、二〇一〇年の「無縁社会」ブームに結実する。(2) 未婚化・単身化が進むことで今後さらに孤独・孤立の問題が深刻化するという衝撃的な将来予測に加え、二〇一〇年代からは就職氷河期世代の「その後」として、「中高年ひきこもり」と「八〇五〇問題」も注目を集めている。同時に、ひとり親世帯、在日外国人、難病者、障害者、性的マイノリティ、ヤングケアラーなどの様々な状況を捉えた孤独・孤立の問題化も進んでいる。さらに、コロナ禍を経て貧困を中心に社会的排除の問題がさらに露呈し、そのことに関する言説活動も活発化した。そして現在は、孤独・孤立が政策的にも重要課題とされ、「誰もが孤独・孤立と隣り合わせである」という言説が流布するに至っている。

2　戦後社会システムの歪みと逸脱する人々

以上の経緯をみると、一九六〇年代末以降の孤独・孤立をめぐる言説活動は、その多くが社会システムの歪みを背景に逸脱する人々をめぐる問題であることがわかる。また、留意すべきは、その対象が年を追うごとに拡大し続けていることである。一九八〇年代までの言説活動では、孤独死、子殺し・母子心中、児童虐待、自殺、犯罪など少数者の逸脱行動をめぐり、その背景・原因として孤独・孤立が問題化されるパターンが中心であった。いずれも社会的インパクトの大きい事件がきっかけとなり、各々の事件は「氷山の一角」で背後には同様の状況にある「予備軍」が多数いることが想定され、だからこそ、それらの事件が起きるたびに各々の問題への社会的対処の必要性が主張された。とはいえ、これらの問題をめぐっては社会システムの根幹を変えるべきであるという認識の普及には至らず(3)、既存の社会システムの強化や新しい市民的連帯の創出と展開による対応が主張された。たとえば、高齢者や母子の孤立を防ぐための地域福祉活動など、社会保障システムや地域活動の充実により対応可能な問題とみなされたのである。

しかし、近年においては、そうした対応では追いつかないほど孤独・孤立の問題は拡大し多様化している。その様相をみると、近年の深刻な孤独・孤立問題とは、明らかに社会システムの歪み・綻びによるもの、すなわち社会システムからこぼれ落ちる人々の問題であることがわかる。「無縁社会」「一億総孤独社会」といわれるように、問題の当事者とされるのはもはや少数派ではない。背景には、「失われた三〇年」を経て、経済格差が広がるなかで貧困と社会的排除が深刻化している現実がある。近年の孤独・孤立の問題は、貧困と社会的排除と強く結びついており、もはや「逸脱」と呼ぶようなものではない。孤独・孤立の問題はしばしば、後期近代社会における「個人化」、つまり生き方や人間関係の選択が個人にゆだねられるようになった帰結とされることがあるが、現在の日本社会で孤独・孤立が深刻な問題となるケースでは、個人の選択の帰結などではなく、社会システムの歪みのなかで選択すらできない人々が追い詰められている実態がある。そして、その状況を問題化する言説活動は、二〇〇〇年代には既に始まっていた。病気や貧困などの事情を抱えながらも弱った家族の「自己責任」でケアの問題に対処するしかなかった末に起きた心中・虐待や親族間殺人。失業・過労などを原因とする中高年者の自殺と孤独死。人間関係の問題や過労、ケアによる休学・離職など様々な事情がきっかけとなった子ども・若者や中高年者の「ひきこもり」。いくら頑張って働いても改善されない、住居喪失や飢餓の状態にもなりかねないほど貧困と孤立の状態にある人々の存在を示す「ワーキングプア」「ネットカフェ難民」の問題など、資本主義と新自由主義が加速し「自己責任」が強調されるなかで、綻びだらけの社会システムからこぼれ落ちる人々の存在を示す問題群がメディアを賑わせ始めてから、もう数十年が経つ。そしてそこには、障害者、ひとり親世帯、在日外国人など、より困難な状況に陥りやすいと懸念される人々の問題も埋め込まれている。

また、注目すべきは、戦後の日本型社会システムにおいて中心的存在と想定されてきた中高年男性の孤独・孤立の問題化が顕著に進んでいることである。戦後の日本型社会システムでは、中高年男性は労働者として企業を中心とした職場の組織に属するとともに、妻と子どもからなる家族によって支えられる存在のはずであった。そのため、中高年男性については、近隣関係の希薄化や定年後の孤独は指摘されたとしても、現役世代のあいだに孤独・孤立に関する問題を指摘されることはほぼなかった(4)。しかし、一九九〇年代以降、格差拡大と貧困、社会的排除の問題が深化し、もはや戦後の日本型社会システムは中心部から綻びだらけとなっている。近年の中高年男性の孤独・孤立の問題化の進行はそのことを示している。

以上の状況への危機意識から、近年の孤独・孤立をめぐる言説活動のなかには、社会システムの根幹、さらには加速する資本主義や新自由主義、自己責任型の社会そのものに対して警鐘を鳴らし見直しを迫るものもある。しかし、社会システムの根幹はまだまだ変わりそうにない。私たちは、二〇〇〇年代には既に綻びだらけの社会システムから外れる人々の存在を十分に認識していたはずである。にもかかわらず、あれから二〇年以上経った現在においても、社会はいかに現状を維持するかに苦心している。各々の問題は解決に向かうどころか深刻さを増すばかりである。

なぜ、このような事態が生じ続けるのだろうか。私たちは、これからこの社会を変えることができるのだろうか。変えずにそのままで、社会システムからこぼれ落ちる人をできるだけ少なくし、こぼれ落ちる人がうまくシステムに乗れるように互いに助け合う精神やしくみを育てて乗り越えていくのがベストなのだろうか。

周知の通り、日本社会では明治維新期の近代国家形成から現在に至るまで、グローバルな近代システムを日本的特殊性と融合・調整しながら取りこみ、いわゆる日本型社会システムを構築・運用してきた。戦後は、サラリーマンの夫と専業主婦の妻、子どもからなる「近代家族」を柱とした家族システム、学校での義務教育と家庭教育を柱とした教育システム、終身雇用制を柱とした労働システム、これらを前提に設計された国民皆保険・国民皆年金を柱とする社会保障システムで構成される日本型社会システム[5]が運用され、高度経済成長を成し遂げた。しかし、後期近代に入ると、経済情勢の悪化、グローバルな新自由主義の潮流、国際秩序の変容、環境破壊と気候変動・自然災害、パンデミック、個人化、少子高齢化と人口減少などの内的・外的要因が絡み合い、その社会システムに歪みや綻びが生じ続けてきた。現在に至っては、機能不全に陥りつつあるといってよいだろう。格差拡大と貧困、虐待、孤独死、自殺、「ひきこもり」など、既存の問題は件数増加と深刻化の一途を辿る上に、新たな問題が次々と発見され、社会が「緊急に対処すべき」とする問題は枚挙にいとまがない。これらの問題の当事者となっていなくても、先行き不透明で至るところに誰がいつなってもおかしくない問題が多々存在し、不安感や閉塞感、生きづらさを抱える人々も少なくない。これらの状況をふまえると、既存の社会システムをそのまま持続させる、あるいはマイナーチェンジする程度では根本的な解決にはならないだろう。しかし、こうした社会システム批判とその変革は、これまで幾度叫ばれても、国家レベルでは取り組まれてこなかった。特に、よく指摘されていることだが、日本社会では官も民も戦後の高度経済成長の経験が染みつき、いまだにその枠組みから逃れることができていない。やり方次第では「成長」や「活性化」が可能であるという前提で、イノベーションが叫ばれている。

そうした中で、孤独・孤立に関わる問題群に対しては、社会的排除／包摂が焦点化され、国家・自治体レベルの対応もなされようとはしている。しかし、その対応は社会システムの歪み・綻びに関する実態の解明と、それらをふまえたシステムの改善・変革ではなく、システムに適合できない「弱い」人々を、いかにケアしつつ適合させるかが目的とされている。いいかえれば、社会システムが機能不全となりそれにより逸脱せざるを得ない、あるいは排除されてしまう人々が多数いるにもかかわらず、その対応としてシステムの綻びや不全部分の改善・変革に向かうよりも、逸脱する・排除される人々をシステムに適合させていくためのしくみや制度を整備することでシステムを維持することに注力している。たとえば、家族・企業を柱とした社会システムが機能不全になっていることの対応として、家族・企業に頼らなくてもよいシステムに変えるのではなく、未婚化・単身化を止めるしくみを整え、企業からドロップアウトした人も再度労働市場に戻れるような訓練や支援を強化する、などが例として挙げられる。

3　孤独・孤立をめぐる言説活動の可能性と問題性

一方で、近年は、そうした社会のあり方に問題意識をもつ人々の実践も増えている。周知のとおり、NPO・NGOや公益団体をはじめ、個人レベルでも問題の本質を考え切り込む創造的な生活実践や社会活動・言説活動が様々な領域で行われており、それらの活動は、先に述べたような綻びだらけの社会のなかでの希望となっている。ここで留意したいのは、これらの実践の多くが、社会システムに適合的な生き方から外れる、あるいは社会システムからこぼれ落ちる人々・状態をめぐって行われていることである。歴史的にみても、社会から外れる存在こそが、社会システムの綻びや機能不全をあらわにし、システムを改善・変革させる力の源となってきた。「登校拒否」をめぐっての親の会やフリースクール運動と教育システムの変革、子殺し・母子心中や児童虐待をめぐっての育児の孤立の訴えと子育て支援制度の確立などが、その例である。

具体的にいくつかの例をみると、一九七〇年代に子殺しが注目を集めた時期があった。最初は「鬼の母」「母性喪失」と母親だけを責める言説が支配的であったが、次第に「自分も同じ立場なら同じことをするかもしれない」と考えた母親らが「子殺しを考える会」を結成し、同様の問題意識をもつ研究者らと活発な言説活動を展開した。この活動が「母親が孤立して子育てする状態」、すなわち「母親の孤立」を問題として立ち上げ、育児の社会化を促進する重要な布石となった。現在では、多くの人が「母親が孤立して子育てする状態」を「問題」と認識できるが、かつては、母親がひとりで子育てをするのが「当たり前」であり、それに疲労や負担を感じると吐露する母親は「母性喪失」「母親失格」と非難された。子殺しをめぐる言説活動は、子育てや女性の生き方に関する認識枠組みを転換させ、母親である女性が置かれた状況をより良くするための様々な制度改善や社会活動の芽生えにつながった。このように、孤独・孤立をめぐる言説活動は、社会システムの綻びや問題性をあらわし、世に問い、私たちの認識枠組みの転換を引き起こし、結果的には私たちの生き方や生活実践、さらにそこから社会制度や社会システムの改善ないし変革を生じさせ得る可能性をもつ。

一方で、孤独・孤立をめぐる言説活動は、その活動の目的にかかわらず、社会システムから外れる／こぼれ落ちることに対する不安を掻き立てて社会システムに適合的な生き方を人々に強く志向させ、システムの維持を支えるという側面もある。たとえば、二〇一〇年の「無縁社会」ブームで世に出た数々の書籍・番組には孤独死や行き倒れのエピソードが掲載され、それをみて「私もそうなってしまうかもしれない」と多数の人々が不安を募らせた。これらの言説は、未婚でいることや定職につかないこと、退職・休職などは社会システムに適合的な生き方から外れることであり、孤独死・行き倒れにつながりかねないリスクであることを強調するものであった。実際に、この孤独・孤立に対する不安の蔓延により、結婚支援・就労支援の政策は強化され、人々の認識にも影響を与えることとなった。未婚でいることや定職に就かないことを孤独・孤立と結びつけて問題化する言説活動により、それらの状態が生存のリスクに直結するという認識枠組みが形成されたのである。言説活動を行っている人々自体は、個人の生き方を変えよというのではなく、社会システムの問題を指摘しシステム自体を改善・変革すべきと主張していることも多い。しかし、現実として、それらの活動で形成され普及される言説は、人々が社会システムに適合的な生き方から外れることを困難にしている側面もある。

以上みてきたように、孤独・孤立の状態にある人々をめぐる言説活動は、社会システムの改善・変革につながる可能性をもつと同時に、社会システムから外れることに対する人々の不安を煽り、問題があるにもかかわらず既存の社会システムを温存させることにつながる側面ももっている。本書では、この両面性を見据えたうえで、人々が孤独・孤立の状態をめぐって形成する言説、認識枠組みとそれにもとづく諸活動が、人々の生き方や社会システムのありようにいかなる影響をもたらしているか、また、もたらすことができるかを考えたい。

第2節　これまでの「孤独・孤立」を捉える視座

孤独・孤立をめぐる問題は、社会学を中心とする諸領域で古くから取り上げられてきた。テンニース、クーリーなどの近代化に伴う社会集団の類型論、マッキーヴァー、ジンメル、その影響を受けたシカゴ学派のパーク、ワースらによるコミュニティ論とアーバニズム論、リースマンらの大衆社会論、パーソンズの孤立核家族論、そして近年の社会的ネットワーク論、親密圏／公共圏に関する議論に至るまで、この問題を取り扱う研究領域は多岐に渡っている。この研究の流れは日本においても同様にみられ、一九五〇年から七〇年代にかけて、都市社会学分野ではアーバニズム論、コミュニティ論が、家族社会学分野では核家族論が盛んに議論された。また、この頃には近代化論や大衆社会論が、各研究領域に多大な影響を及ぼしており、そのなかで孤独・孤立の問題を取り扱うものがみられた。

一方で、近年の日本においては、孤独・孤立をメインテーマとして取り上げる学術研究は、実はあまりない。一九九〇年代頃までは孤独と孤立はそれ自体がメインの問題として取り上げられることは少なく、常に何らかの他の事柄の原因や背景として言及されてきたからである。

つまり、孤独や孤立は、それ自体をメインのテーマとする研究は乏しい一方で、他のメインテーマにもとづいては広範な領域で、様々な問題の原因や背景として言及されてきた。よって、関連する研究をレビューするとなると極めて多岐に渡る分野の、膨大な量の研究蓄積に目配りする必要がある。また、本書では戦後から現在までの孤独・孤立の言説を扱うことから、孤独と孤立に言及する学術的研究も問題をめぐる言説活動の一部として研究対象とし、主要なものについては次章以降で扱う。よって、ここでは個々の研究の詳細にはふれず、近年の日本での孤独・孤立に関する研究動向のレビューにとどめたい。

筆者が孤独・孤立の研究を本格的に始めたのは二〇〇四年頃である。当時は古典的なものを除いて、孤独・孤立をメインテーマとする学術研究はわずかであった。孤独・孤立をメインで扱う研究としては、主に福祉の分野での高齢者の社会的孤立研究が中心であった(6)。そのほか、タイトルには孤独・孤立が含まれないものの虐待や育児不安、地域子育て支援などに関連して「育児の孤立」「母親の孤立」に言及する研究や、高齢者福祉に関連して孤独や孤立に言及する研究がみられた。この時期の孤独・孤立に関する研究は、いずれも孤独・孤立が解決すべき問題であることを前提としてその実態を指標等により把握し、ソーシャルサポートのあり方など具体的な対処策を探るものであった。たとえば、二〇〇九年に公刊された河合克義による『大都市のひとり暮らし高齢者と社会的孤立』はその代表的な研究書である。

二〇一〇年には「無縁社会」ブームが生じ、一般書を中心に孤独・孤立をメインテーマとする書籍の出版が続いた。たとえば、NHK「無縁社会プロジェクト」取材班による『無縁社会――〝無縁死〟三万二千人の衝撃』(NHK「無縁社会プロジェクト」取材班 2010)、橘木俊詔の『無縁社会の正体――血縁・地縁・社縁はいかに崩壊したか』(橘木 2010)など、「無縁社会」という言葉がタイトルに入る本が次々と出版された。二〇一一年には石田光規による『孤立の社会学――無縁社会の処方箋』(石田 2011)が出版された。同書は、孤立を社会的排除と捉えて計量的にその実態を解き明かそうとするものだが、孤立の言説史に若干ふれている部分もあるなど、それまでの孤独・孤立に関する研究とは一線を画したものである。また、新書では島田裕巳の『人はひとりで死ぬ――「無縁社会」を生きるために』(島田 2011)がそれまでとは異なる視点から孤独・孤立の問題を論じている。二〇一三年には、先述の河合が編者となり高齢者だけでなく子育て期の母子や障害者など様々な属性の人々の社会的孤立の問題を取り上げた『社会的孤立問題への挑戦――分析の視座と福祉実践』(河合ほか 2013)を公刊している。

このように二〇一〇年頃から学術的に、かつ多面的視点で孤独・孤立を捉える書籍が世に出てはきたが、その後も、孤独・孤立をメインで扱う書籍は一般書が中心で、学術的な研究としては、やはり高齢者や子育て世帯などケアの問題や地域福祉における孤独・孤立を扱い、ソーシャルサポートやネットワークのあり方を探るものがほとんどである。ただし、近年は、学術論文では高齢者、在日外国人、障害者、若者、中高年者など、様々なカテゴリーごとに問題を分節化して孤独ないし孤立の問題を掘り下げるものも増えている。また、政策的に孤独・孤立への関心が高まったことから、二〇二一年からは内閣官房孤独・孤立対策室による「孤独・孤立の実態把握に関する研究会」の発足と「孤独・孤立の実態把握に関する全国調査（人々のつながりに関する基礎調査）」の実施、科学技術振興機構による「社会的孤独・孤立の予防と多様な社会的ネットワークの構築」プロジェクトの発足と研究実施のほか、大手シンクタンクによる孤独・孤立をテーマとした研究など、政策的視点からの研究が急速に進められている。

以上のように、近年の日本では、石田や島田の研究を除いては、孤独や孤立をメインテーマとして、それらの状態は果たして社会的に対処すべき問題なのか、なぜ対処すべき問題とされるのか、孤独や孤立が問題化される背景にはいかなる社会変容が見出されるのか、といった問いを視野に入れた学術的研究や歴史的研究、言説史研究などは見つけることができない[7]。こうした研究状況のなかで、戦後日本の歴史的文脈をふまえつつ孤独・孤立がいかにして問題となってきたか、なぜ問題となってきたのかを領域横断的に記述・考察する研究が求められると筆者は考えた。

第3節　アプローチ——言説活動の歴史研究にむけて

筆者は、戦後から現在に至るまでの日本社会を主なフィールドとして、社会構築主義アプローチによる歴史的言説分析の手法を援用し、孤独・孤立をめぐる言説活動の歴史を明らかにすることを試みてきた。ここで、本書のベースとなっている研究の対象と方法について述べておきたい。社会構築主義の方法論をめぐっては様々な議論があるが、本研究では、社会問題とは何らかの想定された状態について苦情を述べクレイムを申し立てる個人やグループの活動であるというスペクターとキツセの定義（Kitsuse & Spector 1987=1990）をもとに、社会問題をある種の「状態」ではなく問題をめぐる人々の「活動」として概念化し、その「活動」を対象とした経験的研究を行う立場をとっている(8)。中河伸俊は、こうした研究の具体的な方法として、①一続きの〈ここ―いま〉の切片の中での問題をめぐる語りを会話分析や言説分析の手法にならって解析する、②問題に関わる特定の制度的場面をエスノグラフィーの方法で調査する、③特定の問題とその解決をめぐる集合表象の場面をめぐる問題過程を追跡する、④社会問題をめぐる集合表象の歴史を言説史のアプローチに依拠して調べる、の四つを提示している（中河 1999）。本研究では、このうち④のアプローチに重点をおき、現在私たちが孤独・孤立を問題として認識するための知識や概念、理論的なパターンが形成される歴史的過程を、人々の言説活動を調べることで明らかにしようとしている。言説の歴史的分析の方法については、赤川学がフーコーの問題意識と併置させながらの検討を行っている（赤川 2006）。赤川は、その具体的なアプローチとして、一定の言説空間を想定したうえで、①とある社会問題について語る言説のレトリックとその配置、②とある社会問題の言説が、別の社会問題の言説、あるいはそれ以外の言説間で有している相関関係、③とある社会問題の言説を産出している社会的・歴史的・時空的コンテクストを明らかにするという三つの営みを提示している。本研究では、この社会構築主義アプローチに依拠した歴史的言説分析の方法をふまえつつ言説活動の歴史を明らかにするというスタンスをとっている。言説活動という表現を用いるのは、言説を静態的なものとして捉えてその構造をみるだけではなく、言説を形成したり社会に普及させたり、逆にある言説を社会から消失させようとしたりする営みを、ある事柄をめぐる実践的で相互行為的な活動として捉え、その活動の展開の過程を記述することを目標とするからである。

先に述べたように、言説活動は人々の認識枠組みを転換ないし変容させる可能性を持っている。その一方で、それを妨げ、ある特定の認識枠組みを固定化し変わらないように支え続ける場合もある。よって、言説活動の歴史を研究することは、これまでの認識枠組みの変容の過程を明らかにするだけでなく、私たちがそうした活動によって今後いかなる認識枠組みの転換を、またそれに伴う社会変革をなしうるか、その具体的で実践的な方法も示唆してくれるのではないだろうか。

以上のスタンスから、本研究では次の指針で研究を行っている。第一に、現在、私たちが孤独・孤立を問題として認識するための枠組みや材料となる知識や概念、理論がどのようにして形成され用いられてきたかを、その時代の人々の言説活動を調べて記述する。具体的には、①問題形成の歴史的過程（いつ頃から、どのような言説が立ち現れたか）を俯瞰的にみることにより認識枠組みの転換期を見出す、②その転換期にどのようにしてその転換が起こったのかを、その時期の人々の言説活動を調べることによって具体的に観察し記述するという二つの段階での作業を行っている。第二に、本研究では、上記②の転換期の言説活動を調べるための作業として、孤独・孤立をキーワードとして資料を収集するだけではなく、上記①の作業を通じて見出された、孤独・孤立と結びつけられている様々な他の事柄（自殺、孤独死、子殺し、児童虐待、「ひきこもり」など）をキーワードとして資料を収集している。そして、それらの事柄をめぐる言説活動全体の中で、孤独・孤立を問題とする言説活動がどのように展開されたかを探っている。こうした方法をとったのは、日本社会では孤独・孤立は様々な領域で問題として指摘されてきたにもかかわらず主題として取り上げられることは少なく、常に何らかの他の事柄の背景や原因、あるいは結果として言及されてきたからである。後に詳述するが、本研究で取り上げる地縁・血縁的紐帯の衰退や地域共同体の崩壊などの状況は、一九六〇年代までには既に様々な領域で指摘されていた。にもかかわらず、当時は広く一般の人々に「社会的に対処すべき問題」と認識されてはいなかった。しかし、一九七〇年頃から様々な逸脱行動が孤独・孤立と結びつけて論じられるようになり、次第に孤独・孤立は社会的に対処すべき問題として注目されるようになった。本研究では、孤独・孤立が問題化されるうえでのこうした特徴に着目し、孤独・孤立をキーワードとして資料を集め分析を行うのではなく、孤独・孤立と結びつけて論じられてきた主要な事柄をキーワードとして資料を収集し言説を調べ、その中で、どのようにして孤独・孤立を問題とする言説が形成され普及してきたかを記述するという方法をとっている。

なお、具体的な史資料収集作業は、それぞれの局面での言説活動の様相に応じて最も適切と考える方法をとった。本研究では、孤独・孤立をめぐる言説活動が主に展開される領域として、学術的言説・政策的言説・大衆的言説を対象としているが、そのうちどの領域での言説活動に焦点をあてるかは、局面ごとに言説活動の流れと何が継起的な活動となっているかを探りながら判断した。そのため、局面ごと（章ごと）に言説のアリーナや調査の手続きが異なっている。よって、本書はすべての局面について一貫した方法で調査したひとつの研究書というよりも、孤独・孤立をめぐる言説活動の歴史に連なる様々な局面に関する論文集と捉えていただければ幸いである。

第4節　本書の構成

日本社会での孤独・孤立をめぐる言説活動の歴史を研究するにあたり、筆者はまず、昭和戦前期から現在までの個人・家族の孤独・孤立に関する大衆的言説（新聞・雑誌・一般書等）、学術的言説（学術的著作物）、政策的言説（政策文書等）の見取り図を描いた。大衆的言説としては、『朝日新聞』『讀賣新聞』の記事データベース、大宅壮一文庫雑誌記事索引、CiNii Booksを用いてタイトルに「孤独」「孤立」を含む記事・書籍を抽出し、そのうち明らかに個人・家族の孤独・孤立と関連が薄い内容の記事・書籍（例：豪雨災害による集落の孤立、国際関係における特定の国の孤立など）を除き、分析対象とした。学術的言説としては、タイトルに「孤独」「孤立」を含む学術的著作物を抽出し、明らかに関連が薄いものを除外し、対象とした。政策的言説としては、白書等データベースを用いて同様の文書の抽出を行うとともに、新聞・雑誌記事や学術的著作物で引用されている政策文書を対象に加えて分析した。以上の作業を通じて、昭和戦前期から現在までの孤独・孤立に関する言説空間の見取り図を作成した。さらに、この見取り図をもとに、孤独・孤立をめぐる認識枠組みの転換において特に重要な役割を担っていると推察される事象・概念をピックアップし、各々の転換期を対象に、その事象・概念を表す言葉を検索語として再度、記事・論文・政策文書等を抽出し、より掘り下げた分析を行った。その際、重要な役割を担っている記事・論文・文書等が、どのような調査や過去の文献を論拠にしているかを探り、必要に応じて、それらの引用元文献を芋づる式に対象資料に加えていった。

その結果をふまえると、孤独・孤立の言説活動の歴史は次のとおり区分することができる。まず、戦後から一九六〇年代末頃までを孤独・孤立を問題とする言説の理論的基盤の形成期、一九六〇年代末から一九九〇年代初め頃までを孤独・孤立問題の形成・普及期、一九九〇年代半ば以降を孤独・孤立問題の多面的展開期とする。本書では、概ねこの区分に沿って孤独・孤立をめぐる言説活動の歴史をみていく。

「第Ⅰ部　近代化に伴う個の解放と孤独」では、一九四〇年代から六〇年代にかけての、孤独・孤立を問題と捉えるための認識枠組みが形成されていく過程を中心に取り上げる。戦時中の隣保組織や「家」制度などの前近代的共同体からの個の解放と確立が目指されたこの時期には、孤立は自立と重ねられ、孤立を問題として共同体の再生を促すことは戦時体制への回帰ではないかと危険視されていた。しかし、一九五〇年前後には隣組・町内会などの隣保組織の復活をめぐって、一九五〇年代から六〇年代にかけては団地居住者の人間関係をめぐって、一九六〇年代には都市化・核家族化の進展に伴う「都会の孤独」が問題化されコミュニティ政策が提唱されるなかで、孤立が問題か否かが、また、「連帯」や「結合」を再生するためのあり方が活発に議論されていく。

「第1章　近代化と近隣組織――隣組・町内会の廃止と復活をめぐって」では、隣組・町内会の廃止と復活をめぐる言説活動の様相と、そのなかで形成された近隣組織に対する認識枠組みがどのようなものであったかを取り上げる。戦前から、都市部では近代化・都市化による個人主義の進行と近隣関係の希薄化が問題とされていた。戦時中は、その状況に対応するため、部落会・町内会と隣組が大政翼賛会の下部組織として制度化された。隣組の組織化の推進を担った指導者たちは、隣保生活がいかに意義深いかを発見し、その意義を周知するための活発な言説活動を展開した。しかし、隣組・町内会は戦時体制のなかで国策の浸透や相互監視に利用されたことから、戦後はGHQにより一旦廃止された（政令一五号）。政令一五号が廃止された後、再び近隣組織を復活させるか否かが議論された。当時の世論では、隣組・町内会は前近代的な拘束、「封建遺制」「危険な逆コース」と批判され復活に対する住民の反対運動も生じたが、結局は、民主的な組織に生まれ変わらせることを条件に復活させるべきという声が主流となった。

「第2章「団地族」の人間関係——個人主義・家族中心主義と「近隣関係の希薄化」」では、一九五〇年代に「団地族」と呼ばれる新しい中間層の生活様式や意識、人間関係が注目を集めた局面を取り上げる。研究者や新聞社などがこぞって団地居住者を対象とした調査を行い、「団地族」は個人主義・家族中心主義であり近隣関係が希薄であると指摘した。また、その個人主義・家族中心主義は前近代的な人間関係への敵視や反抗から生じる日本特有のものとされた。ただし、その状況はただちに問題とはされず、近代的結合を獲得するまでの過渡期における現象であり、前近代的拘束からの逃避や自由への希求の現れと捉えられた。

「第3章「都会の孤独」とコミュニティ政策の誕生——「マイホーム主義」から「コミュニティ主義」へ」では、一九六〇年代に「都会の孤独」が問題化され始めた局面と、その後、新たな連帯の創出を志向する言説活動と「都会の孤独」を問題化する言説活動が結集されて、一九六九年にコミュニティ政策が誕生する局面に焦点を当てる。一九六〇年代はリースマンの『孤独な群衆』に代表される大衆社会論にもとづく言説が、学術領域だけでなく政策的な場面やマスメディアでも普及した。この時期の孤独・孤立を問題化しコミュニティ政策を提唱する言説活動は、個人や個々の家族ではもはや噴出する都市問題には対応できないことから新たな連帯を創出しようとする試みであった。ただし、この時期の行政主導のコミュニティ政策は失敗に終わった。当時は孤独・孤立が社会的に対処すべき問題か否かは論争をよぶテーマであり、「都市住民の孤立」仮説を前提としていたコミュニティ政策に対しては、「なぜ問題なのか」「都市住民は孤立しているといえるのか」という批判が相次いだ。ただし、この局面で「コミュニティ」概念が広く一般に普及したことで、噴出する公害など都市生活問題への対抗の手段としての、すなわち社会運動としてのコミュニティを基盤とした連帯の価値が認識されることにつながった。

以上のように、一九六〇年代までの孤独・孤立を問題化する言説活動は、近代化・都市化により問題が山積する社会に個人がむき出しで放り出されかねない状態を問題化するものであった。個人では対応しきれない問題に連帯して対応しようとする機運が、孤独・孤立を問題とする言説活動につながっていたのである。ただし、一九六〇年代頃までは、前近代的拘束からの個の解放・自由という理念から、行政が主導して近隣組織を形成しようとする動きに対しては忌避感が共有されていた。

第Ⅱ部「戦後社会システムの歪みと孤独・孤立問題の形成——逸脱する人々をめぐって」では、一九六〇年代末から八〇年代にかけての、様々な逸脱行動との関連で孤独・孤立を問題とする言説が形成されていく時期を取り上げる。まず、この時期には、都市化・核家族化が進むなかで、子ども世帯が離れて暮らすことによって取り残される高齢者の自殺と孤独死への注目が高まり、高齢者の社会的孤立と孤独の問題化が進んだ。一方で、子ども世帯においては、母親による子殺し・母子心中、子どもの登校拒否や非行などの増加が問題となり、家族の孤立や母親の孤立、母子の孤立を問題とする言説が形成された。

「第4章　ひとり暮らし高齢者の自殺・孤独死と社会的孤立」では、一九六〇年代末から八〇年代にかけての、自殺・孤独死への注目の高まりに伴う高齢者の社会的孤立の問題化に焦点を当てている。この時期、都市化・核家族化が進むなかで子ども世帯と離れて暮らすことで取り残されたとみられる高齢者、とりわけひとり暮らし高齢者の自殺や孤独死に注目が集まった。特に、日本では自殺率が世界トップクラスであることから、高齢者が生きにくい社会であると指摘され、社会保障の問題とあわせて活発な議論が行われた。また、一九七〇年代には今後の高齢化に伴う社会保障費の増大に対処すべく、自己責任と地域の活力による地域福祉・在宅福祉が重視され始めた。その過程において、特にひとり暮らし高齢者の社会的孤立や孤独感の解消が重要な課題として浮上することとなった。

「第5章　子殺しと「母親の孤立」」では、一九七〇年代に子殺し・母子心中が社会的な注目を集めた局面を取り上げる。一九七〇年代前半、子殺し・母子心中に関する事件報道が急増し、「普通」の家庭の母親による、育児ノイローゼ・育児疲労などを原因とした「現代日本の子殺し」の増加が指摘された。子殺しが注目された当初は、「人命軽視」「無責任」「母性喪失」「鬼の母」といった母親を非難する言説が主流であった。しかし、次第に、なぜ母親は子殺しへと追い詰められたのかを追及しようとする活動が活発化した。その中心となったのが、一般の母親たちが結成した団体と、フェミニズムの流れを汲む学者たちであった。これらの人々が連携し、子殺しの本質的な原因を突きとめるために公判記録や新聞記事の分析、意識調査などを行い「母親を追い詰めた社会にも責任がある」との言説を形成した。その中心となったのが「母親の孤立」を問題化する言説である。この言説活動で形成された認識枠組みは、一九九〇年以降の児童虐待、育児不安をめぐる言説活動の重要な布石となった。

「第6章　子どもの逸脱行動と孤独・孤立」では、一九七〇年代から八〇年代にかけての「非行」、「登校拒否」など子どもの逸脱行動が注目された局面を取り上げる。当初は、それらの逸脱行動は子ども本人の精神病理や母子関係によるものと論じられ、特に「登校拒否」をめぐっては「母子分離不安」「母子密着」「過保護」を問題とする言説が形成された。しかし、一九八〇年代に、「登校拒否」を「病気」と捉えてその要因を母子関係に見出す言説が支配的であることに疑問をもった親や教師、支援者らが、親の会やオルタナティブな学びの場をつくり、つながって「登校拒否は病気ではない」「学校や社会にも問題がある」という対抗言説を形成した。この言説活動により「登校拒否」をめぐる認識枠組みは大きく転換し、いじめなど様々な事情で悩みを抱え孤立している子どもが多数いることが認識され、それらの子どもにとって家庭でも学校でもない相談できる人がいる居場所の必要性が訴えられるようになった。

「第Ⅲ部　孤独・孤立問題の普及・多様化と「一億総孤独社会」」では、一九九〇年代後半以降に孤独・孤立問題が拡大・多様化していく局面を取り上げている。(9) 一九九〇年代から二〇〇〇年代にかけては、高齢者や母子の孤独・孤立の問題はもはや特殊な家庭、少数者の問題ではなく身近で一般的な問題と捉えられるようになる。さらに、二〇一〇年代に入ると、孤独・孤立の状態にあるとされるのは高齢者や母子だけでなく若者、中高年者を含めた様々な層に広がる。「無縁社会」「単身急増社会」「孤族の国」「一億総孤独社会」などの言葉が生まれ、誰もが孤独・孤立のリスクがあるという言説が普及し、孤独・孤立の状態への対処そのものが重要な政策課題となっていく。

「第7章　高齢者の孤独・孤立問題の多様化」では、高齢者の孤独・孤立の問題化が加速し多様化する一九九〇年代後半以降を取り上げる。一九九〇年代前半までにも高齢者の孤独死と社会的孤立の問題が専門家や支援者らから指摘されてはいたが、一九九五年の阪神・淡路大震災後の仮設住宅や復興住宅団地における孤独死報道は、高齢者の孤独死問題に対する社会の関心を一層高めることとなった。被災により住み慣れた場所から移動して暮らさざるを得ない高齢者の孤独・孤立を防止し、つながりを再構築することの重要性が訴えられ、団地では見守り活動が進められた。二〇〇〇年以降には介護保険制度が始まり、高齢者のケアの社会化が進み、見守りのしくみや機運が高まって高齢者の孤独・孤立の問題に対応する社会的環境が整ったかのようにみえた。しかし、高齢の夫婦や兄弟姉妹、親子などの高齢者のみ世帯が増加し、「老老介護」をめぐる問題や家族ごと孤立して介護の問題を抱え込んでしまった人が追い詰められて心中や殺害に至る事件が次々と生じ、「介護の孤立」を問題化する言説が普及した。さらに、「八〇五〇問題」なども加わり、高齢者に関わる孤独・孤立の問題は多様化していく。

「第8章　児童虐待と「育児の孤立」問題の普及」では、少子化と児童虐待への注目の高まりに伴い、「育児の孤立」に関する言説活動が進展した局面をみていく。特に、児童虐待が社会で緊急に対処すべき問題として注目されるに伴い、その防止策として孤立する母子に対する見守りの重要性が社会に広く認識されるようになった。また、ひとり親の孤立は貧困の問題と絡んで深刻なケースとして捉えられ、早急に対処すべき問題として浮上してくる。

「第9章　若者の自立・就労問題と孤独・孤立」では、二〇〇〇年前後から急増する若者の孤独・孤立をめぐる言説活動の様相をみていく。特筆すべきは、「ひきこもり」への注目の高まりである。この時期は、「ひきこもり」以外にも「ニート」「SNEP（孤立無業者）」など若者の問題を示す様々な概念・言葉が普及した。これらの問題の核心は、当初は若者の自立の問題とされ、若者の啓発と就労支援、自立支援の政策が次々と打ち出された。一方で、二〇〇〇年代には「就職氷河期世代」を中心に「ネットカフェ難民」「ワーキングプア」などの言葉とともに若者の貧困と孤立の問題化が進んだ。その流れの中で、「ニート」「ひきこもり」などの言葉で示される若者が増加する背景には雇用・労働環境の悪化など社会構造の問題があるという言説が形成された。

「第10章　中高年者の孤独・孤立と「単身急増社会」」では、一九九〇年代半ば以降に中高年男性の自殺・孤独死が急増したことで中高年者の孤独・孤立を問題化する言説活動が活発化した局面を取り上げる。主な原因とされたのは、失業、借金、うつなどで、二〇一〇年からの「無縁社会」ブームでは経済苦にある中高年者の事例が中心となっている。また同時期、人口統計にもとづき二〇三〇年には単身の中高年者が都市部を中心に急増すること、単身者には無業者や非正規労働者が多いことから特に中高年の単身男性が社会的に孤立し貧困状態になるケースが懸念されると指摘された。さらに、二〇一〇年代には「中高年ひきこもり」の問題化も進んでいく。

「終章」では、本研究の知見を整理するとともに、その知見をふまえ、これからを展望している。

注

（1）「言説活動」という表現を用いるのは、言説を静態的なものと捉えてその構造をみるだけではなく、言説を形成・普及する、逆にある言説を消失させるなどの営みを、ある事柄をめぐる相互行為的かつ実践的な活動と捉え、その活動の展開の過程を記述することを目標とするからである。また、「孤独・孤立」という表現を用いるのは、本書では「孤独」と「孤立」の双方の概念をめぐる言説活動を対象とするからである。なお、一般的には「孤独」は主観的概念で「孤立」は客観的概念であると区分されるが、実際の言説においては混同または並置されて用いられていることが多い。

（2）「無縁社会」ブームは、二〇一〇年一月に放映された『NHKスペシャル』「無縁社会――〝無縁死〟三万二千人の衝撃」を契機として始まった。この番組と同様に孤独・孤立を問題化する番組や書籍が次々とつくられ、話題を呼んだ。これらの番組や書籍では、中高年者・高齢者の問題を中心に、多面的な孤独・孤立の問題が取り上げられた。

（3）厳密にいえば、言説活動を主導していた当事者らの多くは社会システムの根幹に対する批判的視点をもち、見直しすべきという認識をもっていたが、その認識が社会的に広く普及するには至っていない。

（4）もちろん、その中高年男性を支えるはずの日本型社会システムの歪みは、一九七〇年代には既に様々な問題を生じさせていた。独居高齢者の自殺や孤独死、孤立する母親の子殺し・母子心中や虐待、子どもの不登校、いじめ自殺などの問題の存在は、日本型社会システムの歪みや綻びを示すものであった。

（5）この日本型社会システムに関しては多岐に渡る領域で相当な研究の蓄積がある。たとえば近年の日本型社会システムを評価した論考としては嶋﨑尚子の「〈日本型システム〉の形成過程とその特性」（『学術の動向』二〇一八年九月号）がある。

（6）この時期の高齢者の孤独・孤立に関する研究の多くは、孤立と孤独を学術的に区分したことで知られるピーター・タウンゼントの研究の影響を受けている。タウンゼントは、高齢者の研究において自らが実施する調査のなかで孤立と孤独を区分し、孤独は主観的な概念で周りからはわからないが、孤立は客観的指標により把握可能であるとし、この二つは相互に比例しないと指摘した。この孤立概念の登場により、のちに客観的指標によって社会問題としての孤立を捉えるための枠組みが準備されたといえる。

（7）ただし、近年は、孤独や孤立という言葉を用いているわけではないが、「ひきこもり」への関心が高まり、精神医学や社会学など様々な領域で学術的研究が展開されている。

（8）フーコーは、考古学者が断層を発見することによって地殻変動の事実とそこに働く力の作用をみるのと同様に、知の断層から、ある時代の知の枠組みの変異の事実、すなわち、ある言説が顕わに出現したという事実とその諸条件と、それらの言説が実際にひき起した変形を観察しようとした（Foucault 1994=1999）。本研究も、こうした知の地殻変動の過程を言説に着目して観察しようとするものであるが、本研究ではそうした変動は固有の歴史的・状況的文脈の中での人々の実践的で相互行為的な諸々の言説活動によって引き起こされたものであると捉え、その言説活動の展開の過程を具体的に観察し記述することを試みている。

（9）「一億総孤独」という言葉は、『週刊東洋経済』（二〇二一年一一月二六日号）をはじめ、様々な記事で用いられている。

第Ⅰ部　近代化に伴う個の解放と孤独

第1章　近代化と近隣組織
――隣組・町内会の廃止と復活をめぐって

第1節　はじめに

　戦後まもない時期の隣組・町内会の廃止と復活をめぐる言説活動は、戦後日本社会での孤独・孤立をめぐる言説史において重要な意味をもっている。そこで本章では、隣組・町内会の廃止と復活をめぐる言説活動の様相と、その活動のなかで形成された人々の近隣的結合に対する認識枠組みがどのようなものであったかをみていきたい。

　日本社会において歴史的に発展してきた多様な地域集団は、一九四〇年に大政翼賛会のもとで町内会・部落会として整理統合され、国民の道徳的錬成と精神的団結を図り戦争遂行に尽力するための基礎組織として整備された。隣組も、その最末端組織として編成された。

　隣組はもともと、防空問題や行政・町内会の仕事の補助など機能面で活用が図られていたものであるが、国民組織化を経て、次第に、機能面だけでなく、精神面での意義が認識されるようになった。行政職員や専門家に加えてそのプロセスに貢献したのが、「隣保家」と呼ばれた全国各地の隣組の指導者らである。その活躍により、当初は、個人主義・自由主義の風潮のなかで常会も義務的に行われるなど「魂のこもっていない」隣組が多数を占めていたが、次第に人々は「隣保精神」を涵養し、「隣保生活」の実践を通じてその精神を体得することになった。つまり、実際に「隣保生活」をはじめてみると、町への親しみの深まり、人の和の形成、ひとり暮らし高齢者のケアや疫病予防、子どもの不良化防止など、様々な面で「隣保生活」の良さがあることを人々は体得・実感していったのである。さらに、それらの「隣保生活」の意義を体得・実感した人々が「隣保家」として成長し、各地でその経験や事例を語ることにより、隣組の「成功事例」は水平展開されていくことになった(1)。

隣組は、属性にかかわらずすべての国民に対し、「八紘一宇」の精神、すなわち「家族のごとく、無償の愛情で隣人に接すること」を、「押しつけ」ではなく現実の生活世界のなかで「自然に」了解・体得・実践させる契機となっていた。隣組をめぐっては、個人が家族を超えて隣人とどのような関係を結び、どのように接し、どのように共同性を創出していくべきかについての概念や認識枠組み、言説が多数生み出された。それらの言説活動のなかでも特に強固なものとなっていたのが、隣人との関係において「和」を重んじ、家族のように接しあうという全人的・情緒的結合をもつことの望ましさと、そうした精神が日本古来の美風である、という言説である。

後に詳述するが、筆者の研究によれば、こうして戦時に形成された「和」や「一体」を重視する全人的・情緒的結合、強固な国民的結合としての近隣組織をめぐる言説や認識枠組みは、戦後においても、常に個人の自由と共同性をめぐってのアンビバレントな志向を生み出す基盤となってきた。また、そのことが、日本社会においては歴史的に個人・家族の孤立が問題となりつつも自律的・市民的な連帯や共同性が生まれにくい／根付きにくいこととも関連しているのではないかと推察される。

以上の問題関心から、本章では、戦後まもない時期である一九四五年から五〇年代前半にかけての時期に焦点を当て、隣組・町内会の廃止と復活をめぐる言説活動をみていくことにより、近隣的結合をめぐる人々の認識の様相を明らかにしたい。この時期は、戦時に整備された町内会・部落会、隣組など隣保組織の廃止と復活という、近隣的結合をめぐってのドラスティックな出来事が生じた時期である。この時期には、学術的・大衆的・政策的言説空間いずれにおいても、町内会・部落会、隣組の廃止と復活に関わる言説形成が活発であった。特に、隣組の廃止と復活をめぐっては、マスメディアや一般市民による大衆的な言説活動がいち早く活発に行われていたことが注目される。戦後復興の混乱期に、それまで国民一人ひとりの生活の深部に関わっていた隣保組織が今後どうなっていくのかは、広く一般市民の関心事となっていたのである。これらの言説活動の様相からは、この時期の国民（市民）が、戦時から戦後にかけてのドラスティックな社会体制の変化のなかで、近隣的結合というものをいかに受け止め、いかにこれと向き合っていこうとしたかが見出される。そこで本章では、一九四五年から五五年までの期間を対象とし、主に町内会・隣組の廃止と復活をめぐる新聞記事を用いて、当時の近隣的結合に関する大衆的な言説活動の分析・考察を行う(2)。

なお、戦後の町内会・部落会、隣組に関する先行研究としては、社会学や政治学、歴史学分野での研究蓄積があり、鳥越皓之、吉原直樹、玉野和志をはじめとする社会学分野での地域自治組織の歴史に関する代表的な研究のほか、雨宮昭一による戦前戦後体制の研究などがある(3)。また、自治大学校による戦後自治史研究なども、極めて膨大な史料にもとづき戦前から戦後にかけての町内会・部落会、隣組をめぐる自治史を子細に明らかにしている(4)。このように、町内会とそれに類する近隣組織に関する先行研究とそれらにもとづく「町内会論争」をはじめとする議論の蓄積は十分あるものの、それらの研究のほとんどは、地域自治政策にかかわる史的研究か、具体的なフィールドを対象とした実証的研究であり、本研究のように、人々の近隣的結合に対する認識枠組みの歴史的変容を言説分析を通じて明らかにしようとするものではない。また、本研究は、筆者がこれまで依拠してきた社会構築主義的アプローチに基づく孤独・孤立をめぐる歴史的言説分析研究の一部であり、その点が、戦前・戦後の近隣組織に関する従来の研究とは異なっている。

第2節　隣組・町内会の廃止と復活をめぐる議論

1　町内会・部落会、隣組の廃止

まず、文献および新聞記事をもとに、戦後すぐの一九四五年八月から一九五〇年代前半にかけての町内会・隣組の廃止と復活をめぐる議論をみていきたい。

戦時の町内会・隣組は、戦後、連合国軍総司令部によって一旦廃止され、後に廃止令が解かれて復活した。そのプロセスにおいては様々な議論があった。まず、確認しておかなければならないのは、ポツダム宣言の後一九四七年まで、国や東京都などの自治体は町内会・隣組の組織化を強化する方針だったことである。その意図は様々であった。ひとつは、敗戦後も、食料や生活物資の配給・増産といった生活における共同性を支える組織が必要であることから、隣組を強化しようとする考えがあった。たとえば、内務省は一九四五年八月一七日の時点で、「隣組は増産、配給等をもととした隣保組織であるので今後一層緊密に、かつ強化する方針である」（一九四五年八月一七日付『朝日新聞』朝刊）という見解を示している。もうひとつは、敗戦後の国体護持のためであった。戦後の都民生活を支える町会隣組の強化問題にふれ、東京都民生局では、近く町会の再編成を実施するとともに「隣組をこれまでの如き単なる行政の下部組織として扱うばかりでなく、民族団結の中核体として育成せしめ、よく隣保協和の実をあげうるよう指導して行く方針である」「とかく事務的に流れやすかった隣組に一段と筋金を入れ、国体護持の最後の一線を守りぬく体制を整える」（一九四五年八月一八日付『朝日新聞』朝刊）方針を示している。また、一九四五年八月二四日付『讀賣新聞』（朝刊）の記事「隣組　かく育てあげよ　国民結束の基盤に　抜け切らう末端配給組織の観念」においては、「隣組制度は今後も存続する、といふよりは益々強化育成する」という内務省の方針が示され、その理由として「この苦難の道を乗り切るには国民の一人一人がいはゆるバラバラでは到底耐へ切れない場合も多々あるはずだ、さうした場合、国民的結束が何よりもものをいふ、そしてこの結束のなかに美しい国民道徳が培われ」、国体護持が温存できること、その国民的結束の基盤として隣保制度が極めて重要であることが挙げられている。このように敗戦後すぐは、戦時の隣組の機能をほぼそのまま維持・強化しようとする方針が示されていた。

しかし、その後次第に、これまでの町内会・隣組の「悪しき面」を改め、民主主義的に再建すべきという論調がメディアでみられるようになる。たとえば、一九四五年一〇月四日付『讀賣新聞』（朝刊）では、「取り戻さう〝われらの町会・隣組〟　婦人町会長も結構　獨裁や役得抹殺　改組にも新日本再建の息吹を」という見出しで、町内会・隣組がどこに向かうのかを論じる記事が掲載されている。この記事では、昨今の町内会・隣組は、「自治的な面がすべて去勢され本来の使命を遠く離れて」、都民生活の細部にまで「獨裁指導」がなされているとし、このような状況は「日本的民主主義」の理念からも許されるべきものではないと批判している。そして、「〝都民の町会〟〝都民の隣組〟に立ち甦らすことがとりもなほさず帝都再建への力となる」「戦時中にゆがめられて来た性格は改めねばならない」との見解が示され、今後、東京都で委員会を設置し検討が進められると述べられている。

こうした論調の中で、東京都はこれまでの町内会・隣組の問題点を改め、民主的な組織として再生させる準備を始めた。一九四五年一一月二二日付『朝日新聞』（朝刊）の記事「町会長も選挙制へ　民主化する隣組の新性格」には、全国の大都市に先駆けて、東京都では「官民専横の、これまでの旧い町会隣組をご破算にし、真に〝下からの都政〟を盛り上げた民主主義的な町会隣組を再組織すべく」、各方面の意見を取り入れた案をまとめたとされている。その案では、「町会は、区域内住民の自由意思に基づく地域的親和団体である本来の性格をあくまでも保持し民生の安定および行政事務に対する協力援助を共同の責務とすること」と、町会の「本来の性格」は「住民の自由意思に基づく地域的親和団体」であることを強調している。この理念は制度に落とし込まれ、たとえば区域の指定、町会長や副会長の選出、町会が規約を制定・廃止・変更するときは住民の総意にもとづく方法によるといった内容となっている。こうした町内会・隣組の再生についてはしばしば新聞で報道されている。たとえば、一九四五年一二月四日付『朝日新聞』（朝刊）の記事「初春から新生隣組」という記事では、東京都が民間の知恵も取り入れながら「都町会（町内会）部落会及び隣組設置要綱」を決定し、新春から「親和団体的性格」をもつ「新生隣組・町会」を発足することとなったことが報じられ、「隣組は今後は単に町会の実行組織体になればよい」と書かれている。ただし、「世帯が隣組に加わらないことだけはゆるされない」と、全世帯強制加入の方針は残されていることが示されている。

以上のように、「全世帯強制加入」の方針は残されていたものの、国や自治体は戦時の町内会・隣組を「住民の自由意思」にもとづく「民主主義的な」組織へと生まれ変わらせ、再組織化を進めていこうとしていた。これらの方針が戦後すぐに次々と出された背景には、翼賛組織が解体されるなかで、地域においては既存の町内会・隣組をこれからどうすればよいのか混乱が生じていたため、この問題に速やかに対処する必要があったこと、また、戦後の物資の配給などをスムーズにすることや社会的な混乱を抑えるためのシステムとして隣保組織を強化したいと考えたことなどがある。一方で、戦後の公職追放の折に町内会長らも追放の対象とするか否かの問題も持ち上がり、先述のようにマスメディアでも戦時の町内会・隣組の問題点を改める必要があるとの論調が高まり、政府としては、町内会・部落会、隣組といった隣保組織は、けっして単なる戦時翼賛体制の下部組織であるだけでなく、本来は住民の自由意思による自然発生的な組織であることを強調する必要が生じたのである。

このことは、内務省が連合国軍総司令部に提出した隣保組織に関する報告書からも読み取ることができる。この報告書では、町内会・部落会とその下部組織である隣組は、わが国に古来よりある隣保共同生活のための自治組織であること、この組織が著しく発達したのは自然発生的組織であるからということ、思想警察や憲兵とはまったく関係がないこと、などが記されている。（自治大学校 1960）

しかし、連合国軍総司令部は町内会・部落会、隣組に対して厳しい捉え方をした。この組織が実に巧みにつくられており、権限と支配の系統が直接に中央政府につながり、住民全体に対して宣言・訓戒・命令し、組織化されたものであり、この組織の有効性と適格性は驚異的なものだったと捉えたのである。また、法制的根拠もなく内務大臣の一片の訓令で設けられたもので、その長は大政翼賛会や思想警察の手先となっており民主化に有害な存在である、これに住民を強制加入せしめることは警察国家的であると判断した。内務省は、連合国軍総司令部から町会長・隣組長を公選制にするか廃止するかの二択を迫られ、廃止することを決定した。(自治大学校 1960)

こうした背景のもとで、一九四七年一月二二日、内務省訓令第四号により隣組の上位にあたる町内会、部落会および連合会が廃止され、実質的には「全体主義的組織機関たる隣組制度」も廃止されることとなった。

この町会・部落会および隣組の廃止について、国民の反応は様々であった。町内会・隣組を運営する者からは反論が寄せられた。また、当初は、多くの町内会の運営者が、自分たちの組織を自治会など他の名称に変えて残そうとした。しかし、その状況に対して連合国軍総司令部から指摘を受け、政府は廃止の主旨を徹底し自粛を呼びかけた。このことも、当時の新聞記事ではしばしば報じられている。たとえば、廃止の約二か月後の新聞記事では、市町村の出張所の職員や駐在員にもと町会長がそのまま居座っても差支えないと一部で考えられていたため、廃止の主旨が再度周知され、そうした居座りは「絶対に避けなければならない」と徹底されていることが報じられている。また、住民が便宜のため自発的な組織をつくるかもしれないが、「市町村はこの組織をどんな意味でも利用してはならない」(一九四七年三月二五日付『朝日新聞』朝刊)という方針が掲載されている。そのほか、「あすからいよいよ町会廃止」という見出しの記事では、配給などの実生活の便宜上、途方にくれる地域が多く、地域によっては町会長などが「お手盛り」の自治会を結成し、町会費の二倍も三倍も住民に要求するケースがみられると報じられている(一九四七年三月三一日付『朝日新聞』朝刊)。このように町内会・部落会、隣組の廃止という出来事により、隣保組織を運営していた一部の者たちからは反論があり、現場では混乱が生じていたことがうかがえる。

一方で、世論としては、当初は「廃止に賛成」と考える人が多いと示されている。町内会・隣組の廃止をめぐってはマスメディアにおいて紙上討論会や世論調査など活発な言説活動が行われた。読売新聞社では、一九四七年一月から紙上討論会を企画し、国民の声をきこうと投書を募ったところ合計二八五件の投書が集まったという。一九四七年二月七日付『讀賣新聞』（朝刊）「隣組解消の是非　紙上討論会　廃止に賛成六割四分　存置側の大部分は農漁村」では、その投書の分析内容を掲載している。廃止と存置のどちらに賛成かについては、全体の六四％が「廃止に賛成」で、「存置に賛成」三六％を上回っている。職業別でみると、「主婦」では三一人中三〇人、「会社員」は三〇人中二一人、「商業」は四三人中二七人と「廃止に賛成」が多い一方で、「農漁業」では五〇人中二四人と「廃止に賛成」が半数弱となっている。「廃止」に賛成する意見の例としては、主婦による「戦争の遺物のような今の隣組制度は一日も早く解消して、主婦の日常のわずらわしさを省くことの出来るような合理的なものに置きかえることは当然です」「はじめて民主主義下の女性にかえることが出来ると思います」という声が掲載されている。

また、一九四七年三月の日本輿論調査会による「隣組制度を廃止すべきか存続すべきか」の世論調査においては、七一％が廃止希望、二九％が存続希望との結果が示されている。この調査は、六大都市と北海道主要地域における「主として現隣組内の家庭婦人及び組長」を対象として実施したもので、回答総数は八三九五であったという。女性が三九八三人、男性が四四一二人回答しており、「隣組制度を廃止希望」が女性では七四・六％、男性では六六・七％と、女性でやや廃止希望者の割合が高いものの、ともに存続希望よりも廃止希望が上回る結果となっている。この調査では回答理由まではわからないが、廃止が伝えられた直後の一九四七年三月時点で、隣組廃止を希望する者が存続を希望する者より上回っていた可能性を示している。

先に述べた通り、廃止後のいわゆる「町内会の空白期間」（一九四七〜一九五二年）には、以前の町内会とほぼ同様の組織を異なる名称に変更して存続させていたケースが多くあった(5)。一方で、従来の隣保組織が解体されたことを契機に、生活上の必要や趣味などに応じて多種多様なグループが、まさに「住民の自由意思」により形成されることとなった。戦時、町内会・隣組が国民組織化されるまでは、このような多種多様な地域集団が既に多数生まれていたが、それが町内会・隣組の組織化のなかに組み込まれた経緯があった。この「町内会の空白期間」が出来たことにより、従来からの「住民の自由意思」による集団形成が再び活発化したとみることができるだろう。

2　町内会・部落会、隣組の復活

一九五一年、講和条約発効後に町内会・部落会、隣組を廃止する政令が失効されることから、その後は町内会・部落会、隣組はつくっても差支えないことが政府から発表された。この町内会・隣組の復活については、新聞などマスメディアで盛んに取り上げられた。それらの記事では地方自治庁職員のコメント等を通じて、「全面的な復活ではない」「国民の自由意思にまかせる」ことが度々強調されている。たとえば、一九五一年一〇月七日付『朝日新聞』(朝刊)では、地方自治庁が一九五一年一〇月六日、「これは禁止を解くというだけの話であって、戦時中のような町内会や部落会の復活を意味するものでなく、またその結成を奨励するものでもない」と、あくまで禁止が解かれるだけで、戦時の隣保組織を復活させるわけではないという方針を強調していることが述べられている。一方で、地方自治関係者のコメントとしては、以前から禁止を解いてくれという陳情が出ていたこともありこの方針を好意的に受け止めていたが、これら組織は政治的に利用されやすいことから禁止を続けるべきだという反対意見も出ていたことが記されている。他紙でも同じで、同年一〇月一九日付『讀賣新聞』(朝刊)の「隣組のゆくえ　実状に即して　全面的の復活ではない　結成は主婦の自由意思」という記事では、自治庁は「隣組をもとのように作るということではなく、政府が干渉するのをやめて、国民の自由意思にまかせる」方向で検討していることが述べられている。

隣組復活をめぐっては、一般市民のあいだでも賛否両論あった。新聞の有識者コラムや一般読者の投書欄などでは、復活をめぐる意見、特に反対する意見がしばしば掲載されている。たとえば、一般読者の投書欄では、「地方自治庁では町内会、隣組、部落会などを再び作っても差し支えないようにしたい意向と聞くが、これは民主化がまだ徹底されておらぬわが国の社会にとり、重大な意味をもつもので、十分な検討を要するものと思われる」「何かといえば『町のため』とか『村のため』とかの一言で個人の意思や希望を押しつぶして、一列一体に「右へならえ」をやらされた昔の不愉快な社会を再現しかねない」「加入脱退の自由なこと、あらゆる政治運動にふれぬこと、万一それに違反した団体が生じた場合は、改組ないし解散を厳重に行わせる等々を成文化すべき」といった声が掲載されている（一九五一年一〇月二二日付『朝日新聞』朝刊）。これらの意見では、「非民主的勢力の盛り返し」や「機会さえあれば町村を牛耳らんとする一部勢力」を警戒せねばならないという意味において、復活が問題視されている。

一方で、一九五一年一〇月二八日付『朝日新聞』（朝刊）には朝日新聞本社が実施した世論調査の結果が同社紙面に掲載され、「町内会、隣組、部落会の禁止解除について」の世論調査を行った結果、「賛成」が六五％、「反対」が一八％、「わからない」が一七％と、「賛成」が「反対」を大きく上回ったことが示されている。この世論調査は、朝日新聞本社が「米の統制撤廃」の全国世論調査を行った際に面接した人々について調査した結果であることから、回答傾向としてその影響を受けている可能性があるが、「賛成」意見も多数あること、また、その具体的内容がマスメディアで報じられる一つのきっかけとなった。この世論調査の結果をみると、「賛成」の理由としては、「親密になれてよい」が二六％、「相談したり助け合うのに都合がよい」が二六％、「連絡上便利である」一四％、「団結できてよい」一一％、「便利だ」八％、「禁止より自由がいい」七％である。聞き取りの結果としては、賛成する側の意見では「ボスに支配されている現在の町よりも、隣組を結成してなごやかにやっていきたい」「部落の協調がはかれるから復活させるべきだ」「近所の人と相談できる」「農産物の出荷など割のいいところに共同出荷できる」など積極的に復活を賛成する意見が多くを占めている。そのほか、「禁止しておく理由はない」「こういう禁令は自由の立場からよくない」「法で制限すべきでない」とのことで、「といって隣組を奨励すべきではない」「以前のようなものに復活したくない」という消極的態度による賛成の人が一定数いたことが述べられている。「反対」の理由としては、「仕事が多くなりめんどうだ」が二四％、「必要を感じない」が一九％、「自由を束縛される」一四％、「ボスの温床になりやすい」一六％、「戦争中のようなものになる」八％などが比較的多く選択されている。聞き取り結果では、「うるさい」「近所隣などつきあいはめんどうくさい」「時間の浪費でたいした効果はない」「隣組は役場の小使のような存在だ」「何の用にもならず余計なものだ」「隣組は困る」「不必要である」「組織の悪用をおそれる」「加入を強制され、ボス顔役が横行する」といった回答がかなりあり、「自由を束縛する」のなかには、「明るく自由な行動がとれなくなる」「強制的につくるようになるから」などがあったという。

以上のように、「賛成」の理由では市民同士での相互扶助や生活の共同化による利便性の向上がほとんどを占めている。そのなかには、「ボスに支配されている現在の町よりも、隣組を結成してなごやかにやっていきたい」という回答にみられるように、現状として自由で民主的な近隣的結合が損なわれており、それを乗り越えるための共同性の契機として隣組の結成を求める意見も含まれている。また、禁止すること自体が自由を阻害するものであるという理由で、「賛成」を選択している人も一定数おり、それらの人々は、「隣組を奨励すべきではない」「以前のようなものに復活したくない」との考えをもっている。一方で、「反対」の理由をみると、「面倒である」という逃避的な回答と、「自由を束縛される」「ボスの温床になりやすい」「戦争中のようなものになる」「組織の悪用をおそれる」といった自由と民主、平和などを希求する回答とに分かれている。これらのいずれもが、戦時の隣保組織を想起しての懸念、疑惑にもとづくものであることがうかがえる。

この世論調査では、「賛成」が六五%と「反対」を大きく上回っている点で、先に述べた隣組の廃止か存続かに関する世論調査結果とかなり異なった結果となっている。先の世論調査においては、回答の理由が明らかではなかったこと、また、世論調査の方法や対象などが異なっていると想定されることから単純な比較はできないが、これら二つの結果をみるに、この時期の国民（市民）は、近隣的結合に対する、特に自由と共同性に対するアンビバレントな認識や感情をもっていたといえる。

以上のように、町内会・部落会、隣組の結成を禁止する政令が一九五二年一〇月二五日に失効するまでの間にも、これら組織の復活をめぐっては活発な議論が生じていた。

一九五二年四月三〇日、政令が失効する前に、広川農相は閣議で「現在農村はもちろん都会においても従来禁止されていた町内会隣組などの組織がいろいろの面から自然発生的につくられようとしている。これらはそれぞれの必要に応じて作られているものだからこれを禁止しないような措置をとりたい」と述べ、地方自治庁長官に町内会・隣組に対して特に禁止的な措置を取らないよう要望し、地方自治庁長官らはそれを了解した（一九五二年四月三〇日付『朝日新聞』夕刊）。これに対し、同日の新聞では、再び町内会・隣組復活をめぐっての様々な意見が掲載されている。たとえば、同日一九五二年四月三〇日付『讀賣新聞』（夕刊）では、「隣組、町内会の復活　政府の〝育成〟をどうみる？　〝もうコリゴリだ〟　苦い経験に反対が圧倒」という見出しで、反対意見が圧倒的だとして様々な識者や一般の人々の意見を掲載している。いくつかあげると、「大宅壮一氏談」として「戦争中のさばった隣組は配給など国民の生活必需品に直接結びつき、これに入らないと生活できないような強制力をもっていた、それに入らないと〝村八分〟と同じ結果で〝拒否権〟がなかった、また実にうるさいスパイを近所にもっているようなもので、憲兵や特高と同じようなものだった、だからこんど隣組が出来ても、〝俺の町内はそんなものはいらん〟〝わたしはごめんだ〟という集団的個人的な〝拒否権〟を認める必要が絶対にある」、「田中最高裁長官婦人綾子さん談」として「隣保制度には絶対反対いたします、私達はあれほど個人の自由を束縛するものはないというにがい経験をもっているはずです、独立をきっかけに世の中のいろいろなことが逆行する傾向にあるのは非常に悲しむべきことです」、「徳川夢声氏談」として「隣組なんてごめんこうむりたい、ブルブル、絶対ごめんこうむりたい、戦争中の隣組にいい記憶をもっているのは配給公団のオッサン位だろう　村なんかで隣組が自然発生的に出来てもりあがるなら何をかいわんやだが、戦争中みたいに号令をかけられるのはお断り申し上げる」といった強い反対意見が載せられている。

その後、自治庁は、同年一〇月二五日に町内会・部落会、隣組を禁止する政令が効力を失うので、都道府県に対して、「将来、恒久的にこれを禁止する考えはない」との通達を出した。通達の内容は以下のように、新聞等のメディアでも広く周知された。

町内会・部落会および隣組については目下のところ積極的にその復活を奨励する意図もないしまた将来、これを禁止する考えもない。従って現状のまま講和発効後百八十日を経過（十月二十五日）すれば、現在町内会、部落会、隣組などの結成を禁止している政令は失効することになるので、町内会、部落会、隣組についてはこれが行政機構の末端として利用される以前の状態に復することになるわけであり、今後の措置についてはなお検討を致したい。（一九五二年九月二四日付『朝日新聞』夕刊）

この通達において留意すべきは、政令失効後、「町内会、部落会、隣組についてはこれが行政機構の末端として利用される以前の状態に復することになる」と述べている点である。戦時に翼賛体制の下部組織として政治利用される「以前の」状態に復することで、これら隣保組織、ひいては近隣的結合のあり方そのものを、政治的なイデオロギーから切り離そうとしたとみることができる。ただし、第3章で詳しく取り上げるが、この試みはすぐには上手くいかず、日本社会では政府が近隣組織に関する方針を打ち出すたびに、「逆コース」「戦時中の隣組の再現」という批判を免れることはなかった。

一九五二年一〇月二五日、政令は失効し、町内会・部落会、隣組は結成しても差し支えないこととなった。その後、各地では隣組を復活させるか否かをめぐり、対立や論争が活発に生じた。新聞記事においても、それらの様相がしばしば報じられている。約七か月後の一九五三年五月一八日付『朝日新聞』（朝刊）の「復活する隣組や町内会」という記事は、その様相について以下のように述べている。

町内会や部落会、隣組などの禁止令が解除されてから半年余──いわゆる「上意下達」の統制機関として戦争中私たちの生活と切っても切れぬ関係にあったこの町内会や部落会、隣組などのような組織が、最近あちこちで活発に結成されている。〝自治会〟とか〝連絡会〟という名のものもそうである。

そのいずれにしても傾向としては「逆コースだ」とか「戦争中の町内会の復活である」というような強い批判を起こしている一方では「町内の協調がはかれる」「遠くの親類より近くの他人」とか「地方行政を円滑にできる」という積極的な賛成論もなかなか強いものである。（一九五三年五月一八日付『朝日新聞』朝刊）

このように、強い批判と積極的な賛成論が対立ないし共存していることを述べた上で、この記事では、「なぜ、こうした組織が結成され、復活してきたのだろうか」という問いについて、具体的な事例をもとに掘り下げようとしている。たとえば、神奈川県茅ケ崎では、隣組がなくなって不便だということから、二二年には市民の側から自発的に「連絡会」という形で町内会がつくられていた。こうした市民の自発的な組織結成は非常に多くみられたという。また、一方で、「役所の後押し」によって結成、復活した団体も相当数あったという。たとえば、山形県では県の地方課が相当力を入れているといわれており、このように府県や市町村の指導や補助によってできた団体も相当あったようである。

この記事において、重要な問題として指摘されていたのは、強制加入をめぐる問題である。形式上は、ほとんどの組織は加入するかしないかは個人の自由としているが、実際はそうはいっていないという実態がこの記事で報じられている。たとえば、東京都のある地域では、加入しないことによって、誰でも受ける権利があるはずの予防注射の通知が来ず受けることができなくなるなど、実際には加入しなければ日々の生活に差支えるため加入しなければならないように仕向けられているところがある実態が述べられている。また、このような組織が、まちの顔役やボスの活躍舞台となり、戦時中の町内会長や隣組長と変わらない人たちが実権をにぎり、「村八分」をするような封建的な部落会なども少なくないという。ある農村では、部落会の幹部がやめさせようとしたのを振り切って共産党の演説会をききにいった部落民に対して、「村八分」に近い措置をとったというエピソードが掲載されている。また、ある地域では、首相が来ることになったときに、町内会や部落会の幹部が町民や村民を動員し、子どもに日の丸を配って万歳をさせるように指令を出したというケースも記されている。また、市会議員選挙で、顔役などが人員を選出し「町内公認」でなければならないところもあったという。このような動きに対しては、都市では批判が強く、また農村漁村では地域になじみの薄い人が批判的態度を取ることが多く、各地で対立が生じていることも報じられている。たとえば、福岡市では、町内会制度をつくろうとしたところ市民の反対にあって中止したという事例もあったという。

以上のように、町内会・隣組の復活は、その相互扶助的機能や生活上の利便性を向上する機能といった面で肯定的に受け止められる一方で、戦時の隣保組織の政治利用の経験と結びつけられることで自由や民主、平和を侵害しかねないものとして反発を受けていた。そのことから、政府は近隣組織の復活を政治的なイデオロギー論争から切り離そうとした。しかし、実際には、しばらくのあいだは「逆コース」『戦時中の隣組の再現」といった批判を免れることはできなかった。特に、戦後の議論では各地域における自由と民主主義を阻害するものとしての批判を強く受けることとなったのである。

第3節　隣組復活をめぐる対立とその超克の試み

前節でみてきたように、隣組の復活をめぐる論争や対立は各地でみられ、また地域によっては実際に復活させ再結成しようとする動きに対して反対運動が生じていた。本節では、隣組復活をめぐっての様々な言説活動のうちひとつの事例を取り上げ、この時期の一般の国民（市民）がどのような論理で対立し、また、どのような論理で近隣的結合が孕む問題を乗り越えようとしていたのかをみていきたい。

ここで取り上げる事例は、東京都杉並区の一部の町で生じた、主婦グループによる反対運動である。それまでにも、隣組復活をめぐっては様々な対立があったが、この事例は、はじめて主婦グループによる反対運動が生じたということで注目され、その経過が新聞で報道された。以下、それらの新聞記事をもとにこの事例をみていく。

この町では、旧町内会に類似した組織である「親和会」という組織が結成されようとしており、それに対して、「明るい生活会」という主婦たちのグループが結成の中止を申し入れた。この「明るい生活会」は、会員が約二千名にも及ぶ大きなグループであり、活動内容は多岐にわたっていた。特に、内職の世話、生活必需品の二割引販売、下水の清掃などで成功したことから、東京都から「新生活モデル町村」として表彰されてもいたという。

このグループの代表者七名により「親和会」結成の中止を求める申し入れ書が、町内地主に届けられた。その申し入れ書は、「戦時中の隣組班長を中心に、ふたたび昔のような町内組織をつくろうとしている事実」に対して、「隣組組織の復活に絶対反対」であることを述べ、中止を求めるものであった。反対理由としては、「戦争を防ぎたい。子供たちの貴重な血を、二度と無益な戦争のために流させたくないと念願する私たちは、個々の町民の意思が無視され、権力に利用され、左右され易い隣組体制をつくることに反対します」と書かれていたという。（一九五二年五月二〇日付『朝日新聞』夕刊）

この事件を報じる新聞記事では、グループのメンバーである主婦らの意見を掲載している。「親和会というのは、必要のない組織だと思います。寄付、募金、街燈、防火、防犯の仕事をしてゆくために、専任の人でもおけば、また人件費をはじめ、みんなに負担がかかってきます」「街燈が欲しければ、みんなで相談してやればよいのです。特定の人を経る必要はないでしょう」などの意見である。しかし、この申し入れに対して、「親和会」側は、数人で相談した結果、この申入書を「なんとなく返してしまおう」と決めて、「明るい生活会」の会長に対して口頭で話をしただけで返却したという。その話とは、「まだ会長も役員も決まっていないし、主旨がよく分りません。もともと、防火、防犯の協力会のようなものをつくって欲しいということから話が出たものですやっぱり町は明るくしなければならない……街燈も必要です。私一存でやめるというわけにもいかないでしょう」、「隣の町でもやっているから、こちらでも作ろうと何回か集まって話をしました。募金、寄付のことは合理的にやりたいし、防火、防犯なども、うまくやりたいと考えたからです。婦人の方々に早くお知らせしておけばよかったが……」というものだった。これに対し、「明るい生活会」の会長は、「早くお知らせすれば……というだけの考えもおかしいし、いまさらまだ会ができていないようにいうのも分らない。町内のこといっさいを含んだ仕事をいわゆる〝土地の人〟——旧町会役員その他に利用されたのでは、結局政治にもされるおそれがあります。隣組に逆戻りという感じです」と述べており、町内で反対署名運動を実施することとした。こうして、隣組の復活をめぐり、「明るい生活会」と「親和会」は対立することとなった。この対立を解決すべく意見交換会が一日行われたが、両者の主張に食い違いがあったため解決には至らず、「明るい生活会」は反対署名運動にふみきった。（一九五二年六月三日付『朝日新聞』夕刊）

以上が対立の経緯である。ここで、新聞記事にみられる両者のコメントをさらにみていきたい。「明るい生活会」のメンバーのひとりは、「親和会のかたがたとの話し合いでは、ほとんど私たちが〝反対〟している意味が分らなかったのだと思います。あの方たちは、何々協力会、あるいは町内会的なものが、かつて隣組を通じ、上からの命令の伝達だけしかしなかったということを、もう忘れてしまったのでしょうか」と述べている。先に「戦争を防ぎたい」「個々の町民の意思が無視され、権力に利用され、左右され易い隣組体制をつくることに反対」ということが反対理由として述べられていたことからもわかるように、この反対する主婦たちにとっては、戦時の経験から戦争遂行や権力の濫用と隣保組織は強く結びつくものであり、切り離して捉えられるものではなかったのである。また、「明るい生活会」の人々は、隣組を結成せずとも生活における共同性や相互扶助を紡ぎ出すことに既に成功しており、「住民の自由意思」による近隣的結合や共同性というものがいかなるものかを実体験のなかで体得していたとみることができる。しかし、「親和会」側の代表者たちは、そうした戦争遂行や権力の濫用と隣保組織の体制を結びつけて捉える問題意識を理解することが難しかったようである。「親和会」側のひとりは、「防犯や防火の協力会を作ること、街燈を明るくすることが、どうして恐いのか。火事などで消火に協力しても、少しの謝礼しかもらわない。夜警で犯罪を防いだ例もある。町の人がこういうことに少々の寄付をするのは、当然のことではないか」と述べている。この「どうして恐いのか」「当然のことではないか」という発言からも、これらの代表らは、結成を反対するグループの主張の基盤になっている問題意識に対する理解が欠如しており、それゆえにこの対立は平行線上にあり解決が困難となっていたといえる。

なお、この対立を報道する記事には、しばしば有識者のコメントが掲載されている。たとえば、一九五二年六月三日付『朝日新聞』（夕刊）の記事では社会評論家の丸岡秀子が次のようにコメントしている。

> 旧町内会、隣組などに対して、主婦の抱いている〝疑惑〟や、〝怖れ〟は日々の生活の中からジカに教えられて出てきたもので、尊重すべきだと思う。旧町内会式に、一つ、あるいは二つの町を一括した組織というものは、政治に利用される危険もある。なるべく、それぞれの欲求によって生れた、小グループが望ましい。旧指導者が、形を変えて組織したとしても、現実に顔ぶりがおなじであれば、やはり戦時体制の下部組織のようだと見なすのが、現在の国民感情です。防火、防災、街燈のことが、果して現在とりあげるべき生活的な主題であろうか。このようなことは、あちこちで起きていると思う。（一九五二年六月三日付『朝日新聞』夕刊）

このように丸岡は「明るい生活会」のメンバーが抱く疑惑や恐れを尊重すべきとし、さらには、そうした捉え方が「現在の国民感情」であると述べている。こうしたコメントが掲載されていることからも、「明るい生活会」の主張の基盤となる問題意識は、この事例に限った特殊なものではなく、当時の対立の様相を現したものと捉えることができるだろう。

この「明るい生活会」の運動は、主婦らによる各地での隣組復活反対運動へと拡大した。そこで、同年一〇月、東京都教育庁は各地域の婦人団体幹部を集め懇談会を開催した。その懇談会により、隣組復活をめぐる対立は、結成しようとする側と反対する側の間での問題意識の共有と議論により解消されるのではなく、反対してきた主婦らの内省的な議論により新たな展開をみせることになる（一九五二年一〇月二四日付『朝日新聞』夕刊）。

この懇談会での談話の概要と主な発言は次の通りであった。まず、数人から「防犯協力会とか防火協力会というものがすでに各地に存在し、隣組はこれを根城にして復活している。しかも組長などの昔の名称を理事長などに変えて、地主や街の有力者が幹部になり、その人の思うままにまかせている」といった実態の報告がなされた。しかし、その後、豊島区の婦人会から「一概に隣組を非難せず、長所と短所を知ることが必要ではないだろうか」という意見が出されたという。具体的には「隣保精神、貯蓄推進、保健衛生などの実施には今までも役立ってきた長所があり、その反面、ボスに牛耳られ、選挙の地盤に利用されるなどの欠点も持っている。隣組が出来そうになったら、婦人たちが積極的にその中に溶け込んで、長所を生かすように、封建的なものが出来ないように盛りたててゆく方向に持っていけば、非難ばかりしなくてもいいのではないか」という意見である。この意見には納得する者が多かったようで、これが懇談会の論議の中心になったという。その後、「ほっておいたら今まで以上に悪いものが出来る、どうしても出来るものなら婦人の手で民主的な隣組をつくってゆこう」という議題のもと、「今の婦人会で会全体もまとめられないような無気力さでは、その中に入っていっても、強い男の人たちの壁にぶつかってひきずられて行ってしまう」「復活に熱心すぎるボスと、無関心すぎる主婦というのでは、いたずらに入っていっても意味がない」などと、「婦人の力」と「婦人の自覚」が論じられたという。なお、この懇談会を報じる記事によれば、「昔の隣組制度が悪かったといっても、その当時、婦人たちはカゲで悪口を言うだけで、発言する機会も能力も持っていなかった。戦後七年、婦人も一般に向上し、勉強もしている今日だけに、私たちの力で隣組を明るいものにし、組織を明るくすることによって、社会を明るくするように努力すべきだと思う」という意見でまとまったようである。

以上のように、この懇談会では、既に各地で隣組が復活し特定の人々による権力をふるった地域政治がなされている実態があること、また、それに反対しても、いつまでも問題意識そのものの理解が得られず対立が解消されない事態に対し、主婦たちの内省的な議論を通じて、自身の意識と行動を変えることで「民主的」で「明るい」隣組をつくっていこうという結論となっている。結局は、隣組の結成を中止する申し入れは受け入れられなかったものの、この隣組復活をめぐる議論と対立を通じて、少なくとも「明るい生活会」を中心とする主婦らは、近隣的結合の功罪に対する理解を深めたうえで、自律的で民主的な共同性を紡ぎ出しそれを自身たちの結成するグループだけではなく「隣組」に類するかたちで結成されようとしていた組織に対しても浸透させていこうとする意志が芽生えたといえる。

なお、この懇談会での討論を労働省婦人少年局の窪田展子が傍聴しており、記事ではその感想として「日本の社会で一日も早く達成しなければならないことは〝個人の確立〟ということで、自分で自分の行動を判断し、責任を持つことが出来なければならないと思います」「この討論は明日にでも必然的に隣組が復活してしまうという前提でなされたようですが、隣組は必然的に出来なくてはならないものではなく、あまりせっかちに考えないで、作ろうとする人があれば、なんのために作りたがっているのか、またその人はどんな人かということを徹底的に考えてから判断していいのではないでしょうか」というコメントが「隣組を作るよりは個人の確立が先決」という小見出しで掲載されている（一九五二年一〇月二四日付『朝日新聞』夕刊）。このコメントでは、個人が自律的に行動できるようになることが日本社会で一日も早く達成すべき課題であること、また、隣組を総体として捉えて結論を出すのではなく各々のケースによって、誰が何のために結成するのかということを熟考していくことの重要性を指摘している。当時、隣組の廃止と復活をめぐる議論では、隣組に代表される近隣的結合がイデオロギー化され、個々のケースによってその経緯や目的、つまり、「誰が、誰のために、何のために結成するのか」が異なるにもかかわらず、総体として捉え議論される傾向があった。その状況に対し、この懇談会やコメントでは、近隣的結合のあり方をめぐる対立や議論を脱イデオロギー化し、近隣的結合の主体となる個人の自律性重要論点に据えたという点で注目すべき事例といえるだろう。

第4節　おわりに

以上、戦後から一九五〇年代前半にかけての隣組の廃止と復活をめぐる議論を分析・考察してきた。これらの分析・考察から示唆されることを以下にまとめたい。

まず、一九四五年から一九五〇年代前半にかけての戦後日本社会における一般市民の近隣的結合に対する認識は、戦時の隣保組織に関わる経験の影響を強く受けていることが確認された。戦時の隣保体制においては、「君民一体」「八紘一宇」のイデオロギーのもとで、「隣保精神」の涵養と「隣保生活」の実践を通じて、近隣における「和」を重視した濃密な全人的・情緒的結合が促され、すべての国民がその結合に包摂されることが目指された。一方で、その結合は国民の「自発的な」自己犠牲を伴う戦争遂行のために利用された。そうした経験にもとづく人々の認識や感情は、当然のことながら戦後も消えることはなかった。

ただし、戦後の隣組の廃止と復活をめぐっては、一般市民のあいだでも認識・意見の激しい対立が生じた。その対立は、権力を持とうとする者とその支配に対抗しようとする一般市民との対立だけでなく、戦時の経験から近隣的結合が戦争や権力による支配と結びつくことに対する恐怖や疑惑をもち、自由と民主、平和の実現のために同じ過ちを繰り返してはならないという問題意識を強く持つ市民層と、そうした戦争や権力支配と近隣的結合のあり方を切り離して捉え問題意識そのものを理解することが困難な市民層との間で生じている対立でもあった。

政府は、隣組結成の禁止を解いた後は、「戦時体制の以前に戻す」「積極的に結成を推奨もしないが、禁止もしない」と、自ら、近隣的結合のあり方を政治と切り離すことを試みた。そのことにより、各地での近隣組織をどうしていくか、すなわち町内会・隣組のような近隣組織を結成するか否かは、その地域住民の「自由意思」にゆだねられることになり、国民の近隣的結合に対する認識の対立は、結成の動きとそれに対する反対運動という形で活発化した。こうした過程において、マスメディアや一般市民により近隣的結合をめぐる活発な言説活動が展開されることとなった。

その過程で形成された言説の様相は次の通りである。まず、町内会・隣組のような近隣組織の復活に対して否定的な言説からみていくと、第一に、戦時の経験から、戦争遂行を近隣組織と結びつけることで、隣組復活を「戦時体制の再現」と捉える言説が挙げられる。「戦争のときのようになる」「戦時の隣組の再現」「戦争を防ぎたい」「逆コース」という理由で、隣組の復活を反対する意見がこれにあたる。第二に、第一と深く関わるが、これも戦時の経験から、権力支配と近隣組織を結びつけることで、隣組復活を「権力支配の復活」と捉える言説が挙げられる。「ボスに牛耳られる」「権力に支配される」「顔色をうかがいながら息苦しく暮らさなければならない」「住民の意思が無視される」などの意見がこれにあたる。また、隣組の結成が、その地で暮らす人々にとって様々な面での「強制」の契機となることを懸念する意見や、民主主義や自由を阻害することを問題化する言説もこれに含まれるだろう。第三に、隣組では行政・町内会の末端組織として様々な生活に関わる仕事が「押しつけ」られ、無償での奉仕を強いられていたことから、隣組復活によって住民が動員され、無償での仕事を課されることを懸念する言説がみられる。「仕事が多くなりめんどうだ」といった語りがこれにあたる。第四に、全人的・情緒的で濃密な結合に対して、「非合理的」「無用」「面倒」であるとする言説がある。「つきあいが面倒くさい」「うるさい」「何の用にもならず余計なものだ」などの語りである。

一方の、隣組復活に対して肯定的な言説としては、第一に、隣保組織に対し、生活上の利便性向上などの利点を見出す言説が挙げられる。「便利だ」「共同出荷できる」などがこれにあたる。第二に、相談や助け合い、「和」や親密性の創出といった利点を見出す言説がある。「親密になれてよい」「協調するのによい」「相談できる」「なごやかにやっていきたい」などである。第三に、行政運営の視点からの利点を見出す言説が挙げられる。「地方行政が円滑にできる」などである。なお、わずかに「団結できてよい」という語りもみられたものの、住民／市民のつながりによる公共的な問題と向き合っていくための市民的共同性の創出に関する語りはほとんどみられなかった。

以上が、この時期の町内会・隣組等をめぐる主要な言説である。このうち、この時期の言説活動を特徴づけるのは、隣組復活を否定する言説のうちの第一と第二の、戦争と、権力支配による民主主義や自由の侵害を近隣的結合と結びつける言説が前面に出ていることである。この点は、近隣的結合に対する日本特有の論点を孕むものであるといえるだろう。というのは、本来、民主主義、自由や平和の希求は、市民としてのつながり、つまり市民的・自律的共同性によってこそ支えられる／発展させられるものである。民主主義や自由、平和を求めるための基盤として、近隣的結合というものは歴史的に重要な役割を果たしてきた。世界各地での歴史的な市民運動の事例からも、そのことが示唆される。それにもかかわらず、戦後の日本の近隣的結合をめぐる言説では、戦時の隣保組織をめぐる経験から、近隣でのつながりが自由や民主を妨げるものとして捉えられる傾向を持っていたからである。たとえば、「隣組の復活よりも『個の確立』が優先である」という議論からも示されるように、自律性を育てることや個人の自由、民主を尊重することが、近隣的結合を促すことと相いれないものとして捉えられていたのである。

また、留意すべきことは、この時期の大衆的言説をみる限り、隣組復活を否定する第一から第四の言説のいずれもが近隣的結合からの「逃避」へとつながりうるものであることだ。一方で、隣組復活に肯定的な言説においては、生活上の利便性や行政運営の円滑化のほかは「和」「協調」「相談」といったドメスティックな側面での言説が中心となっており、公共性に関わる言説はわずかである。こうしたこの時期の言説の特徴が、戦後日本の近隣的結合に対する人々の認識枠組みの基盤となっているとしたら、それこそが現在まで根強く指摘され続けている個人の孤立の問題や自律的な市民としての連帯の不十分さの問題へとつながっているのではないだろうか。

以上、隣組の廃止と復活をめぐる大衆的言説の検討を通じて、一九四五年から五〇年代前半にかけての人々の近隣的結合に対する認識を分析・考察してきた。最後に、冒頭で述べた本研究の問題意識と照らして、考察を深めるとともに今後の課題を見出しておきたい。

周知の通り、「町内会論争」では、町内会とそれに類する近隣組織を「前近代的封建遺制」と捉える議論に対し、日本ではこうした近隣組織が「文化」として根付いていること、これらの近隣組織は「日本的集団原理」に支えられており、その原理は今も生きて働いているということが論じられてきた。これに対し、筆者の研究からは、この「日本的集団原理」といわれるものが今も生きて働いているとすれば、戦時の「隣保生活」の経験とそれをめぐる言説活動により形成された人々の近隣的結合に対する認識枠組みも、その正体のひとつではないかと考える。それは、「和」と「情」ですべての人を包み込もうとする全人的・情緒的結合、すなわち戦時の「君民一体」「八紘一宇」のイデオロギーのもとで訓練・体得された「日本の精神」にもとづく結合こそが理想的な「近隣的結合」の姿である、という認識である。これが日本における古来の自然発生的な結合だという主張もあるが、実際には、戦時の隣保組織を整備する際、最初は都市部では個人主義・自由主義が蔓延しており、隣組や常会はなかなかうまくいかなかったとされている。その状況に対し、強制的にすべての国民を対象として組織化が進められ、家族的結合を社会に広げていくための第一歩として、またその訓練の場として「近隣」が位置付けられ熱心な隣保活動家によって「隣保生活」の意義が普及された、その経験とその過程で形成された認識枠組みこそが、戦後もなお多数の人々によって共有されてきた「日本的集団原理」といわれるものの正体のひとつではないだろうか。ただ、だからといって、戦後の日本社会でその精神が重視されてきたといいたいわけではない。むしろ、「近隣的結合」＝「戦時の隣保精神」＝「「和」と「情」ですべての人を包み込もうとする全人的・情緒的結合」の図式が根強く残存することによって、それへの郷愁とともに、そうした結合が戦争や権力濫用、動員による無償労働の押しつけ、自由で民主的な生き方の侵害、濃密な情緒的・全人的関りのわずらわしさなどと結びつくことによって、「逃避」や「恐怖」「疑惑」の念につながり、人々の近隣的結合に対する負の認識をも生み出し続けてきたといえるのではないか。

後に詳述するが、一九六〇年代から七〇年代にかけては、都市化論、大衆社会論などの影響も受けて、孤立や孤独、マイホーム主義が問題化され、戦時の隣保組織やムラとは異なる新たな市民的つながりとしての「コミュニティ」の概念が注目され、一九六九年にははじめての本格的なコミュニティ政策がスタートする。その際にも、「逆コース」「戦時の隣組の再現」といった官製コミュニティに対する批判を免れることはできず、さらには、「モデルコミュニティ」を展開したものの、市民の意識・行動の両面において各地でコミュニティ形成が盛り上がることはなかった。その後、住民運動の文脈で新たな市民的つながりが生み出されていき、一九九〇年代にはNPO法などの整備で市民組織が新たな展開を迎えることになったが、いまだに日本社会においては、人々は近隣的結合に対する「郷愁」と「逃避」のアンビバレントな志向から逃れられてはいないようにみえる。日本社会では、隣組の国民組織化、そして戦後の廃止と復活というドラスティックな経験を通じて形成された認識枠組みがいまなお残存しているのではないだろうか。

一方で、本研究からは、戦後、人々は戦災復興の混乱期に町内会・部落会、隣組といった近隣組織の廃止と復活というドラスティックな出来事を経験したことにより、近隣的結合のあり方をめぐる活発な言説活動が、特に大衆的言説空間において展開されていたことが明らかになった。それらの言説活動には、この戦後まもない時期にも既に、対立と論争のなかで戦時の隣組の経験を乗り越え、自律的な近隣的結合を紡ぎ出そうとする人々の試みがあったことも見出すことができた。

なお、紙幅の都合から本書では詳しく取り上げられないが、隣組の復活と近隣組織のあり方に関しては、学術的領域でも活発な言説活動が展開されていた。たとえば、一九五三年の『都市問題』（44巻10号）においては「特集　市民組織の問題」が組まれ、隣組の復活をめぐる論考が寄せられている（東京市政調査会 1953）。この特集号に寄稿されている論文の幾つかは、「町内会論争」における「前近代的封建遺制」論の契機となったとされるものであるが、それ以外にも、隣組の復活をめぐって近隣組織のあり方に関する多様な論点が示されている。たとえば、高田保馬は、個人が単身投げ出されて情意的なよりどころが失われ孤独感・無力感に曝されていることを問題とし、その救いとなる「全人的結合の場」として隣組を捉える「隣組郷土論」を展開している。一方で、奥井復太郎は「近隣集団なるものは、その性格上身内集団的に偏狭・狭量で身びいきで好悪がはなはだしく公理公論の通らない、まことに厄介なものである。いたずらに公共的に組織化を云々すればこの状態の凝固を進めることになり近代性の追放となる。この運動が逆コースと見られるゆえんはここに起因するのであって、殊にわが国のように個人格の覚醒に遅れているところではその弊は著しいといわねばならぬ」と、近隣集団の弊害を指摘し、それが近代化や個の覚醒を妨げかねないと懸念している。磯村英一は、クーリーやテンニースを引用して集団の基本的な見方をあげた上で、大都市と中小都市では社会的性格が異なるため近隣集団の必要性も異なること、もし大都市において地域的近隣的結合集団が再検討される余地があるならば、それは「従来の町会隣組の亜流」ではなく「別個の意味においてのコンミユニティの集団」であると述べ、新たな連帯としてのコミュニティの可能性を示唆している。このように学術的な言説活動をみても、この時期には近隣組織を復活させる動きに対するアンビバレントな認識が共有されていたと同時に、そうした議論のなかで近隣的結合をめぐる活発で深淵な言説活動が展開されていたことがわかる。そして、それらの言説活動によって形成された認識枠組みは、後に、個人・家族の孤立とコミュニティをめぐる言説活動の重要な基盤となった。では、後にはどのような言説活動が展開されたのか。次章以降でみていきたい。

注

（1）戦時の隣組と近隣組織をめぐる言説活動については梅田（2017）で記述し論じている。
（2）具体的には、『朝日新聞』『讀賣新聞』の記事データベースを用いて、「隣組」「町内会／町会」を検索語として記事を抽出した。また、必要に応じて、関連する政策文書や学術文献等も史資料として用いている。
（3）町内会・隣組に関わる近年の代表的な先行研究としては、たとえば鳥越皓之（1994）、吉原直樹（1989）、玉野和志（1993）、雨宮昭一（1997）などがある。なお、同時代的な代表的研究論文としては、本稿の最後でも取り上げた雑誌『都市問題』に寄稿されている、町内会・隣組を「前近代的封建遺制」と捉えたことで「町内会論争」の契機ともなった磯村英一（1953）、鈴木栄太郎（1953）、奥井復太郎（1953）のほか、それに対して文化型論を展開した近江哲男（1958, 1961）、中村八朗（1965）、また、地域民主主義と町内会の関りを論じた松下圭一（1962）などが挙げられる。

（4）自治大学校による『戦後自治史〈第一〉隣組及び町内会、部落会等の廃止』（1960）では、戦前・戦後の地域自治政策の変遷が、当時の政府と連合国軍総司令部とのやり取りや当時の関係者の談話記録なども含めた多様で膨大な史料をもとに記述されている。本章は、主に筆者自身が収集した当時の新聞記事にもとづいて記述しているが、新聞記事に記載されている事実関係の確認および批判的検討にあたって、この文献を官報・会議録等とあわせて参照している。

（5）この「町内会の空白期間」に焦点を当てた研究としては、注（3）に挙げたもののほか、東京都台東区・谷中地区の事例をもとにこの期間の地域住民活動を実証的に分析した小浜ふみ子（1994）の研究がある。小浜の研究は、「町内会とは何か」を考えるために、研究上も空白であるこの期間に焦点を当てて住民が町内会の禁止にどのように対応し再生に関わったかを明らかにしている。

第2章　「団地族」の人間関係
――個人主義・家族中心主義と「近隣関係の希薄化」

第1節　はじめに

本章では、一九五〇年代後半から六〇年代前半にかけての「団地族」の人間関係をめぐる言説活動を取り上げる。この時期、日本の都市社会学や家族社会学の分野では、近代化・都市化に伴う個人や家族、地域の変容をめぐる論争が繰り広げられていた。都市社会学者が中心となって取り組んでいたアーバニズム研究の領域では、地縁・血縁などの第一次的接触の衰退、地域解体／家族解体をめぐる議論が活発に行われていた。家族社会学の分野ではパーソンズ（1955）の核家族論をめぐる「核家族孤立論争」が展開され、日本でもその評価が行われ始めていた。そうした時期に、これらの理論が実際の日本の人々の生活実態と結び付けて論じられ、実証され、その知見が一般人々に普及する契機となったのが、当時「団地族」と呼ばれた団地居住者を対象とした調査研究とマスメディアによる報道であった。一九五五年の住宅公団設立以降、団地の建設は続々と進められ、一九五〇年代末には香里団地、ひばりが丘団地などの巨大団地の入居が始まり、「団地族」は一〇〇万人を超えたと発表された。団地は近代的・都市的な新しい生活の舞台として注目され、数多くの団地と「団地族」についての調査研究、マスメディアによる報道が行われた。「団地族」は近代的で都市的な個人・家族の典型とされ、「個人主義」「家族中心主義」「孤立主義」であり、そのような思考様式、生活態度が人間関係上の混乱を招き様々な近隣トラブルを生じさせていると指摘された。こうした「団地族」の人間関係をめぐる言説活動の中で、日本の都市社会における個人・家族の孤独・孤立に関する認識枠組みが形成されていったのである。本章では、この「団地族」の人間関係をめぐる言説活動を取り上げ、個人・家族の孤独・孤立に関する認識枠組みがいかにして形成されていったかをみていきたい。

具体的には、「団地族」をめぐる様々な言説活動のうち、まず学術的な関心に基づいて行われた言説活動を調べ、次に、それらの活動によって形成された知識や概念がどのようにして一般の人々に普及していったかを新聞・雑誌記事の分析を通じてみていく(1)。

なお、当時の団地に関する学術論文は多数に及ぶものの、「団地族」の人間関係に関する基礎データとしては、主要ないくつかの調査プロジェクトによって得られた結果が繰り返し用いられている(2)。なかでも特に、「東京都立大学社会学研究室調査」（以降、「都立大調査」と略す）「西宮北口調査」「公団調査」の三つの調査結果は最も引用頻度が高く、学術的な文献だけではなく新聞・雑誌記事においても引用されるなど「団地族」の人間関係についての言説が形成される基盤として重要なものとなっている。よって、本章では、この三つの調査プロジェクトの結果をもとに展開された言説活動を中心に記述することとする。

第2節　「団地族」に関する学術的言説の形成

「団地族」の属性、生活様式、人間関係などの実態を始めに明らかにしていったのは、社会学・建築学分野を中心とする学術的な調査研究プロジェクトであった。本節では、代表的な三つの調査プロジェクト「都立大調査」「西宮北口調査」「公団調査」の概要を記述するとともに、それらの結果にもとづく言説のパターンがどのようなものであったかを整理・分析する。

1　主要な団地調査の概要

（1）東京都立大学社会学研究室調査（一九五八年六月〜）

この調査は、磯村英一、大塩俊介が中心となり東京都立大学社会学研究室の共同研究として実施された。この時期はアーバニズム論が盛んであり、報告書や論文によれば、この調査でもアーバニズム論の枠組みで都市的生活様式と都会人のパーソナリティの解明の一部として団地での生活様式、団地居住者のパーソナリティの解明が試みられている（磯村・大塩編 1958; 磯村 1960; 大塩 1960）。調査対象は、東京都三鷹市牟礼公団アパート団地の賃貸住宅入居四〇一世帯の世帯主および配偶者全員であり、これに加えて杉並区、阿佐ヶ谷地区四〇〇世帯、江東区、大島地区五〇〇世帯についての山の手・下町の資料を比較対照に用いている。調査方法は事実に関する留置調査と意見に関する面接調査が中心である。

報告書の中では、調査結果の多くが、山の手や下町と比べ近代的・都市的な特性を示していると結論づけられている。たとえば、家族構成については二〜四人世帯が八四％、平均世帯人員が三・三二であることから、「きわめて近代的、また都市的な形態を示している」（磯村・大塩編 1958: 6）と述べられている。年齢は三〇〜三四歳（男）、二五〜二九歳（女）、〇〜四歳の三つの層が多数を占めている。職業は経営管理・一般職員・専門技術職の合計が九三％で、山の手六〇％よりさらに多い。

近隣関係の実態については、世帯主・配偶者とも「伝言を頼む程度のつき合い」までが一人平均一世帯以下であり、きわめて少ないという結果が示され、下町地域の調査結果と比較して「アパート団地における交際の程度は、『挨拶をかわすだけの』乃至は『会えば世間話をする程度の』つき合いの段階に止っているといえるであろう。これも都市的なコミュニティの型をよく示しているといえるかもしれない」（磯村・大塩編 1958: 23）と述べられている。

意識についての設問の結果では、家族に関しては親世帯と子世帯の同居に対する価値観の設問の回答結果として、別居に賛成が世帯主六六％、配偶者六四％であり、同居に賛成が世帯主三三％、配偶者三一％であることから、

「伝統的な直系家族的価値態度は少く、近代的な核家族的価値態度がより支配的な型を示している」（磯村・大塩編 1958: 39）と述べ、意識面でも近代的な核家族への指向がみられると指摘している。人間関係については、「近所の人と余り交際しないで、できるだけ自分だけの生活を守ることが望ましい」の回答者が「自分だけの生活を守るよりも、近所の人たちと仲よくつき合って生活する方が望ましい」の回答者よりも若干上回っている結果を示し、「団地族」が個人主義的であると指摘している。これらの結果をもって、報告書では、最後に居住者の意識形態を次のようにまとめている。

> 最後に居住者の一般的な意識形態をみるために、二、三の問題についての価値態度を調べた結果、自然に対してはより享受型であり、人間関係についてはより個人主義の型であり、家族形態についてはより近代的、核家族型である。比較的都会人、近代人としての意識形態の特性をよく示しているといえる。（磯村・大塩編 1958: 43）

この調査結果は、報告書のほか磯村や大塩自身の論文の基礎データとしても用いられている。報告書自体では、団地の居住者や家族、コミュニティの状況について、それらが近代的・都市的特徴を示すことが述べられているに過ぎず、その状況を対処すべき問題として捉えるまでには至っていない。しかし、この調査で得られたデータと結論は、後の団地に関する様々な調査研究において「団地の近所づきあいが低調である」という言説の根拠として引用され、後に展開される「団地族」の人間関係をめぐる議論の基盤として重要な役割を果たすものとなった。たとえば、「わが国の郊外鉄筋アパート住宅などについて、これまで行われた実態調査の結果では、いずれも世帯主若しくは主婦の近所づきあいが低調であると報告されている」（増田 1960: 95）、「都立大学社会学研究室の報告によると、近隣関係については、つき合いの大部分を占めるのは、「会えば世間話をする程度」ないし「挨拶をかわすだけ」の簡単なつきあいであるといえよう、と述べており、また近隣団体への参加度については、全体を通じこの種のフォーマルな組織に対する団地居住者の関心はきわめて低いとみなければならない、といっている」（大道 1964: 18）のように、後に団地居住者の人間関係に関する言説活動を主に担うことになる増田や大道も、この都立大調査の結果を引用している。

（2）西宮北口調査（一九五八年四月〜）

この調査は、西宮市教育委員会が企画し神戸新聞社の協力を得て増田光吉に委託したもので、西宮北口団地の主婦を対象としている。報告書によれば、調査のきっかけは団地に「婦人学級」を開設したことであり、団地では地域のまとまりが弱くグループ活動が低調であることが社会教育行政上の問題とされ、その実態を明らかにすることが主題となったという（増田 1960）。東京都立大などの先行調査の結果から、日本では世帯主もしくは主婦の近隣づきあいが低調であることを前提とし、アメリカ郊外研究での近隣づきあいが活発であるという報告と異なっていることから、近隣づきあいを阻む日本固有の要因を探るという目的で調査・分析が行われている。

属性についての結果をみると、職業は夫の九〇％が会社員で妻の九二％が無職、学歴は世帯主の九二％が新制高校卒以上の「インテリサラリーマン家庭」であることを示している。世帯主の年齢は三〇代が最も多く、家族構成は平均三・七人で三〜四人世帯が最も多い、夫婦・親子水入らずの「近代家族」であると結論づけられている。

近隣関係に関する結果としては、団地の主婦の近隣づきあいを阻止する要因として、「インテリサラリーマン家族に特有な個人主義的イデオロギー」「ファミリズム」「地域的な移動性の高いこと」「共同生活に伴う、不和、見栄、競争心、噂話などの介在」「社宅では職場の人間関係や職場のトラブルが住宅生活の中にもちこまれ易い」「団地以外の他の社会との結びつき（殊に実家、親類などの血縁的な集団との結びつき）」の六点があげられている。そして、この中でも日本固有の要因として「実家への依存」「親類への依存」「強度のファミリズム」の存在があるとし、特に以下のように「ファミリズム」が強調されている。

団地の近隣関係では、ファミリズムにもとづく家族的エゴイズムが社会生活の発展にとって大きな妨げとなっている。それは前に述べたように積極的なエゴイズムというよりは、外界拒否的な、退えい的な性格をもつものではあるが、結果的にみて集団生活の敵であることに変りがない。（増田 1960: 103）

ここでの「ファミリズム」とは一種の家族中心主義、家族的エゴイズムであると説明されている。根拠となるデータとしては、たとえば「わが家のことを心配するだけでたくさんだ。町内や団地のことなど、だれか、世話すきに任せておけばよい」という意見について、下町（サラリーマン）は賛成二九％、反対七〇％であるのに対し、西宮北口団地では賛成三七・六％、反対五三・九％であった結果が用いられている。この結果から「鉄筋アパートの入居者が、当初から社交生活の否定を入居の理由の一つとしていること、そしてその埋めあわせをファミリズムの達成においていることがここでよくうかがわれる」（増田1960: 103）と述べられている。

これらの調査結果の総括として、団地居住者の社会的性格は、きまりきった生活のくりかえし、地域社会に対する関心がうすい、家庭を大切にし高く評価して家庭にとじこもるなどの「サラリーマン型生活原理」と、居住面積が狭いため大人数の居住や頻繁な来客が難しい、独立した構造・頻繁な住居移動により封鎖的・孤立的な居住特性がある、内部は開放性があり家庭における個人生活の尊重が困難、多くの人が相接して暮らしているためお互いの生活が他に知られやすいため見栄や競争が生まれるなどの「鉄筋アパート型居住原理」の統合であるとされる。そして、これらの点において「団地族」は他の人々と比べ特異な生活様式をもつ「新興社会集団」であると結論づけられているのである（増田 1960: 29–33）。

以上の内容は、報告書や論文として発表されただけでなく、一九五九年には『神戸新聞』家庭欄の連載記事「サラリーマンの新しい町　西宮北口アパート群実態調査から」としても発表されている。この連載記事のテーマは主婦の人間関係に関するものが中心で、一五回中五回を占めている。記事の本文では報告書で用いられている概念が各回でみられる。たとえば、五回目の「〝おせっかい〟無用　むずかしい人間関係」では、冒頭で「ある口の軽い奥さんがつまらぬことをいいふらしたために、近所の人々にいやがられ村八分同様の憂き目にあって、世をはかなんで自殺したという事件」についてふれている（一九五九年五月二六日付『神戸新聞』）。そこで増田は「孤立主義」「家族中心的なエゴイズム」が人間関係上のトラブルの原因となっていることを指摘している。このように、西宮北口調査では、そもそもの目的に沿って近隣づきあいを阻む日本固有の要因を見出し、その要因として「家族中心主義」「ファミリズム」の傾向を指摘している。この、「団地族」が「家族中心主義」であり、それが社会生活の発展にとって妨げとなっているという認識は、後の団地に関する議論に引き継がれていくことになる。その中で、増田自身も「家族中心主義」についての議論を展開している。このことについては次節で詳しく述べたい。

（3）住宅公団調査（一九五九年一二月～）

この調査は、日本住宅公団が東京大学新聞研究所に委託したもので、辻村明、岡部慶三、藤永保、綿貫譲治によって行われた。報告書によると、調査目的は「アパート団地に投入された『人間』が、その生活の過程においていかなる社会を作り上げて行くか、そしてその社会の下にいかなる人間形成が行われるかを社会心理学の立場から解明し、今後の建設計画、設計計画及び管理計画等の諸方針策定に基礎づけを与える目的」であると述べられている（辻村ほか 1960）。この調査は三回行われ、第一回目は「人間関係と社会意識を中心として」、第二回目は「地域差を中心として」、第三回目は「団地と地域社会」がテーマとなっている。

調査にあたっては日本の先行研究である都立大調査、西宮北口調査、大阪市大調査、東北大調査、家族問題研究会調査のほか、国外の先行研究（フェスティンガーの集団住宅の人間関係の研究、シカゴ学派によるアーバニゼーション研究や郊外研究など）を参照し、それらの研究で最も多くとり上げられている人間関係に焦点をあてている。さらにマスメディアでの報道内容を取り上げ、以下のような問題設定をしている。

週刊誌その他のルポルタージュで伝えられる団地の生態は本当に正しいのか。ある場合には、それは恰も非社交的なモンロー主義者が寄り集った孤独地獄であるかのように描写されているし、別の報告には、また、煩わしい交際関係の網の目が全ての人々を否応なしに緊密に包み込んでいるかのように画かれている。一体どちらが真相に近いといえるだろうか。（辻村ほか 1960: 59）

この調査では、作業仮説として、人間関係の背後には人々の「パーソナリティ・タイプ」の差があるとし、それを「Sociability タイプ（社交型）」と「Privacy タイプ（個人主義者）」の二つに想定し、それらのタイプの分布と、タイプの差異が人間関係の差異とどのように関連しているかを追求しようとしている。Sociability タイプは「近所づきあい的な親密さを求めるか、またはこのような人間関係におかれてもそれを苦にしない。したがつて、たとえば、住居が近接しているといつた物理的、地理的条件によって制約された人間関係や交友関係を比較的容易に受け入れる」（辻村ほか 1960: 7）タイプであり、Privacy タイプは「〝近所づきあい〟的な親密さを最小限に止めたがる傾向があり、物理的地理的条件に規定された人間関係を、好まない」（辻村ほか 1960: 7）タイプである。

第一回調査の内容をみていくと、対象はひばりが丘団地と青戸団地、調査期間は一九五九年一二月から一九六〇年三月、方法はソシオメトリ法を用いている。調査結果のうち属性の項目をみると、年齢では世帯主は三〇代に集中、配偶者はひばりが丘は二〇代、青戸は三〇代に集中している。教育程度は高等教育を受けた者が三分の二、女性も圧倒的多数が中等程度以上の学歴があり、両団地とも都民一般と比べ教育程度は非常に高いと考察されている。女性の主婦・無職率はひばりが丘が八七・一%、青戸が八八・八%である。

人間関係の実態については、結論として「ひばり、青戸何れの団地においても、上述の Privacy Type に属する人間が圧倒的に数が多いといえる。したがって棟内の人間関係は極めて淡白だといって差支えなかろう」（辻村ほか 1960: 64）と述べられている。この根拠となるデータは「交際軒数」と「友好点」で示されている。たとえば、ひばりが丘での階段内つきあい軒数の分布をみると、夫は二・六九、妻は四・六七である（最大七）。妻の交際軒数は大きな数を示しているものの、一軒につき〇～三でつけた友好点の総数は、夫は平均が三・一〇、妻は七・七〇と極めて小さいことから、「それは顔見知り以上の仲には殆んど発展しえないようなつきあい」であるとされる。また、この設問を棟内のつきあい軒数に広げても、夫は三・〇二、妻が五・〇七とほとんど変わらないことから「ひばりでは階段を一つ隔てることによって、ほとんど交際関係は断絶され、相互に異邦人に等しい状態にあることを意味している」とされる。これらの結果をもって、「団地族の普遍的類型は Privacy Type であると断定せざるを得ない」（辻村ほか 1960: 99）と結論づけている。この調査結果は多くの研究で引用されており、特に執筆者の一人である藤永はこの結果に言及する複数の新聞コラムを執筆している。それらの記事では、「在来の向う三軒両隣的な交際様式は、団地ではあまりみられないようである」「私たちの調査では、どこの団地でも、このプライバシー型の生活態度が、ほぼ三分の二の多数を占めているようである」と、団地居住者のうち多数が個人主義の型であることが強調されている（一九六二年二月一三日付『朝日新聞』朝刊「団地社会と地域政治　上　藤永保　一種のモンロー主義　横への連帯意識は薄い」）。

続いて、人間関係についての思考様式、価値規範に関する結果をみると、「あなたがいっしょにいて一番たのしく感ずるのはどの人びとですか」「団地人をめぐる人びとの中で誰が最も大切ですか」等の問いに対する結果から結論が導かれている。その中でも特に注目されているのは「あなたがいっしょにいて一番たのしく感ずるのはどの人びとですか」という設問の回答結果である。「家族」と回答した者の割合が、ひばりの男性は五七・六％、女性三八・八％、青戸の男性は五九・〇％、女性は五一・四％であり、これに対し比較のために提示された徳島県での調査結果が男性二四・四%、女性二五・〇%であったことから、報告書では、「この表の数字は、団地居住者が、圧倒的に家族（あるいは家庭）中心的 family-centered であることをはっきり示している」「いわゆる団地族は家族団らんに最高の value を置いているという週刊誌などで描かれているイメージが、間違っていないことを示している」（辻村ほか 1960: 145）と、団地居住者が家族中心的傾向を示していると結論づけられている。

この調査結果は、「東大新聞研究所への委託調査、日本住宅公団発行『アパート団地族の社会心理学的研究Ⅰ、Ⅱ』によれば、団地居住者は家族中心的で、家庭団らんに最高の価値をおいていることが報告されている」（生活科学調査会編 1963: 78）、「この事実は、たとえば団地族の準拠集団構造を分析した、辻村明、岡部慶三氏らの報告でも明らかにされている。同氏らによれば、団地居住者は、圧倒的に家族（あるいは家庭）中心的であり、いわゆる団地族は、家庭団らんに最高の Value をおいているという週刊誌などで画かれているイメージがまちがっていないと述べられている」（増田 1964: 125）などと、後に複数の論文で引用されており、「団地族は家族中心的で、家族団らんに最高の価値をおいている」根拠として用いられている。

これらの結果をふまえ、調査報告書の総括では冒頭の問題設定に対する答えが次のように述べられている。

しかしながら、団地全体を総括してみるとき、われわれは団地における人間関係は個人主義者のそれに近いと答えたくなる。あるいはそれはいいすぎであるかもしれない。この個人主義者たちは自己中心主義の雰囲気をも感じさせるからである。団地は相互の個人生活の尊厳が守られる場所であるよりは、むしろ近隣からの逃避の場所であるようにみえる。そこでは隔離機能に比重がかけられ、集団生活の面は活かされていない。（辻村ほか 1960: 144）

この総括からは、団地における人間関係は「個人主義」ではなく「自己中心主義」のそれに近く、団地は個人生活の尊厳が守られる場所ではなく近隣からの逃避の場所であるようにみえるとされ、団地の人間関係は望ましくないものとして捉えられていることがわかる。

以上のように、この調査では団地族においてはPrivacy Typeが三分の二を占めること、家族中心的で家族団らんに最高の価値をおいていることが示され、さらにこの二つの特徴の帰結として団地における人間関係は「自己中心主義」を感じさせる個人主義者のそれに近いものとして結論づけられている。これらの結果は、後に団地族の人間関係をめぐる言説において重要なデータとして用いられている。

2　「個人主義・家族中心主義」と「近隣関係の希薄化」

以上、三つの調査プロジェクトそれぞれの概要をみてきた。これらの活動は、個別の目的・関心に基づいて行われているものの、「団地族」の属性、生活様式、人間関係については共通あるいは類似した概念の使用と認識のパターンを読み取ることができる。まず、前節で取り上げた三つのプロジェクトの報告書等では、いずれにおいても家族構成は「三～四人の核家族で、夫はサラリーマン、妻は無職」が主であるとし、そこから団地家族は近代的／都市的な家族の象徴とみなしている。また、意識面においても、たとえば都立大調査では親世帯と子世帯の同居に対する価値観の設問の回答結果から、「近代的な核家族的価値態度がより支配的な型を示している」（磯村・大塩編 1958: 39）ことが指摘されている。この認識を前提とし、三つのプロジェクトを通じては、「団地族」の人間関係をめぐる重要な言説として次のパターンを見出すことができる。第一に、「団地族」の人間関係に対する思考様式として「個人主義」「家族中心主義」を指摘し、これらが近代人・都会人の特徴を示すとするものである。これらの概念は三つの調査いずれにおいても近隣づきあいを弱める要因として提示されている。そのため、「個人主義」「家族中心主義」は「団地族」の人間関係をめぐる言説において重要な鍵概念として用いられていくのである。第二に、団地では「近隣づきあいがきわめて弱い」ことを指摘し、これを近代的・都市的な地域社会の特徴を示すとするパターンである。まず都立大調査で「アパート団地における交際の程度は、『挨拶をかわすだけの』乃至は『会えば世間話をする程度の』つき合いの段階に止っているといえるであろう」「コミュニティとしての性格は、全般的にいえばかなり微弱なものであるといってよい」（磯村・大塩編 1958: 41）との報告がなされ、その後、西宮北口調査と公団調査でも近隣関係の実態については同じ結果が示されている。以下では、この「団地族」の人間関係に関する主要な言説の様相について、団地調査やその結果をもとにした論文等をもとに詳しく検討したい。

まず、「団地族」の人間関係に関する言説形成において鍵概念となった「個人主義」「家族中心主義」についてみていきたい。「個人主義」については、都立大調査では人間関係に対する価値態度についての結果として「人間関係についてはより個人主義の型」（磯村・大塩編 1958: 43）であることが述べられている程度で、あまり詳しくは取り上げられていない。しかし、西宮北口調査と公団調査では、人間関係を左右する重要な要因とみなし、その特徴について詳しく説明がなされている。西宮北口調査では、団地の主婦の近隣づきあいを阻む要因のひとつとして「個人主義」をあげ、それが本来の意味の「個人主義」とは異なる「にせ個人主義」と名付けられるものであるとし、その特徴について次のように述べている。

> 調査結果からみると、近隣関係に関する限り、鉄筋アパート団地の主婦は、その個人主義的なイデオロギーにもとづいて交際を断念、若しくは敬遠している傾向が強いと言える。実際、入居者の多くは、当初からそのような気楽さを期待しており、この点では全くアメリカの郊外住宅地の場合と異なっている。
>
> ところで、ここに述べる個人主義とは、もちろん本来の意味のそれではなくて、むしろ次に述べるファミリズム（familism）に支えられている点で、にせの個人主義と名付けられてよいのであるが、さりとて全く個人主義と無関連なものでもない。何故なら、インテリサラリーマン家族は、日本家族の近代化の歩みにおいて、一応世間への気兼ねや義理立てを断ち切って、小型の核家族を中心とした新しい家族牛活を出発させることに成

功してきたが、それにはこの個人主義的なイデオロギーが、強力なバックボーンとなっているからである。
従って、このイデオロギーは、農村共同体的な人間関係を敵視するという点で一歩の前進がみられるが、それにかわる市民的な人間関係の樹立へ積極的に努力する意欲がなく、むしろ神経質に拒否するという傾向が強いという点で、団地における協同活動や近所ずきあい（ママ）の否定へと向わせる力をもつ。（増田 1958: 100）

ここで増田は、日本の団地居住者にみられる「個人主義」は、「世間への気兼ねや義理立てを断ち切って」「農村共同体的な人間関係を敵視する」という側面はあるものの、「市民的な人間関係の樹立へ積極的に努力する」意欲はなく、それゆえに「にせの個人主義」と名付けられてよいものであると述べている。

公団調査でも類似したパターンがみられる。前項でみてきたように、公団調査では団地における「個人主義」は自己中心主義の雰囲気をも感じさせるとし、「団地は個人生活の尊厳が守られる場所であるよりは、むしろ近隣からの逃避の場所であるようにみえる」（辻村ほか 1960: 144）とその人間関係の問題性を指摘している。さらに第二回目の報告書をみると、この特徴は日本の団地特有の問題として捉えられている。「西欧的な個人主義」と「日本的な個人主義」を対比させ、「日本的な個人主義」が一方の極に偏りすぎたものであることを指摘し、日本の団地における人間関係が前例のない特殊性を持つものであることが述べられているのである。

西欧的な個人主義がクリスチャニティのモラルに支えられて個人と公共の背反する要素を巧妙にバランスしてきたのに対し、日本的な個人主義はあまりにも一方の極に偏りすぎているようである。あえていえば、このような偏りは西欧化された日本インテリ層の縮図であり、団地は前例のない独特の文化を創り出したともいえよう。（辻村ほか 1961: 33）

ここにおいても、「個人主義」は、本来は「個人生活の尊厳が守られ」「個人と公共の背反する要素を巧妙にバランス」してきたものであるが、日本の団地においては「むしろ近隣からの逃避」で「一方の極に偏りすぎたもの」であり、それゆえに「日本的な個人主義」と名付けられている。

以上のように、西宮北口調査や公団調査で用いられている「個人主義」概念には、「市民的な人間関係の樹立」や「個人生活の尊厳を守る」といった相互行為的機能と、「農村共同体的な人間関係を敵視」「近隣からの逃避」といった隔離的機能の双方が含まれており、日本では後者に偏っていることが問題として指摘されていたのである。

次に、「家族中心主義」についてはどう論じられていたであろうか。「家族中心主義」は、西宮北口調査報告書を中心とする増田の議論において、近隣づきあいを阻む最も大きな要因として強調されている。公団調査では人間関係についての思考様式の調査結果から「家族中心的」であることが導かれているが、掘り下げた議論はされていないので、以下では増田の議論を中心にみていきたい。

増田は、近隣づきあいを左右する日本固有の要因について論じる中で、「家族中心主義」を「ファミリズム」という言葉を用いて以下のように説明している。

　さて、その要因は、手みじかに言えばすべてファミリズムに端を発するものといってよい。ファミリズムは、家族制度とは本質的に無縁のものである。家長の存在、血統継続原理（殊に長子相続）の承認、家産の存在などを家族制度の特質とするならば、ファミリズムはそのすべての点で家族制度と異質である。それは一種の家族中心主義には相違ないが積極的に家名を守り、家産を増やすという意味での家族制度的なそれとは縁遠い。それは単に前近代的な共同体的社会に対する反抗的な姿勢に過ぎず、それが単に異常な求心性となってあらわれているにすぎない。戦時中、及び戦後にわたって経験した、インテリ・サラリマン（ママ）の社会に対する不信と経済生活における基盤の弱さが、カラを閉じて身を守る習性を彼等に教えこんだのであろうか。（増田

1958: 102–103）

この報告書の中では、「ファミリズム」は家制度とは全く異なるものであり、単に前近代的な共同体社会に対する反抗が異常な求心性となって表れているに過ぎないと解釈されている。

ここで、増田の後の論文を通じて、団地家族の「家族中心主義」に関する議論がどう展開されているかをみておきたい。増田（1964）は、アメリカ家族社会学研究における近代家族、ことに都市家族の認識に関する二つの立場として、ジンマーマンに代表される家族のディスインテグレーションを説く立場と、バージェスとロックに代表される社会の変化に対応して新しい適応形態をもつ家族が生まれつつあると説く立場を示し、このうち日本の団地家族は「現代の都市化・大衆化の社会過程に適応する家族の典型」（増田 1964: 120）であるとみなしている。その適応の特色として「家族生活の新しい目標としてのホームメーキング」と「新しい、だがいささか伝統的な根をもった、インテグレーションの原理としての家族中心主義」をあげ、後者の「家族中心主義」については「ムラ的な人間関係に対する反動、ないしはそれから脱却して核家族を確立するための前段階」であることを指摘している。

さて次は②の問題、すなわち、いささか伝統的な根につながってはいるが、やはち（ママ）新らしいインテグレーションの原理と言える〈家族中心主義〉について考察を進めよう。ジンマーマンは、「家族がアトミスティックになりつつある」と評しているが、最近のわが国の都市家族、ことに団地家族では、むしろ、ムラ的な人間関係に対する反動、ないしはそれから脱却して核家族を確立するための前段階として、家族エゴイズムとみられるほどの家族中心主義の傾向が強くなりつつある。（増田 1964: 125）

これまで述べてきたように、少なくとも受益階層の代表である団地の家族では、ホームメイキングをその目標とし、家族中心主義をその原理とする reorganjation が進行しているように思われる。それが、果して窮極的に、近代化の圧力にたえ得るものか否かの問題はしばらく置くとして、いわば陽の当る場所において、近代化のもたらす恩恵を多分に享受しつつ、結合性の回復の機能を営んでいる事実が注目されるのである。（増田 1964: 126-127）

ここで増田は、近代化とともに家族は個人に解体されていくという通説に対し、団地の家族は「家族中心主義」の原理によって「近代化のもたらす恩恵を多分に享受しつつ、結合性の回復の機能を営んでいる」事実に注目している。この機能への注目によって、増田は団地家族を「現代における新しい適応の一姿態」として捉えているのである。このような増田の後の議論をみると、団地家族の「家族中心主義」に関する増田の見解は、西宮北口調査の報告書や神戸新聞連載記事での言説とは若干異なっていることがわかる。報告書や新聞記事では、「家族中心主義」は「ファミリズム」あるいは「家族中心的エゴイズム」という言葉で表され、近所づきあいを阻むものとしてその問題性が強調されていた。しかし、後の論文では「家族中心主義」は単なる前近代的な共同体への反抗であるだけでなく、結合性の回復の機能を営むための「新しいインテグレーションの原理」としての地位が与えられているのである。

以上、「個人主義」と「家族中心主義」の概念についてみてきたが、次に、この二つの概念の関係について考察していきたい。西宮北口調査の報告書では、「ここに述べる個人主義とは、もちろん本来の意味のそれではなくて、むしろ次に述べるファミリズム（familism）に支えられている点で、にせの個人主義と名付けられてよい」と、日本の団地族にみられる「個人主義」が本来の意味のものとは異なることを述べたうえで、この「個人主義」がファミリズムに支えられているとみなしている。また、逆に「インテリサラリーマン家族は、日本家族の近代化の歩みにおいて、一応世間への気兼ねや義理立てを断ち切って、小型の核家族を中心とした新しい家族生活を出発させることに成功してきたが、それにはこの個人主義的なイデオロギーが、強力なバックボーンとなっているからである」と、「個人主義的なイデオロギー」が「小型の核家族を中心とした新しい家族生活」のバックボーンであると解釈している（増田1958: 100）。このように、日本のこの時期の団地論においては「個人主義」はあくまで「家族」の外部の人間関係にのみ見出されており、その外部の人間関係における隔離機能は「家族中心主義」によってより進行していると捉えられていた。それゆえに、この団地論で見出されていた「個人主義」は「家族中心主義」と不可分であり、また、同時に進行しえたのである。

これら二つの概念は、後の他の研究者による議論の中で用いられる際にも並置して用いられている。以下はいずれも三つのプロジェクトの調査報告書を参照している文献からの抜粋であり、これらをみると、その用いられ方のパターンを読みとることができる。

> ところで、近隣関係を弱いものにすると考えられているもう一つの要因は、個人主義的、ないしは家族中心主義的な思想傾向である。増田氏の言葉を借りれば、求心的なホーム・メーキングへの傾斜である。これは、これまでに述べたいくつかの要因が外的なそれであるのに対し、いわば内的な要因といえるだろう。個人主義・家族中心主義は、もとより外に対してはプライバシーを要求するし、またそれなしには決して育たない。
> （生活科学調査会編 1963: 111）

> ただ彼らは同じアパートに住み、住宅団地に住んでいるところから、同じ階段で顔をよく合わせることもあるし、共同生活を営んでいるところから、最小限度の近隣関係やグループ参加はしている。（中略）しかしそれとても現状では一定の限度がある。その限度は彼らの個人主義と家庭中心主義によって限界づけられている。都市化された近代人の結びつきは、局部的であり、一面的であるが、それが「団地」社会の人びとに典型的に

現れているのである。そして「人間疎外」の補償の場を家庭、しかも核家族のうちに求めようとしているのである。彼らの家庭中心主義がいかに強いものであるかは、多くの調査の報告が示している。だから彼らには「団地」社会を地域共同社会にまで高めようとする意欲は認められそうもない。（大道 1964: 24）

第三は、団地では、近隣的つき合いがきわめて弱いことである。この現象は、近代都市社会に特徴的にみられるのであるが、団地においては、それがさらに目立っている。（中略）第四には、団地の住民の生活態度の問題で、それがきわめて合理的ないし能率的、個人主義ないし家族本位主義的であるということである。（大橋 1964: 32-33）

先述の増田の論文においても述べられていたが、近代化によっては家族の連帯意識が弱まってくるという通説があり、近年においても「個人主義」は「家族中心主義」とは対立した概念として捉えられるのが通常である。これに対し、「個人主義」と「家族中心主義」が同時に進行するものとして並置されていたことは、この時期の団地に関する言説の注目すべき特徴である。特に、西宮北口調査では団地族にみられる「個人主義」は前近代的な共同体に対する反発を背景とする日本特有の性質を持つものであり、それが「家族中心主義」に向かわせているのだと捉えられていた。さらに、増田の後の議論では一歩進んで、前近代的な人間関係から脱却し「個人主義」を保持していくための新しい結合の原理として「家族中心主義」が進行しているのだと解釈されていた。以上の議論をみると、当時の団地の人間関係をめぐる議論で「個人主義」として指摘されていたのは、専ら、家族とその外部すなわち近隣関係、あるいはそれ以外の職場や組織での人間関係における「個人主義」的傾向であって、家族内部では「個人主義」は見出されていなかったといえる。この点について、西宮北口調査報告書の「夫婦関係」の章で、増田は次のように述べている。

鉄筋アパートに住む人々の家庭では、これまでのわが国ではみられなかった民主的な雰囲気が生れつつある。

（中略）

しかし、これまた後にくわしく触れる機会があるが、民主化といっても、それが家庭内の地位組織、役割組織のみのそれにとどまり、本当の意味での個人主義を生み出していないこと、いいかえると家族中心的なエゴイズムが以前よりも幅をきかせていて、対外的には社会的な活動の拒否乃至敬遠、対内的には家族員相互の同一視（平等という意味でなく、むしろ相手の個性をみとめないという意味での自我の拡大）となつてあらわれている点に注目する必要がある。以上のような理由で、民主化という言葉にはかなりの注釈を必要とするが、しかし、家族制度的な要素を脱皮しつつあるという点で、やはりわれわれは一歩の前進と新しい生活の出発を認めないわけにはいかない。（増田 1958: 70）

ここで増田は、家庭内部では本当の意味での個人主義になっていないこと、家族中心的なエゴイズムによって相手の個性を認めないという意味での家族員相互の同一視が行われていることを指摘している。しかし、それでも以前の家族制度からは一歩前進した「明日の日本家庭のモデル」「先頭を切る一郡（ママ）」（増田 1958: 70）であり、注釈付きであれば本当の民主化・合理化への過程であると評価している。つまり、この調査報告書においては、家族内部では「本当の意味での」個人主義や民主主義が生み出されていないことについて指摘はあったものの、それよりも家族とその外部の関係に焦点が当てられ家族内部の各個人の尊厳や自立については議論が展開されてはいなかった。

以上のように、「団地族」の人間関係についての調査研究では「個人主義」と「家族中心主義」が鍵概念として用いられ、「団地族」は個人主義・家族中心主義であるという言説が形成されていた。この言説は、表現は様々であるものの、概して「近隣関係がきわめて弱い」ことをめぐる言説の形成にもつながっている。では、「近隣関係の希薄化」に関してはどのような言説が形成されたのであろうか。次に、そのことをみていきたい。

まず、団地に関する言説に限らず、当時の学術的・政策的・大衆的言説空間全体をみると、「近隣関係の希薄化」を指摘する言説のパターンとしては、次の二通りがあった。第一には、近代化・都市化そのものを問題とし失われた前近代的・農村的なものの価値を強調する言説である。第二には、近代化・都市化そのものを問題とするのではなく、新しい制度や空間が用意されているのにもかかわらず前近代的・農村的なものが残存している、もしくは前近代的なものは既に失っているのに新しい公共性や共同性を獲得していないため問題が生じているとする立場である。留意すべきは、この時期の団地居住者に関する言説では、前者の立場の言説はほとんどみられず、後者の立場が主流であったことである。特に、近代化のモデルとみなしている西欧との比較により、日本にその基盤がないため偏りすぎた個人主義に陥っていること、意識が追いついていないことを指摘する言説が中心となっている。たとえば、西宮北口調査における「農村共同体的な人間関係を敵視するという点で一歩の前進がみられるが、それにかわる市民的な人間関係の樹立へ積極的に努力する意欲がなく、むしろ神経質に拒否するという傾向が強いという点で、団地における協同活動や近所ずきあい（ママ）の否定へと向わせる力をもつ」（増田 1958: 100）、公団調査における「西欧的な個人主義がクリスチャニティのモラルに支えられて個人と公共の背反する要素を巧妙にバランスしてきたのに対し、日本的な個人主義はあまりにも一方の極に偏りすぎているようである」（辻村ほか 1961: 33）などがあげられる。また、「個人主義」「家族中心主義」の進行の捉え方と同様に、「近隣づきあいが極めて弱い」状況を、対処すべき問題とみなさず、近代化・都市化に向かっての新しい思考様式、生活様式と捉える言説が中心であったことも注目される。たとえば、大道安次郎は現状の団地社会のうちに新しい型のコミュニティ形成の芽があるとし、こうした自分たちの家庭を中心とした合理性と機能性による共同生活の新しい方式が、将来社会の一つのモデルとなることの期待を述べている。

このように見てくると「団地」社会は明らかに地域共同体としては育たないといえる。しかし私は現状の「団地」社会のうちに、これまでの地域共同体は育たないとしても、新しい型のコンミュニィティーの形成の芽があると思っている。（大道 1964: 26）

恐らく彼らは自らの手でこれまでに見られない新しいコンミュニティーを形成するであろう。自己を失わず、自分たちの家庭を中心としながら、合理性と機能性による共同生活の新しい方式、恐らくそれは最小限度の協同性と共同責任制の確立であろうが、それは将来社会の一つのモデルともなろう。このような期待と関心を持って、私はその経過を見守っている。（大道 1964: 29）

留意すべきことは、上記のいずれの言説も、結局は前近代的なものをとり戻そうとするのではなく、新しい共同性、新しい結合、新しいコミュニティなどの新しい何かを獲得し理想的な近代化・都市化を目指す期待につながられていることである。前近代的なもの、農村的／下町的なものの価値について言及する言説はみられるものの、それらを復興させようという主張には至っていない。「日本的な個人主義」によって近隣関係が避けられている団地社会の問題性を指摘していた公団調査においても、「伝統的な共同体的地域社会のアンチテーゼとしての New Community を形造っている」とみなして将来の展開と定着の過程を見守ろうとしているし（辻村ほか 1961: 17）、「家族中心主義」を「ファミリズム」という概念で表し社会生活の発展を妨げているとして問題性を強調していた増田でさえ、「家族中心主義をその原理とする reorganijation（ママ）」が進行する団地の家族について、「近代化のもたらす恩恵を多分に享受しつつ、結合性の回復の機能を営んでいる」事実に注目している（増田 1964: 127）。

近年の言説では、都市化・核家族化による近隣関係の希薄化を問題として自明視し、地域共同体やコミュニティの再生、地域・近隣を通じての家族の見守りを促そうとする言説が多くみられることと比べると、この傾向はこの時期の言説の特徴として注目すべきものといえる。

第3節　「団地族」をめぐる大衆的言説の形成と普及

一九五〇年代後半から六〇年代前半にかけての団地をめぐる言説活動は、「団地族」の人間関係、すなわち都市的・近代的な生活様式や社会集団に関する学術的な知識や概念、言説を形成したと同時に、それらの言説を雑誌や新聞などのマスメディアを通じて社会一般に普及させるうえでも重要な役割を果たした。

一九五八年七月、『週刊朝日』で初めて「ダンチ族」という言葉が用いられ、この記事を契機として「団地族」は流行語となり、多くの新聞・雑誌が「団地族」の特集記事を組むようになった。全国紙では一九五九年七月に『讀賣新聞』が連載「ダンチ」を始め、その後も、一九六一年に『讀賣新聞』が団地に住む「サラリーマンの夫」に焦点をあてた連載「われらサラリーマン」と「主婦の妻」に焦点をあてた連載「あなたとわたし」を、一九六三年には『朝日新聞』が連載「団地」、一九六四年には『毎日新聞』も連載「団地」を開始するなど、「団地」をキーワードとした連載記事は続々と開始された[3]。雑誌では『週刊朝日』の他、『朝日ジャーナル』『潮』『週刊言論』『中央公論』『婦人公論』『婦人画報』などで団地に関する記事が取り上げられた[4]。

本節では、これらのうち、特に団地に関するマスメディアで影響力を持った代表的な記事として、①一九五八年七月の『週刊朝日』の記事「新しき庶民〝ダンチ族〟アパート住いの暮しの手帖」、②一九五九年七月より始まった『讀賣新聞』の連載記事「ダンチ」、③一九六三年の『朝日新聞』の特集「団地」、の二つを取り上げる。『週刊朝日』の記事は「団地族」という言葉が流行する契機となったもので、この記事が話題になった後、他の雑誌でも同様の記事が掲載された。『讀賣新聞』の連載「ダンチ」は団地をテーマとした新聞連載記事の先駆けとなったものである。『朝日新聞』の特集記事「団地」は、団地についての報道が落ち着きをみせた一九六三年に連載されたものである。初期の『讀賣新聞』の記事が人間関係に焦点を当てたものであるのに対し、この連載では総合的に属性、性格、人間関係、教育、病理、空間性など毎回テーマを変えており、その後の他社の連載記事はこのパターンにならっている。

まず、『週刊朝日』一九五八年七月二〇日号の記事「新しき庶民〝ダンチ族〟アパート住いの暮しの手帖」についてみていきたい。この記事は、「団地族」が流行語となるきっかけとなり、社会一般の人々に団地族の人間関係についての認識を広める上でも重要な役割を果たした。記事は九頁にわたり、本文は以下の文章で始まっている。

ダンチ族？　お分かりになりませんか。ダンチは団地のことです。このごろふえたアパート群のことを団地といいますが、あのアパート居住者をダンチ族というわけです。ダンチ族は新しい都会の中堅庶民層です。一団地千戸以上のものもザラですから、そうした新しい庶民層が生み出すさまざまな問題を、無視することはできますまい。これはそのダンチ族の生活と意見です。（『週刊朝日』一九五八年七月二〇日：四）

この記事は次の四つの章で構成されている。まず「1．ダンチ族すでに百万」では、四つの挿話が掲載され、いずれも団地内部の人間関係上のトラブルを取り上げている。「アパート糞尿譚」は都営のある団地で共同排水管が詰まり、その原因となった階の住民たちが「誰が支払うか」をめぐって階段会議を続けた話、「共かせぎ夫人と奥様族」は掃除当番についての両者の言い分の違い、「かけ売御用心」は板前さんが団地での昼食サービス事業を始めたが、近所のよしみでかけ売りの額がかさみ夜逃げした話、「仲がよすぎて……」は気が合って仲が良すぎた二人の夫人が、お互いの借金の融通が過ぎてミシンを質に入れるまでになり、夫にバレて怒鳴り込み騒ぎになり、離縁して引っ越した話を取り上げている。「2．ダンチ二世は民主的」では、東京の西戸山団地の子どもたちの話を取り上げ、教育熱心な状況を描写すると同時に、子ども達の声を取り上げ、ほとんどの子どもたちは団地生活に不満を持っていると批判している。「3．案外多いウエット派」は社会心理研究所の協力で実施したアンケート結果をもとに構成されている。このアンケートは緑町団地と青戸団地という二つの団地を対象としたもので、職業、収入、前住地などのプロフィール、住宅に困窮していたか否か、申込回数、電気器具や神棚などの生活様式、広さや家賃に対する満足度、近所づきあい、人生観、社会観を問う設問がなされている。近所づきあいについては「ダンチ族の大部分は『求めず与えず』型の個人主義者だといえそうだ」「この傾向は近所づきあいにもはっきりとあらわれている。最も近い隣人である同じ階段の住人とのつきあいについて、まったく交際しないと答えた者が両団地とも約五十％という高率を示しているのは、ちょっと驚かされる」と、近所づきあいが少ないことをもって団地族は個人主義者であると述べている。一方、人生観、社会観の結果からは「表面は冷たい個人主義者の顔をしているが、内心はかなりウェットな非合理派」であることが説明されている。『4．戸数かせぎの住宅政策』では、団地はけして住みよいとはいえないと述べ、間に合わせの住宅政策を批判している。この記事は、「団地族」という流行語を生みだしただけでなく、記事の構成や内容も、他の新聞や雑誌で特集記事が組まれる上での雛型となっている。

次に、一九五九年七月一日から一九日の期間に『讀賣新聞』で連載された記事「ダンナ」をみてみたい。「ダンチ」は、『讀賣新聞』（朝刊）で一五回にわたり連載された記事で、一から五回目と最終回では、いずれも近隣の人間関係のトラブルに関するトピックが取り上げられている。一回目の見出しは「階段が基盤の交際　不満もコンクリートを通して」で、ある団地での階段掃除を巡るトラブルが紹介されている。前置きに「団地では向こう三軒両隣り的な近所づきあいはあまりない」「『ひっこしてきて三か月、留守中にデパートから届けられた配達物を、向かいのダンナさんに渡してもらうまで、ぜんぜん顔を知らなかった』結婚して間もない二人のサラリーマンのことばが〝隔絶された生活〟をこう説明する」と、近所づきあいが行われていないことを説明しながら、しかし共同生活であるため階段を基盤にした人間関係のトラブルからは解放されえないことを指摘している。二回目は「光る〟まわりの目〟食べ物にも神経を使う」、三回目は「信念が必要な〝独立〟〝全員一致〟が追いかける」、四回目は「音でわかる家の中〝裏窓〟ばりののぞき夫人」、五回目は「洗たく用の下着〝見通し〟が生む〝競争心〟」と、引き続き「ミエ」「のぞき」「階段八分」など人間関係上のトラブルが取り上げられている。最終回の一五回目は「お互に干渉しない新しい生活のルールを」という見出しで、人間関係上のトラブルを解決するための新しい生活のルールとして、以下のように「お互いがお互いの生活に干渉しない」ことを提案している。

私たち日本人は、ダンチ形式の集団生活にこれまであまりナジミがなかった。だから、たくさんの人間がひとつところに投げこまれると、不必要なマサツや反目が生まれてくることもあろう。お互いが楽しく暮らすためになによりも大切なことは、お互いがお互いの生活に干渉しないというかんたんなことである。ダンチの生活は新しい。そこに地面の習慣を持ちこんではならない。新らしい（ママ）生活には新しい生活のルールが求められるべきであろう。

［妻に贈る五条］
①　お隣りの奥さんがタイのサシミを買ったそのすぐわきでアジのヒラキを買う勇気を持たなければならない
②　電気冷蔵庫にテレビに洗濯機に……などと夫の顔をみるたび口走ってはならない
③　周囲のいじわるい蔭口は、マントバーニーのムードミュージックと聞き流さなければならない
④　セメントに囲まれて気が狂うほどさびしいとき、それでもご近所に出かけてオシャベリをしてはいけない
⑤　階段や自治会の寄合いに出てはならない。階段や自治会の寄合いに出なくてはならない。
（一九五九年七月一九日付『讀賣新聞』朝刊）

近隣トラブルの対処策として、こうした新しいルールや新しい人間関係をつくることを提唱する記事は他にもみ

られた。このように、特に初期の記事では、人間関係上のトラブルを解決するために、お互いがお互いの生活に干渉しないという「不干渉主義」を勧める言説がみられたのである。

最後に、一九六三年一〇月七日から一九六三年一二月二三日にかけて『朝日新聞』朝刊で連載された「団地」をみてみたい。これは、ほとんど一面すべてを団地に関する様々なトピックで埋めたもので一二回にわたって掲載された。『朝日新聞』の連載では、初期の記事のように人間関係のトラブルに焦点をあてるのではなく、むしろ初期の報道を振り返り、そこから団地族がいかに適応しつつあるかを記述する傾向がみられる。たとえば、四回目に「その住民かたぎ」というタイトルで団地族気質についての記事が掲載されている。五〇年代にジャーナリズムで騒がれた「見栄」について、「減った見栄っぱり」という見出しで団地族の適応について語るコメントや、社会学者である磯村英一の「はじめの特異さ消え やがて本来の落着き」というコラムなどが掲載されている。

さらに、この時期になると人間関係上のトラブルの解決としても、お互いに干渉しないことを勧めるだけではなく、新しい共同性、公共性へ向かう期待や提案が現われる。たとえば、同連載の九回目では、「団地ノイローゼ」についての心理学者の南博へのインタビュー記事の中で、「団地では個人としてのプライバシーや個性がまっ殺されるのではないかなどという〝防衛的〟なものの考え方ではなく、積極的に公共性へ目を向けるべきではないか」という南のコメントが掲載されている。この頃から、こうした専門家による新しい公共性、共同性への提言が、頻繁にみられるようになっていくのである。

以上のように、マスメディアでの言説をみると、団地族が「個人主義」であることや近所づきあいが弱いことなど学術的な調査研究と同様の指摘がみられる一方で、団地主婦の近隣トラブルに焦点を当て、「ミエ」「中傷」「競争」「のぞき」「階段八分」などつきあいが過剰であるがゆえの問題を指摘する傾向がみられた。団地主婦の近隣トラブルを指摘する言説の中には、深いつきあいが育っておらず挨拶程度のつきあいが過剰であるからこそトラブルが生じてしまうと論じるものもあった。こうした近隣トラブルの対処策としては、初期は新しい生活のルール、新しい住まいのモラルとして、お互い干渉しない新しい人間関係を目指すことが勧められた。しかし、徐々に、専門家らによって新しい公共性、新しい共同性に目を向けることが提唱されていったのである。また、『朝日新聞』の連載記事が掲載された頃には、人間関係のトラブルを過剰に取り上げた初期の報道を振り返り、こうしたトラブルは慣れない環境に適応するまでの過渡期であったがゆえに生じていたものだとみなし、団地族が徐々に環境に適応しつつあること、団地社会は落ち着きをみせつつあることが伝えられるようになる。

このように、一時的に主婦の近隣トラブルを取り上げて団地族の人間関係の問題性を指摘する傾向はみられたものの、マスメディアでの言説においても、団地族の人間関係をめぐる問題は新しい生活様式に適応するまでの過渡期ゆえに生じているものであり、最終的には新しい環境に適応しつつあることや、新しいモラルや新しい公共性などを獲得していくための提案と期待につなげられている(5)。こうした点で、この時期の団地族の人間関係をめぐる学術的な場での言説とマスメディアによる言説は、同じ特徴を示していたといえる。

第4節　おわりに

本章では、現在私たちが孤独・孤立を問題として認識するための枠組みがどのようにして形成されてきたかを、一九五〇年代から一九六〇年代にかけての「団地族」の人間関係をめぐる言説活動を調べることによって記述するとともに、それらの言説活動の中で用いられている知識や概念、認識のパターンが、どのような特徴を持つものであるかを読み取ってきた。その結果として、次のことがわかった。

第一に、団地を対象とした学術的な調査研究によって、「団地族」は「個人主義」「家族中心主義」の傾向を示し、その帰結として団地における近隣関係はきわめて弱いものとなっていることが報告された。また、この「個人主義」は前近代的な共同体への反発を背景とする日本特有の性質を持つものとされ、それが「家族中心主義」に向かわせているのだと捉える言説や、前近代的な人間関係から脱却し「個人主義」を保持していくための新しい結合の原理として「家族中心主義」が進行しているのだと解釈する言説がみられた。この時期の団地の人間関係をめぐる言説においては、「個人主義」の進行による地域共同体の弱体化、近隣からの家族の孤立は、前近代的な人間関係からの解放を意味すると同時に、その体制を保持していくための新しい結合の獲得も意味していたのである。

第二に、この時期の団地の人間関係をめぐる言説の多くは、近代化・都市化による「個人主義」「家族中心主義」や近隣関係の弱まりそのものを問題とするのではなく、新しい生活様式に適応するまでの過渡期であるがゆえの混乱から問題が生じているとする立場をとっていた。さらに、最終的にはそれまでの人間関係を取り戻そうとするのではなく、新しいモラルや公共性、新しい結合などを獲得し理想的な近代化・都市化を目指す期待につなげられていた。

近年は、都市化・核家族化による近隣関係の希薄化や個人・家族の孤立を問題として自明視し、地域共同体やコミュニティの再生、地域を通じての家族の見守りを促そうとする言説が多くみられる。これに対し、上記の特徴は、一九五〇年代から六〇年代にかけての団地族の人間関係をめぐる言説の注目すべき特徴であるといえる。では、この時期から現在に至るまでに、個人と家族をめぐる認識枠組みはどのように転換していったのであろうか。次章以降では、その転換の過程を跡付けていきたい。

注

(1) この時期の「団地族」の人間関係をめぐる言説活動は、主に学術領域とマスメディアの領域で行われたが、特に学術的な調査研究の活動は、個人・家族の孤立に関する知識や概念、理論のパターンが形成され「知」として固定化されるうえで重要な役割を果たしていた。よって、本章では特に学術的言説に焦点をあてることとした。具体的には、学術的な文献については「社会学文献情報データベース」「日本建築学会論文データベース」「国立国会図書館蔵書検索システム」を用い、「団地」で検索して文献を抽出した。さらに、それらの文献の参照文献をさかのぼり、分析対象に加えた。新聞記事については、『朝日新聞』『讀賣新聞』の記事データベースを用い、「団地」で検索して記事を抽出した。雑誌については、「大宅壮一文庫雑誌記事目録」の件名「団地・公営住宅」「団地夫人」に掲載されている記事のうち、見出しから団地族の特性に関わりがあると想定される記事を抽出した。いずれも、対象期間は一九五五年から六四年である。より詳細な資料・記事収集の方法や分析対象とした論文・記事の件数・一覧等は、本章の初出論文である梅田（2010）で提示している。

（2）学術的言説形成のもととなった主要な調査プロジェクトの一覧は梅田（2010）に掲載している。

（3）『婦人公論』『婦人画報』などの婦人向け雑誌における団地に関する記事も、当時の家族と女性をめぐる興味深い認識を読み取ることができる。

（4）このほか、一九五九年に「団地新聞」という団地族向けの新聞の元祖とされる「ザ・キイ」が誕生した。「団地新聞」は後に全国に波及し、「ファミリー」「日本だんち新聞」「香里団地新聞」などが創刊されていった。

（5）この時期の団地に住む「主婦」の人間関係に関する大衆的言説については、梅田（2019）で詳しく取り上げている。

第3章　「都会の孤独」とコミュニティ政策の誕生
――「マイホーム主義」から「コミュニティ主義」へ

第1節　はじめに

前章では、一九五〇年代後半から一九六〇年代前半にかけての団地の人間関係に関する言説活動を取り上げ、「団地族」に代表される日本の新中間層は「個人主義」「家族中心主義」であり、「近隣関係が希薄化している」との認識枠組みが形成される過程を記述した。そこで取り上げた言説活動においては、個人主義的・家族中心主義的な傾向は必ずしも問題とは捉えられておらず、前近代的な人間関係から脱却し、自立した個人による新たな結合・連帯を獲得するまでの過渡期であるがゆえに様々な混乱が生じているに過ぎないとする立場がみられた。

一方で、一九六〇年代には、学術的にも大衆的にも、連帯を失いバラバラになった無力な個人が都会の荒波に晒されているという認識から、「都会の孤独」というフレーズが普及した。地方から都市へ働きに出てきた若者の犯罪事件の背景に孤独・孤立があることや、高齢者の孤独死・自殺などへの注目が高まり、メディアや政策文書に「孤立」「孤独」という言葉が度々登場するようになった。また、「マイホーム主義」という言葉が生まれ、この言葉をめぐっての論争も生じた。これらの言説を基盤としつつ、一九六九年、日本で最初の本格的なコミュニティ政策文書とされる国民生活審議会報告書「コミュニティ――生活の場における人間性の回復」が公表された。これを契機として、自治省、社会福祉審議会などから次々とコミュニティ政策が打ち出されることとなる。これらの文書においては、人々の近代的・都市的生活様式の進展に伴う個人主義的・家族中心主義的な生活実態や地域共同体の崩壊は警鐘を鳴らすべき事態とみなされ、その対処策として新たなコミュニティ形成の必要性が訴えられたのである。

本章では、この一九六〇年代末から一九七〇年代にかけての「都会の孤独」の問題化とコミュニティ政策の誕生が、個人や家族の孤独・孤立が問題化されていく過程での重要な局面であると捉え、この時期にどのような個人・家族の孤独や孤立を問題とする知識や概念、認識枠組みのパターンが形成されたか、また、それらの認識をめぐって当時どのような言説活動が展開されたかを記述・分析し、その特徴を明らかにしたい。

第2節　「都会の孤独」の問題化

一九五〇年代から六〇年代にかけては、アーバニズム研究の一環として都市の個人・家族に関する研究が日本でも盛んに行われた。アーバニズム研究は、シカゴ学派のワースによる「生活様式としてのアーバニズム　Urbanism as a Way of Life」（Wirth 1938=1978）という論文で用いられている言葉が定着したもので、単純化していうと、都市化により家族・親族・近隣などの第一次的集団における接触のもつ社会的意義が低下し、社会解体によってマス化された民衆の集合行動の頻発や神経症などの病理的現象をともなう都会人のパーソナリティ成立につながるというものである。(1) この理論は、日本でも一九五〇年代から六〇年代にかけて、大衆社会論とともに強い影響力を持った。前章でみたように、当時はこれらの理論を参照しながら実際に日本の人々の生活や意識の調査が行われ、日本の都市の人々が個人主義・家族中心主義的であり近隣関係が希薄化しているという実態が明らかにされ始めた。また、一九六〇年代は核家族化をめぐる議論が活発化した時期でもある。この時期、日本のマスメディアではまだ顕著には核家族化の問題化がなされていなかったが、研究者の間ではパーソンズの「核家族の孤立化」論をめぐる論争[2]に対する評価など、活発な議論が展開されており、その中で一部の研究者が家族の孤立を問題として論じ始めていた。この核家族化論とも関連する議論として、一九六〇年代の「マイホーム主義」をめぐる論争[3]がある。「マイホーム主義」に関する議論は、直接には「孤立」という表現は用いていないが、後に個人・家族の孤立を論じる上で重要な概念として参照されている。「マイホーム主義」をめぐっては、「私生活を豊かにし、たいせつにして、幸福感にひたること自体は人間の正当な権利」「人間的条件を確保する、ほとんど唯一といってよいほどの砦であり、それを確保し、防衛することが、非難されたり、揶揄されたりするいわれはまったくない」（松原 1969: 34）など、「マイホーム主義」を肯定する立場や、「マイホーム主義」における権利意識を民主主義の思想や理念にまで高められる可能性を重視する立場（北川 1969）がみられた。一方で、「多分に戦前の家族主義がもっていた家族員一人ひとりの人格の無視、社会的条件を捨象した『家庭』への幻想、我が家中心主義などが反映している」（生活科学調査会編 1965: 10–11）として、企業の家族主義や家族員一人ひとりの人格の無視などを指摘し、「マイホーム主義」は戦前の家族主義が尾を引いているものであるとして批判する立場もみられた。以上のほか、大衆社会論や近代化論などの影響も受けながら、一九六〇年代には、学問の分野において孤立や解体をめぐる活発な論争が繰り広げられた。こうした中で、一部の研究者らによって個人・家族の孤独・孤立を問題とする理論的基盤が形成されていったのである。

学問の分野で都市化・核家族化をめぐる議論が活発化する一方、新聞記事では「都会の孤独」や「老人の孤独」が問題として取り上げられ始めた。「都会の孤独」については、連続射殺事件や爆破事件などの注目を集めた事件の加害者と「都会の孤独」が結びつけられて報道されたことが契機となり、犯罪の背景として問題化された。たとえば、「都会で孤立　火薬に興味　横須賀線爆破の若松」（一九六八年一一月一〇日付『朝日新聞』朝刊）、「都会の孤独ゆがんだ青春　連続射殺　永山、転落の足跡」（一九六九年四月八日付『朝日新聞』朝刊）などの見出しで事件が報道された。一九六〇年代の後半に、「都会の孤独」が問題化される上で重要な事件のひとつとなったのが、一九六八年に起きた上京青年による連続射殺事件である。就職のために上京した青年・永山則夫が連続ピストル射殺事件を起こしたことから、メディアは、永山が上京後に仕事や人間関係がうまくいかずに「転落」し都会の孤独のなかにいたことを事件の背景と捉え、「都会の孤独　ゆがんだ青春」といった見出しで連日報道した。この時期には、都市化が進行するなかで地方、特に農村部から東京などの都市部に就職のために出てくる若者が多数いた。地方の中学校・高校から集団で就職することも多かった。一九六〇年代には、そうした「上京就職青少年」は高度経済成長を支える「金の卵」と呼ばれたが、親元から離れて上京し過酷な労働をしながら孤独を抱え、仕事を途中で辞めることや転職を繰り返すことも多く、仕事を辞めても親や地元の人たちにあわす顔がないと地元に帰ることが出来ず行き詰まってしまうケースも多々あった。そうした問題は当時「上京就職青少年問題」として認識されていた。こうした状況のなかで永山の連続射殺事件が起き、この事件はまさに「上京就職青少年問題」、特に「都会の孤独」の問題性を象徴するものとみなされたのである。「都会の孤独」は、「自殺青年」の問題をめぐっても強調された。一九六〇年後半、アパートで自殺青年の遺体が死後しばらく経ってから発見されるという事件が度々生じた。その度に「また〝都会の中の孤独〟」という見出しで、メディアは報じている。これらの事件では、現代において問題となっている「孤独死」と同様に、死後何か月も誰も気づかないというその状況が「都会の孤独」を象徴するものとして社会で受け止められた。また、第4章で詳述するが、孤独死は高齢者に関しても問題化されていた。「老人の孤独」については、孤独死だけでなく頻発する老人の自殺をめぐっても問題化が進められた。たとえば、「悲しい『敬老の日』孤独な老人　自殺相次ぐ」（一九六六年九月一六日付『朝日新聞』朝刊）といった見出しの新聞記事が多数みられるようになった。

こうした上京青少年による連続射殺事件や孤独死事件の影響から、一九六〇年代後半には「孤独」が都市化に伴う社会問題として認識され始め、『厚生白書』や『犯罪白書』などの行政文書のなかでも、都市化や核家族化の問題性と「孤独」「孤立」が記述されるようになっていく。『厚生白書』では、「老人の孤独／孤立」については一九五八年度から（厚生省 1959）、「都市化」「核家族化」は一九六四年度から（厚生省 1965）問題として言及され始めた。また、『犯罪白書』では一九五〇年から「少年犯罪」と「都市化」「核家族化」が結びつけられて問題化されている。一九六五年には、「少年犯罪」の項で「核家族化」や「都市化」の進展とともに、家庭が無力化し孤立化の傾向が顕著になってきていることが指摘され、それに加えて家族成員間の愛情的結合や人間関係の破たんがおこることで非行やその他の逸脱行動の原因となると述べられている（法務省 1966）。

以上のように、一九六〇年代には、学術分野では都市化や核家族化に伴う「孤立」を問題とする理論的基盤の形成活動が進み、マスメディアでは「都会の孤独」や「老人の孤独」が社会問題として立ち上がってきた。「都市化により、近隣関係が希薄化し、人々が孤独になっている」という認識が、欧米から輸入した理論としてだけでなく、現実の日本社会の問題として受け止められるようになっていった。これらの活動によって徐々に形成された認識枠組みを基盤とし、一九六九年、国民生活審議会『コミュニティ――生活の場における人間性の回復』がまとめられたのである。

第3節　コミュニティ政策の提唱と言説形成

ここからは、一九六〇年代末から一九七〇年代にかけてのコミュニティ政策を提唱する言説活動を取り上げ、そのなかで、個人・家族の孤独や孤立を問題とする認識枠組みがいかに形成されていったかをみていきたい。

具体的には、主に行政が発行したコミュニティ政策に関する文書を対象とし、それらの文書にみられる認識枠組みのパターンを読み取るとともに、どのような従前の知識や概念を基盤としているかを、関連資料を調べながら探っていくという作業を行った。本来ならば、データベースを用いて基本となる資料を抽出し、それらの資料での引用・参考文献を遡っていくという方法で文献を収集すべきところであるが、政策文書そのものには引用・参考文献がほとんど記載されていない。そのため、政策文書本文に加えて、政策立案に関わった担当官や研究者が執筆した論文・書籍のうち当時のコミュニティ政策について言及するものを分析対象として加えた。分析の対象とした資料は次の通りである。(4)

まず、基本となる政策文書については、同時期に発表されたコミュニティ政策に関する先行研究（中村 1973; 大藪 1976; 園田 1978）や、自治省に設けられた「コミュニティ研究会」発行の資料において既に言及されているため、まずこれらの資料をもとにコミュニティ関連の政策文書を抽出した。その中で、行政による文書としては次の三点が挙げられる。第一に、国民生活審議会コミュニティ問題小委員会報告「コミュニティ――生活の場における人間性の回復」（一九六九年）が挙げられる。最初のコミュニティ政策に関する公的文書であり、コミュニティ・ブームの火付け役と評価されている文書である。コミュニティの必要性、コミュニティの概念、コミュニティ政策の方向性などが詳細に検討されている。後の文書においても、概ねこの文書で提示されたコミュニティ概念がそのまま用いられている。第二に、自治省「コミュニティ（近隣社会）に関する対策要綱」（一九七〇～一九七三年）がある。これは、全国でのモデル・コミュニティの設置をはじめとする具体的な施策を詳細にまとめ、実際に全国各地でのコミュニティ施策の推進役となった文書である。この文書自体にはコミュニティの概念や状況認識についてはほとんど記載されていないが、あわせて設置された「コミュニティ研究会」発表の資料や担当官の論文からは、この文書の基盤とされている枠組みを読み取ることができる。第三に挙げられるのは、中央社会福祉審議会コミュニティ問題専門分科会「コミュニティ形成と社会福祉（答申）」（一九七一年）である。社会福祉分野特有の枠組みにそってコミュニティの必要性やコミュニティ概念について詳細にまとめている文書である。これも概ね国民生活審議会の報告書で示された枠組みにならうものであるが、社会福祉分野での地域組織化事業とリンクした検討がなされている。

次に、これらの政策文書の作成を担当した職員や研究者等の論文・書籍の中から、コミュニティに関連する内容を含むものを抽出し、分析対象として加えた。これらの資料は、媒体によって、①行政発行の雑誌論文、②学術雑誌論文、③単行本、の三つに分けられる。①は、雑誌『地方自治』に掲載された自治省担当官の論文、自治省主催のコミュニティ担当者研修会における講義の記録など、②③は研究会や委員会のメンバーとして政策立案に関わった研究者による学術論文、単行本である。さらに、日本のコミュニティ政策に関して言及する新聞記事、論文、書籍等も分析対象とした(6)。

1　主要なコミュニティ政策文書の概要

ここで、主要な三つのコミュニティ政策文書の概要を確認しておきたい。

まず、最初の本格的なコミュニティ政策文書として知られる国民生活審議会コミュニティ問題小委員会報告「コミュニティ――生活の場における人間性の回復」（一九六九年）についてみておきたい。一九六八年、第二次改造国民生活審議会は、佐藤栄作内閣総理大臣から「経済社会の成長発展に伴い変化しつつある諸条件に対応して、健全な国民生活を確保するための方策いかん」という諮問を受けた。これに対し、同審議会は「老人問題」「余暇利用」「コミュニティ」「情報化」の四つのテーマを柱とし、それぞれに小委員会を設けて調査研究に取り組むこととなった。「コミュニティ」に関しては、調査部会委員三名（清水馨八郎、伊藤善市、佐藤竺）と専門委員三名（奥田道大、倉沢進、安田三郎）によって構成されたコミュニティ問題小委員会が審議を担当した。この小委員会では、既に一九六九年一月に調査部会によって行われた「コミュニティ関係現地調査」の結果や既存資料をもとに審議が重ねられている。この審議の内容がまとめられた文書がコミュニティ問題小委員会報告書「コミュニティ――生活の場における人間性の回復」と、答申全体のまとめとして編集された「人間環境整備への指針――成長発展する経済社会のもとで健全な国民生活を確保する方策に関する答申」の二つである。特に、前者の報告書は発表後に企業や研究者から大きな反響があり(7)、後述の通り数多くの批評を受けたが、その一方で日本においてコミュニティが注目される契機となったとして評価されている[8]。この報告書には、コミュニティがなぜ必要かという状況認識、コミュニティ概念の説明、具体的な施策の方向性の提示などが三〇ページに渡り詳細に記述されている。コミュニティ問題小委員会の専門委員である奥田、倉沢、安田は、いずれも都市社会学を専門とする研究者で、多くのコミュニティに関する調査研究、論文発表等の業績があり、この報告書で示される状況認識とコミュニティ概念は、それらの論文において示されているものとほぼ同じ枠組みとなっている。

二つめの自治省「コミュニティ（近隣社会）に関する対策要綱」（一九七〇〜一九七三年）は、一九六九年に国民生活審議会による報告書が公表された後、一九七〇年に自治省が公表したものである。この文書は要綱であることから、状況認識や概念などについての記述は僅かであり、ほとんどが具体的な施策についての記述となっている。施策の柱は、全国でのモデル・コミュニティ地区の指定と、専門家からなる「コミュニティ研究会」の設置である。「コミュニティ研究会」は自治省に設置され、モデル・コミュニティに関する施策の調査研究にあたった。また、その研究会メンバーによって各自治体のコミュニティづくりの指導とコミュニティ政策担当者向けの研修が行われた。研究会委員には倉沢進、松原治郎らコミュニティ論を専門とする研究者らが参画し、研修会の講師等も務めた。この要綱が発表される前にも、既に自治省内部では長野士郎、宮澤弘らがコミュニティに関する論考を発表するなど、コミュニティ政策を検討する動きがあった（長野 1967; 宮澤 1970）。また、当時の自治省審議官であった遠藤による[9]と、昭和二〇年代から自治省内部でコミュニティ構想はあったが、昭和三〇年代までは自治会・町内会が廃止されていたことから公的にコミュニティ構想を提唱する雰囲気ではなかったという。ところが昭和四〇年代に入り、高度成長の結果生じてきた社会の歪みによって様々な事件が起きてきたこと、「革新自治体」の潮流の中で住民参加論が出てきたこと、また特に、ちょうどその頃に国民生活審議会の報告が発表されたことが、コミュニティ構想に結びついた大きな要因であったという（日本都市センター 2002）。この要綱の策定にあたっては、自治省の遠藤、宮澤、木村の三名で取組み、研究者は参画していなかった。有識者を含む「コミュニティ研究会」が設置されたのも、モデル・コミュニティ政策が始まってからであった。当初は、市町村が近隣の地域行政に資金を出すこと、町内会や自治会に対して補助金を出すこと、住民組織に行政が介入することは戦時中の町内会や隣組の復活だとして厳しく批判されたため、とにかく行政が近隣の地域行政に口を出すことを認めさせることが目的で、それ以上でも以下でもなかったという（日本都市センター 2002）。しかし、審議会報告書に次いで自治省が「コミュニティ構想」を打ち出し、全国のモデル・コミュニティ形成に着手したことは、各自治体だけでなく新聞などマスメディアでも「官製コミュニティ」の象徴的取り組みとして注目を集めることとなった。

三つめの中央社会福祉審議会「コミュニティ形成と社会福祉（答申）」（一九七一年）は、一九六九年一一月に厚生大臣より中央社会福祉審議会に対し「社会福祉向上の総合方策について」の諮問がなされ、その答申のひとつとしてまとめられたものである。諮問事項は七項目あり、その第四の項目「新しい地域共同社会の形成による地域福祉の増進について」を調査審議するため、「コミュニティ問題専門分科会」が設けられた。委員には学識者も数名加わっており、その中では松原治郎がコミュニティに通じた研究者として参加している。社会福祉分野では既に地域組織化事業として「コミュニティ・オーガナイゼーション」が推進されており、「コミュニティ・オーガナイザー（社会福祉協議会活動専門員）」が配置されていた。そのため、コミュニティの概念については国民生活審議会や自治省による文書の内容とほぼ同じであるものの、具体的施策としては、活動専門員や民生委員、専門職員らの役割を重視したコミュニティ・ケアの視点が強調されているところが特徴的である。

2　コミュニティ政策文書にみられる言説のパターン

次に、基本となる三つの政策文書を中心とし、政策立案の立役者となった有識者らの論文・書籍等を加え、それらから読み取れる言説のパターンを整理・分析していきたい。

なお、三つの文書のうち、国民生活審議会の報告書と中央社会福祉審議会報告書は状況認識、コミュニティの概念、施策の提案等について詳細に記述しているが、自治省の「コミュニティ（近隣社会）に関する対策要綱」は、専ら具体的な施策についてのみ言及しており、状況認識やコミュニティ概念について言及している部分は僅かである。そのため、自治省については、雑誌『地方自治』に掲載された自治省担当官の論文や、自治省主催のコミュニティ担当者研修会における講義の記録を補助的に分析対象として用いる。また、国民生活審議会の文書としては、答申全体のまとめである「人間環境整備への指針――成長発展する経済社会のもとで健全な国民生活を確保する方策に関する答申」において状況認識がより詳細に記述されているため、報告書に加えて、この文書も分析対象とする。

コミュニティ政策に係る文書では、「なぜコミュニティが必要か」という状況認識、「コミュニティとは何か」というコミュニティ概念の説明、コミュニティの形成によって達成される社会像、具体的な施策の提言の四点についての言及がみられる。このうち特に「なぜコミュニティが必要か」という状況認識の記述においては、「孤立」が鍵概念の一つとなっている。そこで、本章では、「なぜコミュニティが必要か」という状況認識に関する記述に焦点をあて、それらの記述においてどのような言説のパターンがみられるかを、実際にテクストを引用しながら読み取っていきたい。

まず、コミュニティが必要となる状況認識について最も詳細に記述している国民生活審議会の報告書と答申では、以下のような記述が繰り返しみられる。

　現在では近隣の人々の結びつきは次第に希薄化してきており、とりわけ大都市においては、まさに「隣は何をする人ぞ」という言葉であらわされるように、近隣にわずらわされない個人中心のマイホーム的な生活が一般化している。

このような生活は、過去の地域的な束縛からの解放を意味するものであるが、一方において、近隣の人々と

の親睦、相互扶助等の生活関係が疎遠になるなど種々の問題が生じてきている。（国民生活審議会 1969: 4）

都市のもつ魅力のうち、最も重要なものの一つとして、他人にわずらわされない生活それ自体に価値が与えられることは疑いはないが、他面、人と人との結びつきが薄れ、孤立感が深化していることも事実である。このような地域社会における孤立感は、あまりにも急激な都市化の進展の結果、従来の地域共同体の崩壊が無関心型住民層を生みだし新しい市民型の住民層が形成されていないためである。今人々は孤立感のなかで新しい人と人との結びつきを渇望し模索しているといえよう。（国民生活審議会 1971: 14）

地域共同体の崩壊は、地域住民にとって旧い束縛からの解放を意味しており、地域共同体のなかに埋没していた人間性の回復を意味するものとして評価してよかろう。しかしながら、都市、農村を通じて地域社会におこった変化があまりにも大規模かつ急激であったために、地域住民はこの変化に十分対応しきれず、社会的連帯を喪失したまままさまざまな問題に直面している。（国民生活審議会 1971: 46）

このように、まず、地域社会におこった都市化などの急激な変化によって、人々の生活様式や生活意識が変わりつつあることが述べられている。そして、その結果、地域共同体は解体し、個人・家族中心の生活が一般化し、社会的連帯は失われ、人々は孤立している、という状況が指摘されている。また、地域共同体の崩壊や個人中心のマイホーム的な生活は、一旦は旧い束縛からの解放、地域共同体のなかに埋没していた人間性の回復を意味するものとして評価されている。しかし、その後に、「一方において」「他面」「しかしながら」と続き、「近隣の人々との親睦、相互扶助等の生活関係が疎遠になる」ことや「社会的連帯を喪失したまままさまざまな問題に直面」していることと、「人と人との結びつきが薄れ、孤立感が深化している」ことなどを問題として指摘している。このようにして、孤立の問題性とコミュニティの必要性が訴求されていたのである。こうしたパターンは，社会福祉審議会答申においても同様にみられる。

急速な経済成長やこれに伴う地域間，産業間の人口移動は，技術革新の進展や情報化社会の進行と相まって地域住民の生活様式や生活意識の変革をもたらし，また，生活の自然的，社会的環境の悪化をもたらしている。そして，これまで地域住民の生活のよりどころとなっていた既存の地域共同体は，このような変革に対応することができず解体の方向をたどりつつあるが，これにかわる新たな地域社会が形成されないまま，住民の多くは孤独な不安な生活を余儀なくされている。（中央社会福祉審議会 1971: 4）

今日，伝統的な地域共同体の大幅な解体の結果，一方では自己意識や権利意識を強く持った「市民」が広範に形成されつつある。ただ問題は，その「市民」が個人のレベルにとどまっていて，ともすると社会的連帯性を欠き，孤立化しているところにある。（中央社会福祉審議会 1971: 8）

自治省の要綱においては状況認識についての記述が僅かしかみられないが，その中にも以下のように，共通した枠組みが用いられていることがわかる。

このままでは，住民は近隣社会に対する関心を失ない，人間は孤立化し，地域的な連帯感に支えられた人間らしい近隣生活を営む基盤も失われるおそれがある。
このような現状に対処して，住民が望ましい近隣生活を営むことができるような基礎的な地域社会をつくるため，新しいコミュニティづくりに資するための施策をすすめることとする。（自治省 1971: 241）

さらに、これらの状況についてなぜ孤立が問題とされているかを読み取ると、大きくは①孤立感・孤独感の深化と人間性の喪失、②生活問題に対する共同防衛・相互扶助機能の喪失、の二つのパターンがある。前者は、特に主体者が限定されず社会全体の問題として指摘される場合が多く、後者は、高齢者、子ども、青少年などの地域生活上の問題として指摘されている。

国民生活審議会の文書においては、①②のどちらについても言及されているものの、特に①が強調されている。このことは、報告書のタイトルに「人間性の回復」という表現が用いられていることからも読み取ることができる。また、「孤独」「断絶」「疎外」「連帯の喪失」「非人間的な競争」「人間性の喪失」「孤独感」「不安感」「人と人とのつながりの喪失」などの表現を繰り返し用い、さらに「人々は人間性の回復／人間的交流の場を求めている」「新しい人と人とのつながりを模索／渇望している」ことなどを指摘している点が特徴的である。

こうした認識枠組みは、報告書だけでなく、国民生活審議会の答申全体でも用いられている。答申全体のまとめでは、一九六〇年代の経済成長で環境が「非人間化」に向かっていることから「環境」を中心に取りまとめ、重要な課題として「新しい環境問題」に着目している。この「新しい環境問題」には「物的環境の変化」と「社会的環境の変化」があり、前者は「肉体的脅威の問題を生ずるような環境」、後者は「精神的荒廃の問題をもたらす環境」を示す、と記述されている（国民生活審議会 1971: 7）。「物的環境の変化」には「人間活動による環境破壊」と「脅かされる生活の安全性」の二項目があり、「人間活動による環境破壊」は環境汚染や自然破壊、「脅かされる生活の安全性」は工業化、都市化、モータリゼーションなどによる交通事故、都市災害の危険性の増大、空間の過密、欠陥商品の増加などを問題とするものである（国民生活審議会 1971: 7）。「社会的環境の変化」については、上記のような「物的環境の変化」のもとで、さらに「消えない不安感」「孤立感の拡大」「不安感の増大」が人間の精神的荒廃をもたらしていると述べられている（国民生活審議会 1971: 11）。この箇所には、「コミュニティ」の報告書とほぼ同じ概念が用いられており、「コミュニティの必要性」が訴求されるにいたる枠組みを読み取ることができる。「消えない不安感」とは、物的な豊かさの増大にもかかわらず、人々の不満感がむしろ高まる傾向にあることを指している。たとえば、「戦後急速に育った個人中心と家庭重視の生活観」による消費社会化が挙げられ、「あふれる物質と情報に刺激されて欲望だけが先行し、常に欲求不満に悩む現象が生じている」（国民生活審議会 1971: 12）との指摘がされている。「孤立感の拡大」は、家庭や地域社会、学校や職場での人間関係の希薄化によって孤立感が増大している状況を指す。「産業構造の高度化と都市化の進展は、戦後における家族制度を軸とする伝統的な価値体系の崩壊を背景として、核家族化を進展させた」（国民生活審議会 1971: 13）ことが指摘されている。また、ここで、地域共同体の崩壊とともに伝統的な地域住民の結びつきが喪失し、人と人との結びつきが薄れ孤立感が深化していること、人々は孤立感のなかで新しい人と人との結びつきを渇望し模索していることが述べられている。「不安感の増大」は、加速化する技術進歩や情報量の増大等、急速な経済社会の変化に適応しきれないために不安感が増大している状況を指し示している。「文明は、人間の新しい欲望を喚起して絶え間のない発展を続けてきた。七〇年代は工業社会からいわゆる情報化社会への移行過程であり、さらに大きな速い変化を社会にもたらすであろう。こうした変化は、人々を大きな不安と混乱に落し入れる危険性を包含している」（国民生活審議会 1971: 14）と述べている。

このような当時の認識枠組みは、国民生活審議会答申などの文書だけでなく、当時、政策立案に関わった有識者の論文等でも広く見出せる。

つまり、今日起こっているような産業化、都市化、情報化、もう少し社会構造的にいえば、管理社会化といった一連の変化は、確かに人々を古い共同体から解放して、バラバラの個人にしたけれども、しかしながら、同時に人々は、人間性をも喪失せざるをえない条件におかれました。そうすると、人々は、どこかで人間性を回復するような条件をつくらざるをえなくなるわけで、それを、嘗てのような血縁的条件、近親者の中に求めることは難しくなってきています。いきおい一番身近な、より自然的条件の中で、接する近隣的な関係にそれ

を求めざるをえなくなってくるだろうと思われます。（松原 1972: 55–53）

一言でいえば、現在の社会は、「疎外」とか「断絶」とか「孤独」とかいった言葉で代表されるように、人間同志の意思の疎通すなわち人対人のコミュニケイション（いうまでもなく、コミュニケイションという言葉とコミュニティという言葉とは親類に属する）の欠けた社会なのである。（中略）このような「断絶」、「疎外」、「孤独」な現代社会において、われわれは人間性の回復の場をどこに求めたらよいのか。その場こそコミュニティではないかと思う。（宮澤 1970: 2）

これらの言説においては、日本でも一九五〇年代から盛んに議論されていた戦後近代化論、アーバニズム論、大衆社会論の枠組みが用いられており、[10] 特に「バラバラの個人」「疎外」「断絶」「孤独」などの概念が多用されていることから、大衆社会論の影響を受けていることが読み取れる。一九五〇年代には、日本でもミルズやリースマン、コーンハウザー、ホワイトなどによる大衆社会論の文献が紹介・翻訳され、清水幾太郎による欧米の大衆社会論の紹介と整理（清水 1951）に始まり、松下圭一の論文（松下1956）を契機とする大衆社会論争など、大衆社会論が盛んに議論された。これらの議論で共有されていた大衆社会的状況とは、「原子化」「疎外」「孤独」「孤立」などの用語で特徴づけられる「大衆」が、エリートに代わって政治過程の前面にあらわれたが、その「大衆」は孤立・疎外状況にあって無力感や不安感にとらわれており、それゆえに体制側から操作されやすくなっているという状況である。[11] 当時の大衆社会論者にとって、こうした状況は民主主義の危機であり、克服すべき状況と認識されていたのである。

一九六〇年代に入ると大衆社会論そのものは徐々に沈静化していくが、都市社会学分野における言説をみると、その認識枠組みは一九七〇年代以降になっても用いられ続けている。本章で取り上げるコミュニティ政策の文書においては、直接的には大衆社会論の文献の引用はみられないものの概念や図式は多用されており、一九六〇年代から一九七〇年代にかけての近隣関係やコミュニティに関する調査研究においては大衆社会論の文献の参照・引用が随所にみられる[12]。また、この都市社会学分野への大衆社会論の影響については、国民生活審議会報告書の執筆者の一人である奥田自身も言及している。奥田は、戦後から一九六〇年代末までの都市社会学の研究状況を「勃興期」「成立期」「展開期」「再編期」の四段階に分けて整理し、その中で「人間性回復の生活基点としての第一次集団的価値の再発見」が行われ、「コミュニティ論の提示と計画過程への適用」が行われたのは「展開期」であり、この時期には大衆社会論が都市社会学の理論的支柱であったと記述している（奥田 1970: 135）。このように、一九六〇年代から七〇年代にかけての都市社会学研究において、孤立・疎外状況を克服すべき問題と捉える大衆社会論の枠組みが用いられたことが、コミュニティ政策文書の中で「孤立」が問題化されることにつながったと考察される。

次に、もう一方の生活問題に対する共同防衛、相互扶助機能の喪失という問題についてみていきたい。社会全体における「孤立」「疎外」「孤独」などの問題を示す記述とは異なり、個別具体的な生活問題についての言及や、特定のカテゴリーの人々についての言及がみられる。

これからの生活はマイホームだけでは解決できない。生活環境の良化、青少年不良化防止、子供の安全環境、余暇問題、老人問題、婦人問題など多くの課題がコミュニティの中で解決されうる。（国民生活審議会 1969: ii）

核家族化の進行は、家族の生活保障機能を縮小し、これにかわる社会的サービスの必要性を増大している。子どもの養育や家族の健康について、事故や災害の対策について、かって（ママ）の如く近親や近隣の相互扶助、指導を期待することは困難となっており、新たに社会的な方策を講ずることが必要となっている。（中央社会福祉審議会 1971: 4）

これらは主に、「青少年」「子ども」「老人」「婦人」を中心とした近隣生活における共同防衛、相互扶助の機能についての言及である。先に述べたように、一九六〇年代は、青少年の非行問題、既婚女性の家庭外労働の増加による「鍵っ子」の問題、上京青少年による連続射殺事件、高齢者の孤独死や自殺がマスメディアで取り上げられ問題とされていた時期である。コミュニティ政策の文書の中でも、そうした問題が「地域共同体の崩壊およびコミュニティの不在によって生じている問題」として個別に挙げられている。

以上のように、「なぜコミュニティが必要か」という認識としては、大衆社会論的な社会全体の「孤立」「孤独」「疎外」による「人間性の喪失」の問題と、近隣の相互扶助・共同防衛機能の喪失の問題が二つの柱となっていた。なお、コミュニティ政策の文書や関連する研究者や担当官の論文をみると、このうち前者のほうが後者よりも強調されている。このことも、この時期の言説の特徴として注目される。現在では、孤立を問題として対処策の必要性が主張されるとき、特定の問題の背景として、その必要性が根拠づけられる。しかし、この時期には、高齢者の孤独死や自殺、「鍵っ子」の増加、青少年による連続射殺事件、青少年の非行問題などがマスメディアで盛んに取り上げられていたにもかかわらず、それらの問題については僅かに言及されているのみで、そうした特定の問題よりも全体社会的な「孤立」「孤独」「疎外」による「人間性の喪失」の問題自体が前面に押し出されていたのである。

以上、「なぜコミュニティが必要か」の状況認識について確認してきたが、続けて、これらの政策文書の中でコミュニティとは何を指しているのか、またそのコミュニティの形成によって達成される社会とはどのようなものとされているのかをみておきたい。各政策文書の中で、コミュニティは以下のように定義づけられている。

人々の間に新しいつながりが必要であるとしても、それは人々の自主性を侵害するものであってはならない。またかつての地域共同体にみたような拘束性をそのまま持ち込むものであってもならない。現代市民社会は拘束からの自由と同時に参加する自由も保障するものである。人々はある時には孤独を愛し、他の時には集団的帰属を求めるのであるから、このような要求に対応する開放性が必要である。

　以上のような観点から、生活の場において、市民としての自主性と責任を自覚した個人および家庭を構成主体として、地域性と各種の共通目標をもった、開放的でしかも構成員相互に信頼感のある集団を、われわれはコミュニティと呼ぶことにしよう。（国民生活審議会 1969: 2）

　「コミュニティ」とは、地域社会という生活の場において、市民としての自主性と主体性と責任とを自覚した住民によって、共通の地域への帰属意識と共通の目標をもって、共通の行動がとられようとする地域社会の条件であり、またこれを支えるその態度のうちに見出されるものである。（中央社会福祉審議会 1971: 6）

　国民生活審議会、社会福祉審議会の報告書は共に、①市民としての自主性と責任（と主体性）を自覚した主体によること、②地域性（あるいは地域への帰属意識）と共通目標を持っていることをコミュニティの条件として提示している。②の「地域性と共通目標」は、この時期のコミュニティに関する他の論文をみても、ほぼ同じ条件が提示されている。当時のコミュニティ論に大きな影響を与えていたマッキーヴァーやパークによってもコミュニティの条件として「地域性」と「共同性」が示されており、この二つは、コミュニティの共通要件として認識されていたものといえる。①の「市民としての自主性と責任」については、先に問題として指摘した「孤立」「孤独」「疎外」に満ちた大衆社会と対比される市民社会と、日本の前近代的な共同体すなわち隣組・町内会やムラと対比される市民集団の、二つの意味が込められている。特に、当時の時代的文脈から、後者を意識しての記述が随所にみられる。国民生活審議会の文書では、かつての地域共同体との違いを強調し、孤独と集団的帰属の双方に対する開放性が必要であると述べている点も見逃せない。

　こうしたかつての地域共同体と比較しての記述は、政策文書だけでなく政策立案に関わった識者や担当官の論文でも随所にみられる。たとえば、自治省の宮澤は、市民集団としてのコミュニティと上意下達の組織としての隣組・町内会との違いを以下のように強調している。

血縁的、地縁的に自然発生した農山漁村部の部落や戦争遂行上の必要性から上意下達の組織として形成された隣組、町内会は、そもそも自覚した個人、自由な自我を前提にした地域社会ではなかった。脱退も加入も自由な組織でもなかったわけである。新しいコミュニティは自由な市民が進んで連帯して住みよい地域社会を形成しようとする市民集団でなければならないのである。（宮澤 1970: 5）

また、倉沢も、「これから問題にしたいコミュニティというのは、何か日本的なムラとは少し違うものではないだろうか」とし、西欧の都市共同体や市民社会との比較をしながら、その重要な違いとして「この都市共同体とか、市民社会とか呼ばれるときの市民というのは、一人一人の人間が、自発的に、主体性とか、自発性とか、一言で言えば、個人が確立しているということかと思います」（倉沢 1971: 26）と、日本での歴史的な共同体とは異なる特徴として「主体性」「自発性」といったキーワードを用いている。

このように、コミュニティとかつての地域共同体との違いは、いずれの論文においても必ず言及されていた。当時はまだ隣組・町内会復活をめぐる議論から年数が経っておらず、行政主導で地域自治組織をつくろうとする動きがタブー視されていたため、文書の記述には細心の注意が払われていたのである。また、日本のムラと西欧の都市共同体の比較も多くみられた。当時は市民社会論が日本でも盛んになっており、この市民社会のモデルとして西欧のコミュニティについて言及する場合が多かった。このような状況の中にあったからこそ、①の「市民としての自主性と責任」が、特にコミュニティの要件として強調されたといえるだろう。

続けて、このようなコミュニティの形成によって達成される社会とはどのようなものとされていたかを確認しておきたい。先述のように、現代の都市社会では、かつての地域共同体は解体され、個人・家族中心の生活となり、人々は孤立し、孤独感、不安感、無力感に陥り、人間性を喪失した状況にあるとみなされていた。コミュニティを提唱する政策文書では、こうした状況に対し、コミュニティが形成されることによって、人々は個人や家庭では解決できない欲求を充足しうるとともに、孤立感の解消、人間性の回復を成しうると述べている。

この新しい多様的なコミュニティの形成こそ個人や家庭の段階では達成しえない地域住民のさまざまな欲求が充足される場となりうるであろう。（国民生活審議会 1971: 47）

以上みてきたように、一九六〇年代末から一九七〇年代にかけて打ち出されたコミュニティ政策は、現代の都市社会ではかつての地域共同体は解体され、個人・家族中心の生活となり、人々が孤立した状況にあることを前提とし、その対処策として、自主性と責任を自覚した市民による新しいつながりとしてのコミュニティ形成を促すものであった。国民生活審議会報告書の冒頭言にある「『マイホーム主義からコミュニティ主義』をめざす」「コミュニティこそ人間性回復の最後の場」という言葉にもみられるように、これらの文書の中では、個人・家庭中心主義とその帰結としての孤立は、明確に否定されるものではないにせよ警鐘をならすべき問題として捉えられ、その対応としてコミュニティの形成が政策課題となったのである。

第4節　コミュニティ政策への批判

国民生活審議会報告書をはじめとするコミュニティ政策の文書は、各界から注目を浴びたと同時に、新聞や論文などで数々の批判を受けた。本節では、そうしたコミュニティ政策への批判をみていきたい。

コミュニティ政策への批判として持ち上がった論点は大きく二点であった。第一の論点は、「官製コミュニティ」に対する批判である。行政主導で形成されようとする住民自治組織は、戦時中の隣組の再現であり、行政の末端機構になりかねないという指摘である。こうした批判は、主に新聞記事での識者コメントにみられた。

この報告書が公表されてまもなく、新聞記事では「失われた人間性回復へ コミュニティ育成 国民生活審小委が報告」（一九六九年九月三〇日付『朝日新聞』朝刊）として、報告書のねらいや概要が詳細に報じられた。これらの記事では単に内容を伝えているだけであったが、その後、自治省によるコミュニティ構想が発表され全国でモデル・コミュニティが設置され始めると、「コミュニティ構想 手さぐり段階 山盛りの計画案 戦時中の隣組再現だ 競輪財源の市でねえ 批判もしきり」（一九七一年一〇月一八日付『朝日新聞』朝刊）、「問題はらむモデルコミュニティのスタート 生かせるか住民の意思 活動の自主性カギ 消えぬ〝隣組復活〟の懸念」（一九七一年一二月一日付『朝日新聞』朝刊）など批判的な意見を集めた記事が掲載されるようになった。たとえば、有識者の意見を集めた記事では次のような意見が掲載されていた。

　全国的にみると、自治省案にそった計画を進める自治体が多いようだ。これでは、戦時中の隣組や町内会の再編成にも、つながりかねない心配もある。これは、コミュニティーがどういうものか、首長をはじめ関係者にまだ十分理解されていないからだと思う。本当のコミュニティーができるかどうか、要は、そこに生活する市民が地域をどう考え、行動するかで決ることだと思う。（法大・松下圭一教授）（一九七一年一〇月一八日付『朝日新聞』朝刊）

　「コミュニティー」を、地域社会、近隣社会などと、いろいろに訳して使っているが、本来は、アメリカ西部の開拓地で、見知らぬ同士が少しずつ寄集り、互いに協力しあって、身を守る方法や町づくりを考えたのがコミュニティーだ。自治省の指導で「コミュニティー」ができた場合どうなるか。例えば、これまで市がやってきた道路の清掃を、コミュニティーのリーダーが「われわれの町だから、みんなでやろう」と呼びかけたとする。市の指示ならばはっきりことわれる人も、地域の有力者の呼びかけは断りにくい。こうなると、戦前の、部落総出の道ぶしんと同じこと。私は、「部落」を「コミュニティー」という言葉におきかえただけになるのでは、と心配だ。（国学院大学・高木鉦作教授）（一九七一年一〇月一八日付『朝日新聞』朝刊）

このように、住民の自主性、主体性の問題を指摘した批判的意見が数多くみられた。

第二の論点は、都市住民の孤立性をめぐっての指摘である。この代表的な例として、中村八朗、大藪寿一らの論考があげられる。中村は、都市住民ははたして孤立しているか、孤立しているとしても直ちに憂患とみるには当らないのではないか、近隣内よりも近隣外の相手を選ぶほうが人間性の回復に役立つのではないか、などと、コミュニティ政策における「都市住民が孤立している」という前提そのものと、孤立を問題とすべきかどうかの双方を批判の対象としている。

コミュニティ形成の提唱が都市住民の孤立性という認知を前提としていることはすでにふれた通りである。この前提については、まずその前提が正しい事実認識に基づいているものか否かという疑問が感じられ、かつ一歩譲ってそれが正しい事実認識であるとしても、もし住民自身が自らその孤立性を望んでいるとすれば、果たしてその場合でも孤立性が否定されるべきかという点も検討してみる必要がありそうである。（中村 1973: 51）

また、大藪も、中村の議論を援用しつつ、都市の人々は完全に地域社会において孤立しているだろうかという疑問を提示している。大藪は、都市的疎外を「全体社会的レベルの疎外」と「地域社会的レベルの疎外」に分離すべきであって、混合されて投げ込まれていることから中村が指摘するような混乱が生じていると指摘している。また、都市における連帯性の喪失については、V・パッカードの「見知らぬ人々の国」とそれに対するガンズらの批判を引用し、パッカードらのような理想社会を提唱する学者は、農村的、中産階級的価値志向から抜けきっていないと批判している（大藪 1976）。

コミュニティの必要性としては、大衆社会論的・アーバニズム論的な社会全体においての「孤立」「孤独」「疎外」という問題と、生活問題に対する近隣の共同防衛や相互扶助の喪失の問題の二点が主に指摘されていることを先に述べたが、大藪は、前者に対しての疑問を投げかけている一方で、後者に対しては賛成しており、かえって近隣の「老人」「身障者」「低所得者」等に対する保護や扶助運動が具体的目標とされるべきであると述べている。また、中村も、生活問題の解決にあたり近隣の果しうることの限界を指摘はしているものの、「最も可能性が高く、かつ最も望ましいコミュニティはどのようなものか、つまり近隣生活の最も妥当な守備範囲は何かを改めて問う必要がある」（中村 1973: 69–72）と、近隣生活の向上改善の重要性は十分認識しなければならないものであると認め、コミュニティの守備範囲を近隣生活の向上とすることを提案している。

つまり、この時期のコミュニティ政策をめぐる議論においては、大衆社会論的・アーバニズム論的な「孤立」「孤独」「疎外」といった状況認識は批判の対象となったが、近隣の生活問題に対する相互扶助・共同防衛の必要性については、批判の声は出ていなかった。このことから、当時の状況を現在と比較してみると、大衆社会論的・アーバニズム論的な社会全体における「孤立」「孤独」「疎外」の問題自体を対処すべき問題として前面に打ち出していることが特徴的であり、それゆえに、この時期のコミュニティ政策はイデオロギーとしての批判を免れることが出来なかったのではないかと考察される。また、「官製コミュニティ」が戦時中の隣組などのように行政の末端機構として利用されることに対しての危険性が指摘されていた点も、現在とは異なる特徴である。このように、この時期には、人々が孤立しているか否か、孤立は問題であるか否か、また、その対処策としてのコミュニティ形成を行政主導で促すべきかどうかは、論争が起きるテーマとなっていたのである。

第5節　おわりに

本章では、一九六〇年代末から七〇年代初めにかけて打ち出されたコミュニティ政策に関する言説活動を調べることによって、個人・家族の孤独・孤立をめぐって当時どのような認識のパターンがみられたかを記述してきた。政策文書においては、「なぜコミュニティが必要か」という状況認識として、次のように述べられていた。産業化、都市化、情報化、消費社会化によって、既存の地域共同体は崩壊し、人々は個人・家族中心の生活様式となり、社会的連帯は喪失し人々は孤立している。そのため、個人・家族は様々な非人間的環境にさらされ、①疎外・孤独感・孤立感の深化と人間性の喪失、②生活問題への共同防衛・相互扶助機能の喪失、といった事態が生じている。こうした状況が、この時期にコミュニティの必要性の前提として認識されていたのである。コミュニティ政策の提唱は、このような状況に対して警鐘を鳴らし、コミュニティを形成することで「人間性の回復」をはかろうとする活動であった。これらの言説では、大衆社会論やアーバニズム論の枠組みによる社会全体における「孤立」「孤独」「疎外」の問題化と、老人や子ども、青少年、婦人などに主眼を置いた生活問題への共同防衛・相互扶助機能の喪失の問題化という大きく二つの意味が含まれていた。このうち、前者の社会全体における「孤立」「孤独」「疎外」の問題をめぐっては、「本当に孤立しているのか」「孤立は憂慮すべきことなのか」という批判が生じていた。一方、後者に対しては、孤立の問題性そのものに批判的な論者でさえ異論はなく、かえってこのような近隣の生活問題の解決手段としてコミュニティを形成していくべきであるとの指摘がみられた。

この時期のコミュニティ政策をめぐる言説の特徴として指摘できることは、第一に、地域共同体の崩壊、個人主義・家族中心主義的な生活は、ただちに問題とはみなされておらず「価値があることは疑いない」「評価されるべきことである」と一旦は評価されていること、また、その後に「しかしながら」「他面」などと続き、それらの状況によって問題が生じていることを、理由を詳細に説明しながら主張していることである。このパターンから、まさにこの時期において、地域共同体の崩壊、個人主義・家族中心主義的な生活といった状態、個人・家族の孤独・孤立は、評価されるべきことではありながらも、警鐘を鳴らすべき問題としてみなされつつあったことを読み取ることができる。さらに、この時期には、大衆社会論的・アーバニズム論的な状況認識は、まだ論争を免れない論点であったのにもかかわらず、政策文書において、生活問題よりも前面に押し出されて強調されていた点も、現在とは異なる特徴として注目される。現在の孤独・孤立を問題とする言説をみると、孤独・孤立の状況が育児不安や児童虐待、孤独死、若者の就労問題など他の問題の原因・背景として説明され、それゆえに孤独・孤立は対処すべき問題であることが主張されている。しかし、この時期には、高齢者の自殺や孤独死、「鍵っ子」の増加、連続射殺事件、青少年の非行問題などがマスメディアでも取り上げられていたにもかかわらず、それらの問題については僅かに言及されているのみで、そうした特定の問題よりも全体社会的な疎外、孤独・孤立の問題が前面に押し出されていたのである。それゆえに、この時期のコミュニティ政策文書における状況認識は、イデオロギーとしての批判を免れることが出来なかったといえよう。

もう一点、この時期の言説で特徴的であるのは、行政主導のコミュニティ政策に対する批判が大きかったことである。市民社会の形成を目指すのであれば、住民主導は必須条件であり、行政主導で地域組織を形成することは上意下達の隣組・町内会等の再現にすぎないとして批判を受けた。このように、現在は異議を唱えられることのないコミュニティ政策でも、当時は行政による地域・家族・個人への介入として危険視する見方が強く残っていたのである。

以上のように一九六〇年代末から七〇年代にかけてのコミュニティ政策をめぐっては、人々は孤立しているのか、孤立は問題といえるのかといった批判や、行政主導による地域組織形成に対する危険性の指摘などの批判が相次いだ。しかし、このような対立と論争がありながらも、これらのコミュニティ政策の文書によって示されたコミュニティを必要とする状況認識とコミュニティ概念は、重要な知的基盤として後に引き継がれることとなったのである。

これまでみてきたように、一九七〇年頃までの孤独・孤立を問題化する言説活動は、近代化・都市化により、個人がバラバラになって問題が山積する社会の荒波に剝き出しで放り出されかねない状態を問題化するものであった。バラバラになった無力な個人では対応しきれない問題に連帯して対応しようとする、そういう機運が孤独・孤立を問題とする言説活動につながっていたのである。ただし、一九六〇年代頃までの日本社会では、前近代的拘束や個人を残らず絡めとろうとする社会制度・社会システムからの個の解放と自由という理念が、あるいは前近代的な紐帯や社会制度に対する忌避感が共有されていた。一九七〇年代に入ってもしばらくは、連帯・共同体へのコミットや強化に関して慎重な姿勢と議論が見出された。たとえば、一九七〇年前後のコミュニティ政策誕生期には「なぜ孤独・孤立が問題とされるのか」という活発な議論が生じ、「官製コミュニティ」に対する批判が起きた。こうした孤独・孤立をめぐる議論の背景には、やはり近代化肯定論者と近代化批判論者の対立があったといえよう。近代化肯定論者は合理的な個人と個人が結びついた社会を目標とし、封建的性格の強い共同体は無くなっていくべきものであるとし、地域においては個人の自律性と主体性を尊重した中間集団、新たな市民的連帯の可能性を模索しようとした。これらの論者からすれば孤立は自立につながるものであり、直ちに問題となるものではなかった。一方で、近代化批判論者は、ゲマインシャフト的結合の意義を主張し、そのような結合が失われたがゆえの問題を積極的に見出すと同時に、結合の名残や郷愁を社会の各所に見出し再評価して再生を促そうとした。しかし、そうした試みは近代化や民主化を主張する論者からの批判を受け、論争を免れることは出来なかった。このような対立の中で、個人の孤独・孤立が社会で介入すべき問題であるか否かは、少なくとも一九六〇年代頃までは論争を免れないテーマであったのである。

しかし、現時点で観察可能な、少なくとも近年の日本の議論では、孤独・孤立を問題として自明視する立場が圧倒的多数を占めていると思われる。では、なぜ孤独・孤立は社会で対処すべき問題として自明となるに至ったのだろうか。以下の章では、その過程をみていきたい。

注

（1）都市化をめぐる見解としては、「都市化にともなって血縁的・地縁的紐帯と意義は衰退・崩壊の一途をたどる」という見解と、「都市化の作用は否定しないが、実態としては〝前近代的〟な血縁的・地縁的集団、関係は残存　寄生している」という見解があった。また、アーバニズム論の初期には、血縁的・地縁的紐帯の衰退は必ずしも危機的な現象とは捉えられておらず、拘束からの個人の解放過程、近代化・民主化過程とみる風潮が強かった。こうした一九五〇、六〇年代の都市化をめぐる議論については、当時の都市社会学の動向について整理した奥田（1971b）が詳しい。

（2）パーソンズによる、孤立核家族が産業社会に最も適合的であるとする議論に対し、サスマン、リトワクらは拡大親族関係の存在と機能性を主張した。この論争は、パーソンズがいうところの「核家族の孤立化」は、あくまで親族からの構造的な「孤立化」を指しており、親族からの機能的な「孤立化」ではないとする見解によって沈静化した。この論争については清水・大橋（1975）が詳しく整理している。

（3）「マイホーム主義」の定義について、山手の整理では「自己をより大きな社会とか体制から切り離し、自分とか家族のからのなかに閉じこもって、ひたすら私生活を尊重し、私生活の快適化に狂奔し、片すみの幸福だけを追求しようとするのがマイホーム主義である」「社会生活と家庭生活との深い関連を見失い、社会と家庭とを対立的なものとしてとらえ、社会生活のなかで疎外され生きがいを失ったから、家庭を最後のただひとつの救いであるとする考え方や生活態度が、マイホーム主義である」（山手 1974: 200-201）などと書かれている。このほか、有地による「マイホーム主義とは一般に仕事よりも家庭に価値をおき、自分の家庭だけを大切にし、社会、政治に対しては関心をもたず、他人のことには一切かかわらず自分の家庭生活の幸福だけを追求しようとする生活態度とされる」（有地 1970: 237）との説明もある。

（4）分析対象とした文書・論文等の一覧は、本章の初出論文である梅田（2011）に掲載している。

（5）一九七〇年前後のコミュニティ政策に関する先行研究は、近年では日本都市センターによるコミュニティ政策の軌跡をまとめた資料（日本都市センター 2002）などに限られ極めて少ないが、一九七〇年代当時においては幾つか存在しており、本章では、それらの先行研究も言説分析の対象として取り上げている。

（6）新聞記事は『朝日新聞』『讀賣新聞』の記事検索データベース、論文は「学術文献情報データベース CiNii」、書籍は「国会図書館 OPAC」を用いて、一九六〇～七五年を対象に、検索語「コミュニティ」でヒットした記事・文献の中から日本のコミュニティ政策について言及するものを抽出して分析対象に加えた。対象とした文献一覧等、詳細は初出論文である梅田（2011）に掲載している。

（7）この報告書に対する反響や批評については、当時のコミュニティ政策に対して書かれた個々の論文や、自治省担当官らによる当時の状況の記述、新聞記事などから読み取ることができる。たとえば、「自治省の提案に対しては予想以上の反響があった。これに積極的に賛成するものもあった。逆に反対や警戒の意見も少なくなかった」（木村 1970: 10）、「先月二十九日の発表以来、審議会の事務局がある経済企画庁には、都道府県や市町村、企業、研究者などから報告書をほしいとの申入れが相ついでいる」（一九六九年一〇月一四日付『朝日新聞』）などである。

（8）たとえば、「日本において、行政や社会一般でコミュニティというものが注目されるようになったきっかけは、昭和四十四年九月に出された、国民生活審議会調査部会・コミュニティ問題小委員会の『コミュニティ―生活の場における人間性の回復―』という報告書にあったといえるであろう」（園田 1978: 147）、「こうした背景のもとで、最初にコミュニティ形成ということに関して国民や行政担当者の注意を喚起する役割を果たしたのが、昭和四十四年九月に発表された国民生活審議会調査部会コミュニティ問題小委員会の報告『コミュニティ―生活の場における人間性の回復―』である」（松原1978: 166–167）などと評価されている。

（9）この部分の記述は遠藤が二〇〇二年時点の座談会において語った記録によるものであり、当時の言説活動から読み取った記述ではないが、当時の事実関係を把握するために有効であるため、補助的に分析に用いている。

（10）アーバニズム論で指摘される都市的状況としては、ワースによる次の部分の記述がよく用いられている。「都市的生活様式の明確な性格は、社会学的には、第一次接触の第二次接触との交替、親族の紐帯の弱化、家族の社会的意義の減少、近隣の消失、および社会連帯の伝統的基盤の崩壊にある、とこれまでしばしばいわれている。これらすべての現象は実際にも客観的指標を使って立証することができる」（Wirth 1938=1965: 143）。

（11）当時の大衆社会状況についての記述の例を幾つか挙げると、「大衆社会は客観的には原子化した社会、主観的には疎外感をもった人間の社会である」（Kornhauser 1959=1961: 33）、「集団的には、巨大集団の『噴出』と、それをささえるビューロクラシーの発達、またそれとウラハラに、分散化し、孤立化し、情緒化した『砂のような』大衆の出現、…（中略）…社会心理的には、大衆の政治的無関心、内面的不安や社会的無力感の増大、いわゆる『外部志向』的適応型パーソナリティの移行、などがあげられよう」（日高 1957: 239）、「真にだれにもたよることができないといういみで孤独であり、組織に身をまかせて自分の力で運命をきりひらくことができない点からすれば、不安の持主であり、極度に疎外された人間である」（西村 1965: 13）などがある。

(12) 第2章で取り上げた団地のコミュニティ調査報告書においても大衆社会論の文献の参照や引用がみられる。たとえば、日本住宅公団調査では先行研究としてフロムの『自由からの逃走』、リースマンの『孤独なる群衆』、ミルズの『ホワイト・カラー』、ホワイトの『オーガニゼーション・マン』などを挙げている（日本住宅公団編 1960: 4-5）。

第Ⅱ部　戦後社会システムの歪みと孤独・孤立問題の形成

——逸脱する人々をめぐって

第4章 ひとり暮らし高齢者の自殺・孤独死と社会的孤立

第1節　はじめに

前章では、一九六〇年代に都市部での自殺・孤独死・犯罪などに関する報道が相次ぎ、「都会の孤独」という言葉がメディアで流布したことについて述べた。それらの言説のなかでも、特に高齢者の孤独・孤立については、核家族化の進展のなかで一九七〇年代以降も引き継がれ、次第に、社会的に対処すべき問題として注目が高まることとなる。本章では、その一九六〇年代後半から八〇年代にかけての高齢者の孤独・孤立が問題化されていく局面をみていきたい。特に、高齢者の孤独・孤立に対する社会的対処の重要性を社会に印象づけた事象として、自殺と孤独死に焦点を当てる。また、高齢者の社会的孤立の問題は、他の孤独・孤立の問題と比べて、早い段階から重要な政策課題として取り上げられたという特徴がある。その重要な背景として、急速な高齢化の進展が予測されるなかで社会保障のための財源の問題が浮上し、福祉施策が個人や地域の「自主性」と民間の力にゆだねる地域福祉・在宅福祉へとシフトしていったことが挙げられる。そのため、「自主性」が期待できないひとり暮らし高齢者の問題は、特に重要な政策課題と捉えられるようになった。よって本章では、そうした当時の高齢者施策の展開も視野に入れて、ひとり暮らし高齢者の社会的孤立の問題化過程をみていきたい。

具体的には、まず、一九六〇年代から一九八〇年代にかけての高齢者施策の展開と、鍵となる政策文書をもとに、高齢者の孤独・孤立をめぐりどのような言及がなされているかを確認する。そのうえで、同時期に、高齢者の孤独・孤立について言及する新聞記事を調べることによって、大衆的言説空間のなかで、いかにして高齢者の孤独・孤立を問題化する言説活動が行われていたか、その様相はいかなるものだったかをみていきたい[1]。

なお、本論に入る前に、この時期における高齢者の社会的孤立に関わる学術的な研究動向をおさえておきたい。前項でみたように、一九六〇年代から七〇年代にかけては、高齢者の孤独・孤立が明確に社会問題として認知され政策的な動きが活発化し始めた時期である。その背景のひとつには、この時期には国際的に、学術的領域における高齢者の孤独・孤立をめぐる研究状況が進展したことがあげられる。当時、国際的には高齢者の生活問題に関連した研究が進展し、「孤独」からの「孤立」の区分がなされて「社会的孤立」概念が形成され、学術や政策の場面で普及しつつあった。これにより、客観的な「孤立」の状況が調査され、明らかにされ始めた。日本でも、この枠組みで、高齢者の社会的孤立研究が進展し始めた。高齢者の「社会的孤立」研究で先駆的なものとされるのは、イギリスの社会学者ピーター・タウンゼントの研究である。タウンゼントの研究は一九五七年に発表され、日本では一九七〇年代に紹介されている。タウンゼントは、自らが実施する調査のなかで、「孤立」と「孤独」を区分した。「孤独」は主観的な概念で、周りからはわからないが、「孤立」は客観的指標により把握可能であるとした。そして、この二つは相互に比例しないと指摘した。つまり、人間関係やコミュニケーションが密で、客観的には孤立していない人でも内面で「孤独」を感じる人はいる。逆に、ほとんど人とコミュニケーションをとっておらず周りからは孤立しているとみえても、本人が、読書や趣味や仕事などの活動等で充実した時間を過ごしている、あるいは、特に意識もせず一人でいることに問題を感じていないなど「孤独」ではないケースもある。このように、「孤立」と「孤独」を区分することにより、みえてくることが多々ある。この二つを学術的に区分して、「孤立」概念を客観的に把握可能な状況として捉えたのが、タウンゼントである。この「孤立」概念の普及により、「社会問題」としての「孤立」を捉えるための枠組みが準備されたといえるだろう。

日本では、一九七〇年代には「独居老人」の調査研究が盛んに行われ、それらの研究のなかで高齢者の接触や人間関係の状況、孤独感や孤立感などの実態調査や分析が行われていた。そのような折に、一九七四年にはタウンゼントの著作が『老人の家族生活――社会問題として』（Townsend 1974a）、『居宅老人の生活と親族網――戦後東ロンドンにおける実証的研究』（Townsend 1974b）として翻訳・出版され、高齢者の孤独・孤立の問題に対する認識に多大なインパクトを与えた。この後、日本でも「社会的孤立」の概念が普及し、一九八〇年代からの高齢者生活研究の進展につながることとなった。以上の学術的背景もふまえたうえで、以下、この時期の高齢者の孤独・孤立の問題化過程をみていく。

第２節　高齢者施策にみる孤独・孤立

先に述べたように、一九六〇年代には「都会の孤独」言説が広がり始め、その流れのなかで「老人の孤独」というフレーズが度々メディアで取り上げられていた。この一九六〇年代から七〇年代は、都市化・核家族化の進展により、高齢者の介護をめぐる問題が社会的に注目され、「老人福祉」政策の整備が進められた時期であった。一九六二年には訪問介護事業が創設され、一九六三年には老人福祉法が制定され、特別養護老人ホームが創設された。この時に訪問介護法も法制化された。一九六八年には、国民生活審議会調査部会老人問題小委員会により「深刻化するこれからの老人問題」がまとめられた。この報告書では、「老人人口の絶対的かつ相対的な増加が諸外国にもその例をみないほどの短い期間で進行」することを受け、「行政施設」「福祉対策」「保健対策」「就労対策」「住宅政策」を中心に今後の方向性が示されている。なお、後に詳述するが、この文書では、問題の背景、処理の方向のいずれにおいても都市化・核家族化に伴う高齢者の孤独・孤立の問題について言及されている。

一九七〇年には、今後の高齢者施策をさらに総合的・具体的に検討した中央社会福祉審議会答申「老人問題に対する総合的諸施策について」がまとめられ、公表された。この答申では、「わが国にとって、一九七〇年代は、高齢化社会突入の時代」「今後、日本は諸外国に例をみないほどの短期間に老齢化がすすみ、近い将来世界一の老齢人口比率の国になると見込まれている」としたうえで、高齢者をとりまく問題に対する総合的諸施策が検討されている。これも後に詳述するが、この文書では「ひとり暮らし高齢者の社会的孤立」が問題としてあげられ、それに対する見守りや相談機関の整備の必要性が示されている。

さらに、一九七三年頃から、石油危機と高度経済成長の減速、さらなる高齢化進展などを背景に、高齢者施策は在宅福祉と地域福祉に重きがおかれるようになっていく。一九七五年にまとめられた社会保障長期計画懇談会「今後の社会保障のあり方について」、社会保障制度審議会建議「今後の老齢化社会に対応すべき社会保障のあり方について」では、その方向性が色濃く出ている。一方で、一九七三年には老人医療費無料化、七八年には短期入所生活介護（ショートステイ）事業、七九年には日帰り介護（デイサービス）事業の創設というように、主要な介護サービスも事業化される。一九八〇年代になると、介護をめぐる問題が社会的に注目され、様々な老人福祉施策が進められた。この時期には、「寝たきり老人」や「社会的入院」という言葉が普及した。本来は入院が必要なほどの心身の状況ではないが、自宅で介護できない、あるいは介護できる人がいないために長期で「社会的に」入院せざるを得ないケースが多発し、そうした本来は元気で過ごせるはずの高齢者が病院や施設、自宅等で寝たきりになることで、さらに心身能力が低下していくという問題が浮き彫りになった。その後、一九八二年には老人保健法が制定され、一九八七年には老人保健施設が創設された。さらに、一九八九年にはゴールドプラン（高齢者保健福祉推進十か年戦略）が策定され、一九九〇年以降の関連する法改正や制度創設、地域福祉制度の整備、介護保険制度の成立等につながっていくこととなる。

では、これらの高齢者施策に関する文書では、孤独・孤立をめぐってどのような言説のパターンが見出せるだろうか。先述のように、一九六八年に国民生活審議会調査部会老人問題小委員会によりまとめられた「深刻化するこれからの老人問題」という文書では、高齢者の「孤独」「孤立」の問題が随所で取り上げられている。まず、「1今日における老人問題とその深刻化——その意味と背景」では以下のように、都市化とそれに伴う核家族化によっては高齢者の生活が孤立化させられ、「孤独」や「無為」を訴える高齢者が増加することが指摘されている。

急激な都市化は住宅難を伴いがちであり、必然的に世帯分離を促進し、多くの場合老人生活を孤立化させる。その結果子供や親族、知人との心理的な結びつきが稀薄となり、孤独、無為をかこつ老齢者が増加することになる。このほか、高度成長に伴って生ずる社会的変動の多くは老人の生活に辛く作用することはあっても、好ましい影響を及ぼすことは少ない。

さらに、その状況に対応する策として「老年開発の必要性とその方向」が示され、そこでは「1)定年の延長」「2)就労開発」に続き「3)孤独感からの解放」があげられ、「老後の孤立感・無為感からの解放については、老年期の年齢区分によるニードの差異に対応して対策の重点も異るが、概して、前半は、老年期にふさわしい職業活動や公的活動を続けることに、後半は、余暇の積極的な利用を図ることに主眼がおかれるべきであろう」と、「公的活動への参加」「余暇利用」の具体的方向を示している。

「公的活動」によっては、「労働から引退した後に、さまざまな公的活動に参加し、社会に奉仕することは、社会的有用感を持続するもっともよい方法であり、これによって孤立感・無為感におちいることを防ぐことができる」とする。また、「余暇利用」においては「家庭外の余暇集団に積極的に参加することは、老人の孤立感・無為感を解消させる一つの方法である。このことによって退職後に失われた社会的役割りを地域社会で再び見出すことができ、孤独と不安とを回避することができるであろう」と記されている。これらの方針は、前章で取り上げた一九六九年の国民生活審議会報告書「コミュニティ——生活の場における人間性の回復」と同様に、地域社会での連帯をベースとした社会活動への参加を促すことで「孤独」「不安」「孤立感」「無為感」などを解消させることを企図している。

また、この文書では、子ども世帯との別居によって高齢者が孤立、孤独の状態にならざるを得ない状況をふまえ、「近親者との接触の確保」「住宅難からの解放」を「老年開発を可能にする諸条件」として示している。「近親者との接触の確保」に関しては、「老年期につよまる欲求の一つは、親しい家族との良好な接触が確保されること」であるとし、アメリカでの「修正拡大家族」の例が示され、同居・別居にかかわらない「子との親密な心理的結びつき」の意義を指摘している。さらに、「住宅難からの解放」に関しては、「住宅難は、家族との同居や扶養を妨げ、老人を孤立化させる要因」としたうえで、「スープのさめない距離」が高齢者と子ども夫婦との住宅の理想的な距離とされていると述べ、そのような見地にたって高齢者の住宅対策が再検討されなければならないとしている。

以上のように、一九六八年の「深刻化するこれからの老人問題」においては、高齢者の孤独感、孤立感といった言葉が随所にみられ、地域社会活動や住宅整備等によりそれらの問題を解消するための方向が示されていた。

一九七〇年一一月には、今後の高齢者施策をさらに総合的・具体的に検討した中央社会福祉審議会答申「老人問題に対する総合的諸施策について」がまとめられ、公表された。この答申では、「わが国にとって、一九七〇年代は、高齢化社会突入の時代」「今後、日本は諸外国に例をみないほどの短期間に老齢化がすすみ、近い将来世界一の老齢人口比率の国になると見込まれている」としたうえで、高齢者をとりまく問題に対する総合的諸施策が検討されている。

この文書では、先の「深刻化するこれからの老人問題」と比べ、高齢化が急速に進行するから総合的施策が求められるということだけでなく、急激な高度経済成長の陰で生ずるひずみが、急激な変化に順応しにくい高齢者にことのほか強く影響しているという認識がベースとなっている。たとえば、前文には以下のように、その状況を示すものとして高齢者をとりまく当時の社会問題があげられている。

老人層の自殺率が諸外国に比し、かなり高いこと、交通事故、火災事故による死亡者のそれぞれ二〇%、四〇%を老人が占めていること、公的扶助受給率が一般に比し、三倍に達すること等はそうした現実の一端を示すとともに、ねたきり老人約四一万人、独居老人六一万人の存在なども経済繁栄の谷間にとり残されがちな老後生活の実体を物語るものであろう。

このように一九七〇年の答申では当時の高齢者をとりまく社会問題を高度経済成長のもとでの急激な社会変化に伴う「ひずみ」と捉え、今後の高齢化の進展に向けての施策とあわせて総合的に取り組むべきことが指摘されている。

もうひとつ特筆すべきは、この文書では「ひとり暮らし老人について」という見出しで、以下のように高齢者の孤独・孤立に関するまとまった言及がされている点である。

現在、約一一〇万世帯の高齢者世帯が存するとともに、そのうち、約六一万世帯が老人ひとりのみの独居老人であり、都市部の過密化、農山村の過疎化による地域社会の崩壊の中でひとり暮らしの老人が死亡後何日も発見されないケース等多くの悲劇を招いている。

高齢者世帯の伸びは、増加の傾向を示し、今後もその傾向は継続すると予想されるものであるにもかかわらず、現在までのところその対策は見るべきものが少ないので、当面、ひとり暮らし老人を中心とした高齢者世帯対策が緊急に講ぜられる必要がある。

その対策は、ひとり暮らしの社会的孤立から生ずる精神的孤独、病気時などにおける生活上の介助等の対策を早急に確立すべきである。なお、この場合、過疎、過密等の地域別に考慮することが望ましい。

また、生活上の不便を援助する手だてとして、一時的疾病時に対する介護人、保健婦の派遣、給食、洗濯サービス等生活上の諸サービスを提供するなどの措置が講ぜられる必要がある。
これら公的サービスとともに、地域社会のひとり暮らし老人に対する暖かい見まもりが望まれるものであり、グッド・ネイバーズ・システムに相当する友愛訪問などのボランティア活動、養護委託制度の拡大等の促進を図る必要がある。

ここでは、一九六八年の文書ではみられなかった「社会的孤立」という概念が用いられている。また、「地域社会のひとり暮らし老人に対する暖かい見まもりが望まれる」とし、そのための取り組み事例があげられている。ここには、一九九〇年代以降に活発化する高齢者の孤独・孤立の問題化とそれに対処するための見守り活動の必要性という認識枠組みが既に見出せる。さらに、その後には「相談機能の変化」として次の文章が続く。

今日の核家族意識の進行にともなう老人と家族とのあり方の変化、高齢者世帯、とりわけひとり暮らし老人の増大による社会的に孤立した老人の増加、過疎化の進行、過密による地域社会の崩壊及び生活諸環境の悪化等により、老人の生活に関する各種の相談が増加してきており、既存の社会機関では、充分にそうした相談に応じきれない状況にきているように思われる。
これらの対策については、老人がいつも気軽に相談できる、とりわけひとり暮らし老人に対しては、その安否を確認したり孤独感をいやせることができるような相談機能の強化対策を緊急に講ずる必要がある。

この記述においても、「高齢者世帯、とりわけひとり暮らし老人の増大による社会的に孤立した老人の増加、過疎化の進行、過密による地域社会の崩壊及び生活諸環境の悪化等」への対処として「老人がいつも気軽に相談できる、とりわけひとり暮らし老人に対しては、その安否を確認したり孤独感をいやせることができるような相談機能の強化対策」の必要性を示すなど、近年の認識枠組みの基本形が見出せる。

さらに、経済成長が減速するなかで示された一九七五年の社会保障長期計画懇談会「今後の社会保障のあり方について」、社会保障制度審議会建議「今後の老齢化社会に対応すべき社会保障のあり方について」では、今後の急激な高齢化による社会保障の財源不足に対する懸念が示され、在宅福祉・地域福祉、すなわち個人の「自立性」「自主的責任」と地域社会、民間団体の役割が強調されるとともに、在宅福祉において最も問題と考えられる「ひとり暮らし高齢者」への対応がより重視されている。

一九七五年社会保障長期計画懇談会「今後の社会保障のあり方について」では、「我が国の社会保障は、人口老齢化の本格化等もあってますますその内容の充実発展が期待される時期にあるが、一方で経済成長、国民所得の伸びの鈍化、財源の窮迫という厳しい制約条件下に置かれており、今や将来に向けて合理的で健全な発展のあり方について根本的な検討を要する時期を迎えている。国民のすべてがこの現実を正視しこれまで我が国社会を支えてきた国民個々人の活力と国民連帯の思想のもとに、この局面を打開し、高度福祉社会建設のために勇気ある前進をしなければならない」とし、「1．生涯を通じての生活の安定の確保」「2．公正の確保」「3．個人の自立性、社会性の促進」「4．資源の効率的配分と費用負担の合理化」「5．個人の自主的責任と国・地方公共団体及び民間団体の役割分担」の五つが基本的な考え方として挙げられている。このうち、特に「3．個人の自立性、社会性の促進」「5．個人の自主的責任と国・地方公共団体及び民間団体の役割分担」においては、「個人が自らの持つ能力を可能な限り発展させ、家庭や地域社会、職場等での人間関係、社会関係を維持発展させながら自主的、自立的に生活する」ことが「人間の本来的欲求」であるとし、また、「そもそも個人の生活の安定と向上は本来自らの責任によって行われるべきであり、自らの力では対処できないものを公的保障によってカバーするというのが自由社会における社会保障のあり方である」と述べ、社会保障制度の整備において個人の「自立性」や「自主的責任」、それを補う地域社会や民間団体の役割を強調している。さらに、社会保障制度審議会建議「今後の老齢化社会に対応すべき社会保障のあり方について」では、雇用対策、年金、保健医療対策、施設整備・要員対策など多面的に方向性が示されたうえで、「老齢者をかかえた家庭や、近隣との交りの深い一人暮しの在宅老齢者への援助を充実することなく、単に福祉施設に収容することだけでは、老齢者の幸福とはならない」と、在宅福祉を推進する意義と高齢者がいる家庭やひとり暮らし高齢者への援助の必要性が強調されている。

以上のように、一九七〇年代には既に、都市化・核家族化に伴い自殺の問題等をめぐる高齢者の孤独・孤立が政策文書において問題化され、さらに一九七〇年代後半には、個人の「自立性」「自主的責任」と地域社会の活力をベースとした高齢者福祉のあり方が示されるなかで、特に「自立性」が損なわれやすいと考えられるひとり暮らし高齢者への援助の必要性が強調されていたのである。

第3節　高齢者の自殺・孤独死への注目と「社会的孤立」の問題化

以上、政策的領域での高齢者の孤独・孤立をめぐる言説をみてきたが、メディアではどうであったのか。本節では、新聞記事を主な対象とし、高齢者の孤独・孤立に関する大衆的な言説の形成過程をみていきたい。

先述のように、高齢者の孤独・孤立に関しては一九六〇年代には既に、高齢者の自殺や孤独死との関連でメディア等において取り上げられていた。個々の自殺や孤独死事件の積み重ねに加え、社会的にインパクトのある事件も幾つか起きた。たとえば、一九六六年には、ある高齢者が「もっと老後の保障を」と厚生大臣に訴える嘆願書を残して自殺し、その事件をめぐっての報道記事が同年四月二二日付『朝日新聞』（朝刊）で「死ぬよりほかはない　嘆願書残して老人が自殺」という見出しで報じられている。この記事では、有識者のコメントとして「他人事ではない」ことが強調され、記事の最後は厚生大臣による「わが国の家族制度の変化や長寿化に伴い、このような孤独な老人がふえることも予想されるのでこんごも一層努力したい」というコメントで締めくくられている。その後も高齢者の自殺事件が相次ぎ、メディアでは「悲しい「敬老の日」　孤独な老人、自殺相次ぐ」（一九六六年九月一六日付『朝日新聞』朝刊）などのように高齢者の自殺が相次いで起きていることが報じられた。

また、先述のように、この時期にはこれらの高齢者の自殺や孤独死事件への対応として様々な施策が検討され始めたため、その内容も新聞等のメディアを通じて報じられた。一九六八年九月一五日の『讀賣新聞』（朝刊）の「老人に生きがいを　年金や就労充実　急増する『孤独な晩年』」という記事では、先述の国民生活審議会調査部会老人問題小委員会「深刻化するこれからの老人問題」の公表をうけて、「近い将来、日本は老人過剰国となり、長寿なるがゆえの悲劇が続発するであろうと、警鐘を鳴らした」とその概要が報じられている。その翌日の九月一六日付『讀賣新聞』（朝刊）では、敬老の日の特集紙面のなかで「痛まし、自殺五件　孤独や病苦耐えられず」と、敬老の日の当日に東京、神奈川、愛知などで老人五人が自殺したことが報じられている。その記事では「自殺した老人はすべて病苦や一人暮らしの孤独感にたえきれず、あえて晴れの日の祝日に死を選んだ」と説明されている。

その後も高齢者の自殺に関する報道が相次ぎ、高齢者の自殺や孤独死に対する社会的注目はさらに高まっていった。一九六九年一月二八日付『讀賣新聞』（朝刊）「（日本総点検　四半世紀のひずみ）老人問題（上）　核家族が招く悲劇年金、医療も現実とギャップ」という記事では、「毎日、平均一二人が自殺」という小見出しで、以下のように日本での高齢者の自殺の多さに関する問題提起から始まり、高齢者の孤独への対処策が検討されている。

> 全国で毎日、平均十二人の老人が自殺している——いきなりショッキングな話で恐縮だが、これは厚生省の調べによる。まぎれもない現在の日本の一面である。（中略）老人の自殺に関する限り、日本は世界の各国とくらべても、一、二位を争う〝とんでもない一等国〟である。（後略）（一九六九年一月二八日付『讀賣新聞』朝刊）

この記事では、読売新聞社の有識者アンケートの結果をもとに、「老人問題」を「核家族化の進展に伴う孤独な老人――家族制度の側面」「経済的に貧しかったり、病気になりやすい老人――社会保障制度の側面」「働きたいのに定年で仕事をやめねばならない老人――定年制と雇用の側面」の三つの側面から捉え、それぞれの側面がもつ「ひずみ」を個別に点検し進むべき道を探ることが試みられている。とりわけ「家族制度の側面」での問題性、解決策に紙面がさかれて論じられている。「核家族の増加は、老人を孤立させており、さる三十五年に全国で五十万世帯だった高齢者世帯は、その後の五年間で三十万世帯も増え、四十年には八十万世帯に達し（厚生省調べ）この傾向は、今後も更に著しくなるものと予想されて」おり、そのために「孤独な老人の悲劇も、それにつれて増加することが心配される」として、「身寄りのない病床の老人夫婦が、世間にも見捨てられたまま消えるように、この世を去った」という「悲劇の一例」が紹介されている。そして、そのような「孤独からの救済策」として、老人センターや娯楽センターの整備に加え、「老人と子ども夫婦が〝ミソ汁の冷めない距離〟に住めるような」環境整備の必要性が、有識者の大半の意見として示されている。

一九七〇年九月三日には、高齢者夫婦が自宅で死後一〇日間気づかれずにいた事件が「都会の孤独　老夫婦の死まる10日気付かれず　77歳、78歳　病身ひっそり暮らし」（一九七〇年九月三日付『讀賣新聞』朝刊）という記事で大きく報じられた。記事では「年々、都市化がいちじるしく、同時に、核家族化が進む。それだけ、都会の、孤独な老人が増えるばかりだ」とし、この事件を「都会の孤独」の象徴的出来事と捉えている。またこの記事の下部には「孤独な老人に電話サービス　厚生省で計画」という記事も載っており、「老夫婦が死後十日間だれにも気づかれず放置されていた出来事が起こった二日、厚生省は一人暮らしや寝たきりの老人のための〝愛のテレホンサービス〟など新しい老人福祉対策を発表した」ことが報じられている。このように「都会の孤独」による高齢者の問題の増加とあわせて、国などによる見守りや相談サービスなどの対策が進められていることがメディアを通じて周知された。

さらに、数日後の一九七〇年九月五日付『讀賣新聞』（朝刊）では、「孤独な老人1万6000人　都社会福祉協の実態調査　半数が不自由訴え　一六四人はピンチ」という見出しで、都内のひとり暮らし高齢者の現状を報じている。この記事では、先述の高齢者夫婦が死後一〇日間も知られずにいたという事件にふれつつ、都内のひとり暮らし高齢者が約一万六〇〇〇人となり、その半数が身体や日常生活の不自由を訴えており、「寝たきり」同然で緊急に援助が必要な人が一六四人いることが都社会福祉協議会の実態調査により明らかになったと述べられている。あわせて、「孤独なお年寄りは今後ますますふえ、重大な社会問題になってきます。一刻も早い対策を」という都社会福祉協議会の呼びかけが掲載されている。

一九七〇年一二月三一日の『讀賣新聞』（朝刊）「東京ひとりぼっち　核家族化の谷間に　現代のウバ捨て」という記事ではさらに、千葉県でひとり暮らし高齢者が死後四か月気づかれずにいた「孤独死」事件を冒頭にあげつつ、「統計でみるかぎり、都内の老人の七千人―九千人が、病身をいたわりながら、砂をかむような孤独な毎日を送っている事実が浮かび上がってくる」とし、そのような状況にある高齢者を「社会からも、肉親からも見放された〝棄民〟」だと指摘している。

翌月の一九七一年一月三〇日付『讀賣新聞』（朝刊）では、続けて、「老人は孤独　昨年4942人が自殺　半数は病気苦に　過密、過疎地ともに激増」という見出しと「60歳以上が全自殺者の1／3　本社が初調査」という小見出しで、読売新聞社が実施した実態調査の結果をもとにした記事が掲載されている。

一日平均十四人もの老人が、社会に絶望してみずからの生命を絶っている―。〝世界一〟といわれながら、これまで実態が明らかでなかった老人の自殺について、読売新聞社では全国の通信網を動員してその実態を調べたところ、昨年一年間に六十歳以上の老人の自殺は実に四千九百四十二人にものぼっていた。

こうした文章で始まるこの記事では、読売新聞社の調査により、高齢者の自殺が大都市の過密地帯と地方の過疎地帯ともに激増していることがデータとともに示され、自殺の社会的背景として「都会の孤独と出かせぎによる高年齢者の独居が表裏をなす〝疎外感〟」であると指摘している。

こうして、一九六〇年代から七〇年代初めにかけて、新聞記事などの大衆的言説空間では、高齢者の自殺や孤独死への注目とその社会的背景としての「都会の孤独」や、地方で子どもが都市に出ていき残された高齢者の孤独の問題化が進んでいくこととなった。

この状況に対しては、先述の記事で言及されていた「愛のテレホンサービス」をはじめ国や自治体が様々な取り組みを行い、新聞記事ではそれらの取り組みも周知された。たとえば、一九七二年一二月二七日付『讀賣新聞』（朝刊）「市ぐるみ　愛のスープ運動　近所の老人の孤独を救う」では、武蔵野市での「老後の孤独を、親子の血縁関係だけで防ごうとしても、いまの日本では限界にぶつかることが多い」という認識から、「一人暮らしの老人を、近隣の〝他人〟が見守り支えようという、新しい試み」として開始された「愛のスープ運動」について報じられている。また、一九七三年九月四日付『讀賣新聞』（朝刊）「孤独と病弱な老人に朗報　友愛訪問、福祉電話、ヘルパー派遣　都が来月から一斉実施」という記事では、東京都民生局が、「一人暮らしの老人の事故をふせぎ、孤独感を多少なりとも解消してもらう」ことを目的とし、「友愛訪問」「福祉電話設置」「老人ヘルパー派遣」の三つの制度を同年一〇月から実施することになったことが報じられている。このように様々な取り組みが開始され、新聞記事でもその事例がしばしば紹介されている。

しかし、一九七〇年代半ばになっても、「老人の自殺」「孤独な老人」に関する記事は絶えることはなかった。たとえば、一九七三年一〇月一七日の『讀賣新聞』（朝刊）「東京の老人自殺急増　一日ほぼ一人が……　八割が病苦、福祉の遅れまざまざ」、一九七三年一一月一九日付『朝日新聞』（朝刊）「老人の孤独死　月末から実態調査　一人暮らし放置される46万人」、一九七五年九月九日付『讀賣新聞』（朝刊）「核家族化　農村でも　年に22万世帯――厚生省基礎調査――　孤独な老人が83万人も」、一九七六年一月二三日付『讀賣新聞』（朝刊）「孤老の死　同居の良さ見直して　壁は「住宅」「人の心」だが……」、一九七六年一〇月九日付『讀賣新聞』（朝刊）「老人の自殺1日16人も

田村教授らの調査　ふえ続けて世界第2位」、一九七六年一一月七日付『讀賣新聞』（朝刊）「孤独な老後　いつかあなたも　30年後は〝世界一〟生きがい社会急ぎたい」など、国や自治体の調査結果や学術的研究によるデータの提示と、自殺や孤独死など「悲劇」ともいえる事件への言及などにより、「老人の孤独」を問題化する言説形成の活動は進展していくこととなった。

こうした言説活動は、一九八〇年代に入っても続いた。一九八四年一一月一一日付『朝日新聞』（朝刊）の「58年の都内の「孤独死」千人　60歳代以上が4割、半年間気づかれぬ例も」という記事では、孤独死に関する初のまとまった調査とされる東京都監察医務院の調査結果を受けて、「マンモス都市・東京の片隅でだれにも見とられないまま病気などで息をひきとる、一人暮らしの「孤独死」がふえ、昨年だけで約千人にものぼっていることがわかった。とりわけ、六十歳以上の高齢者の増加ぶりが目立つ。一方、孤独死全体の半数近くは発見されるまで一日以上たっており、中には六カ月も経過していた例すらあった」と報じている。この調査は一九八三年に東京都監察医務院で扱った変死体六六五七例の検案調書と解剖報告書をもとに、独居者分を抜き出して分析したもので、三年前の一九八〇年も同時に調べ、その件数や死因、発見されるまでの経過時間、発見者などの比較をしている。この記事では、その結果をふまえた都監察医長の「異臭がしていても気にとめないなど周囲が無関心なケースが少なくない。高齢化社会への移行が進む中、孤独死は今後も増え続けるだろう。連絡や交流を密にするなど、病弱の独居者対策が必要だ」と指摘するコメントが掲載されている。このように、一九八〇年代においても、一九七〇年代とほぼ同じ言説が引き継がれていくこととなった。

第4節　おわりに

以上のように、一九六〇年代から一九八〇年代にかけての新聞記事等の大衆的言説空間においては、高齢化が進み都市化・核家族化によって家族構成の変化が生じている中で、高齢者の孤独が、急増する高齢者の自殺の社会的背景であるという認識が共有されていた。また、そうした高齢者の自殺や孤独死への対処の必要性も社会的に共有され、孤独・孤立を社会問題化する言説の基盤が徐々に形成されていたとみることができる。

高齢者の孤独・孤立の問題は、後の章で取り上げる母子の孤立や子ども、若者の孤独・孤立の問題などと比べ、自殺や孤独死事件が注目されるや否や、早い段階から政策的に重要な課題として取り上げられた。その背景には、先に述べたように、当初は戦後の社会システムの歪みのあらわれとして高齢者の自殺率が世界トップクラスになったことが強調されているものの、一九七〇年代以降の問題化過程においては、社会保障費の財源不足への対応として個人や個々の家族と地域社会の「自立性」「自己責任」にゆだねる在宅福祉・地域福祉を重視した施策へとシフトしようとしたことが背景にあると推察される。在宅福祉・地域福祉を推進するうえで、高齢者の孤独・孤立の問題にどう対処するかが重要な政策課題となり、特に「自立性」「自己責任」を持てない一人暮らし高齢者をどうするかが焦点になったからこそ、高齢者の孤独・孤立の問題は、他の問題に先駆けて、社会的に対処すべき政策課題となったとみることができる。

こうして形成された高齢者の孤独・孤立をめぐる言説は、一九九〇年代に新たな展開をみせることになる。特に、一九九五年に起きた阪神・淡路大震災後の仮設住宅や復興住宅で孤独死が相次いだことで、孤独死とそれに対する見守り活動の重要性がより広く社会に認識されることとなる。また、一九九〇年代からは「老々介護」など介護にまつわる困難を抱えた家族の心中事件や殺人事件、孤独死が相次ぎ、一人暮らし高齢者だけでなく、高齢者夫婦や高齢の親子、きょうだいなどに対しても見守りや支援・援助が必要であるという認識が広がる。こうした一九九〇年代以降の展開については、第6章でみていきたい。

注

（1）新聞記事を抽出する作業としては、『朝日新聞』『讀賣新聞』の記事データベースを用い、一九六〇年から九〇年までを対象とし「高齢者」「老人」など高齢者をあらわすキーワードと、「孤立」「孤独」をあらわすキーワード、さらにはそれらの検索語によって抽出された記事からキーワードとして見出された「自殺」「孤独死」をあらわすキーワードを用いて、単独およびクロスして検索し、ヒットした記事を網羅的にレビューし、対象となる記事を抽出する作業を行った。

第5章 子殺しと「母親の孤立」

第1節 はじめに

前章では、一九六〇年代以降に、都市化・核家族化によって子ども世帯が別居し取り残された多数の高齢者が孤独・孤立の状態にあることが注目されていく過程をみてきた。一九七〇年代に入ると、核家族を構成する子ども世帯も孤立し、様々な問題を孕んでいることが指摘されるようになった。それらの言説が形成される重要な契機となったのが、子殺しの事件報道である。一九七〇年代の前半、母親による子殺しが社会的な注目を集めた。日本社会では、それ以前にも「間引き」「心中」など子殺しの一形態といえる行為が少なからず行われてきたが、この一九七〇年代には、それまでとは異なる「現代日本の子殺し」の増加が取り沙汰され、メディアを賑わせた。後に詳述するが、「現代日本の子殺し」とは、端的にいえば、「既婚の母親の、ノイローゼによる、心中または心中未遂」を指していた。かつては、貧困、生活苦による嬰児殺や心中、あるいは未婚の母親による世間体を恥じての嬰児殺が主流であったが、一九七〇年以降においては、既婚の母親が何らかの精神的葛藤状態に陥り、それが何らかの契機に危機的状況を生み出して子殺しや心中行為へと至るケースが目立っていることが指摘されたのである。

この「現代日本の子殺し」をめぐっては、法学、精神医学、社会学、心理学分野の研究者らをはじめ、社会評論家、社会活動家など、様々な立場の人々が調査研究を行い活発に論じた。子殺しが注目された当初は、多くの人々は、子殺しをした母親を「人命軽視」「無責任」「利己主義」「母性喪失」「鬼の母」といった言葉で非難した。(1) 残虐な事件もあり、その異常さがメディアによって強調された。しかし、次第に、「その母親たちはなぜ子殺しへと追い詰められたのか」を追及しようとする人々が現れた。その中心となったのが、「私も同じ状況に立たされれば子殺しをしたかもしれない」と共感した母親たち自身が結成した活動団体や、フェミニズムの流れを汲む研究者らや活動家、あるいは、それらの人々と連携した法学や社会学、心理学などの研究者たちであった。これらの人々は、母親が子殺しという行為に追い詰められた本質的な原因を突きとめようと、公判記録や新聞記事の分析、裁判の傍聴、一般の母親を対象とした意識調査など精力的な調査研究活動を行った。それらの調査研究で導き出された知見をふまえ、子殺しは母親だけに責任を帰するべきものではなく、その母親を追い詰めた社会にも責任があるとの言説が立ち現れた。その言説の基盤となったのは、母親である女性たちが、戦後「民主的」な家族が普及してもなお「母親」として子どもとだけ向き合う生活へと閉じ込められ、人間としての自由な生き方を制約されることで葛藤を引き起こし、子殺しや母子心中という悲劇に至ったのだ、という認識であった。そうした認識は次第に広がっていき、母親である女性たちが育児だけの生活から解放されて全的人間でありたいという自らの欲求をあらわし自由を希求できる社会をつくることこそが、子殺しの絶滅への道であると主張する言説が普及していった。後に詳しく述べるが、この子殺しをめぐって形成された言説は、後に、育児や女性の生き方をめぐる認識枠組みの大きな転換へとつながっていくこととなる。

　戦後日本の社会において、「戦後近代家族」とその中心的存在としての「母親」が担ってきた役割については、家族社会学やフェミニズム研究等の領域で、多くの研究者らが論じてきた。「イエ」制度廃止などの戦後民主化政策や一九五〇年代後半からの団地の普及に伴い、サラリーマンの夫と主婦の妻、子ども二、三人からなる「戦後近代家族」は社会のメインストリームとして定着した。主婦である「妻」は同時に子どもの「母親」であり、メインストリームの家族を支える中心的存在であった。一九五七年から一九六三年に放送され戦後日本ホームドラマの先駆的存在といわれたドラマ「ママちょっときて」に象徴されるように、夫からも子どもからも、「ママちょっときて」と頼りにされ忙しく家事や育児に奔走する女性の姿は、平和的で民主的な戦後の新たな家族の誕生、家庭における女性の地位の向上を示すものとして評価された。また、それは同時に経済成長を支える労働者の再生産およびケアの担い手として女性を専従させることともなっていた。さらに、高齢者との別居、子ども数の減少、近隣関係の変容、サラリーマンである夫の長時間労働化などが進行し、閉鎖的な生活空間のなかで自らの子どもとだけ向き合う生活を送る母親の増加にもつながっていたのである。また、システムキッチン、洗濯機の普及などの生活空間の近代化による家事労働の軽減によって、母親は時間とエネルギーを持て余し、その時間とエネルギーを子どものしつけや教育へと注ぎこむようになったことも指摘され始めた。このような女性をとりまく生活の変容のなかで、女性の「母親」としての役割規範が強調されていき、その後に「既婚の母親の、ノイローゼによる、心中または心中未遂」という「現代日本の子殺し」の問題が浮上したのである。

本章では、この一九七〇年代の子殺しをめぐる「母親の孤立」言説の形成活動を取り上げる。筆者の研究からは、この時期の子殺しをめぐる言説活動の中で、後に「育児の孤立」が社会的に対処すべき問題と認識されるようになるための重要な知識や概念の生成、認識枠組みの転換が行われていることが推察された。先行研究においても、一九七〇年代から八〇年代にかけての時期は、リブ運動や女性学の登場、女性研究者の活躍、女性・家族をめぐる構造変動によって育児をめぐる認識枠組みの転換が引き起こされた時期であることが指摘されている（落合 1994; 宮坂 2000; 山根 2000）。しかし、実際にそれらの転換が具体的な育児問題をめぐる相互行為的な言説活動の中でどのようにして起こったか、また、どのようにして「母親の孤立」言説の形成につながったかについては明らかにされていない。そこで本章では、どのようにして育児における「母親の孤立」が問題として立ち現れたのかを、子殺しをめぐる人々の言説活動を調べることによって具体的に記述する。

なお、本章では、新聞・雑誌記事などの大衆的言説を補助的に参照しつつも、学術的な言説を中心に取り上げる。(2)

一九七〇年代の子殺しそのものに関する言説は、学術雑誌、大衆雑誌、単行本、新聞、公的機関や民間団体の発行資料など様々な媒体で生み出されたが、先述のように、子殺しをめぐって「母親の孤立」言説が立ち現れたのは、一部の研究者と市民活動家による新聞・雑誌報道への対抗言説の中からである。特に研究者らは、子殺しをめぐる多様な領域の言説を集約し、独自の調査を通じて得られた知見を加え、科学的に根拠づけながら「母親の孤立」を問題化している。また、そうして生み出された学術的な場での言説は参照可能な知見として蓄積され、後に「育児の孤立」を問題とする言説が普及する上での重要な基盤として用いられている。そのため、本章の目的である「母親の孤立」言説が立ち現れた過程を記述するためには、学術的な言説を中心に取り上げることが最適であると考えた。

第2節　言説活動が展開された領域

本節では、子殺しをめぐる言説活動がどのような学問領域で展開されたかを概説する。通常、学術的な場での言説は学問領域ごとの固有の枠組みに規定され、子殺しをめぐる言説も例外ではない。しかし、子殺しや心中等の具体的な事柄を通じ、異なる学問領域の研究者が共同で執筆活動を行う事例や自らの専門とは異なる領域の学術誌へ寄稿をしている事例が目立ち、必ずしも学問領域とは重ならない活動の結びつきがみられる[3]。ここでは、そうした活動の結びつきを考慮しつつ概説していきたい。

子殺しをめぐる言説活動は、法学、精神医学、心理学、社会学など多岐にわたる学問領域で展開されている。法学分野では、女性犯罪を専門とする中谷瑾子の活動が代表的である。中谷は、嬰児殺統計を用いた分析、各国の嬰児殺有罪人員と処遇の分析、新聞記事の分析、嬰児殺有罪判決事例の分析等を通じ、嬰児殺、幼児殺傷・遺棄等の様々な論点を取り上げ、法学分野の雑誌での執筆のほか、他分野の研究者と編著を出版するなど多数の執筆活動を行っている。精神医学分野では、稲村博や福島章の論考が多数みられる。これらは、子殺しを「産後抑うつ」等に起因する精神病理と捉え、鑑定例や新聞記事の分析を通じて論じている。また、精神保健を専門とする栗栖瑛子の研究も代表的なものである。同じ精神医学を専門とする大原健士郎や藍沢鎮雄、監察医の越永重四郎、社会学の高橋重宏、島村忠義らによる一連の心中研究も、一九七〇年代の子殺しをめぐる言説活動において重要である。特に、越永らによる死体検案調書に基づいて行われた調査結果は、学問領域にかかわらず日本の母子心中に関する貴重なデータとして用いられている。心理学・社会学分野では、代表的なものとして心理学の佐々木保行、佐々木宏子、社会学の佐藤カツコら宇都宮大学幼児教育研究グループ（以下、宇都宮大学グループと略す）による活動がある。佐々木らは、新聞記事の分析、栃木県での事例調査、母親・父親・学生・在日外国人を対象とする意識調査等の他、子殺し事件の受刑者の訪問や弁護活動も行い、当時の子殺し研究の中心的役割を担っている。執筆活動においても、心理学・社会学だけでなく他分野の学術誌、大衆雑誌への寄稿、新聞記事でのコメントなど幅広い媒体での活動を展開している。

この他、関連するものとして市民活動グループの言説活動が挙げられる(4)。ある子殺し事件報道への抗議活動を契機に発足した「子殺しを考える会」は、新聞記事の分析など独自の調査を実施し『子殺し白書』を刊行し、会のメンバーは宇都宮大学グループと共同でのシンポジウムや執筆活動に参加している。「リブ新宿センター」では、裁判の判決文を収集した「子殺し資料集」を発行し、メンバーの田中美津はしばしば雑誌に寄稿している。加えて、「警察庁犯罪統計」「法務総合研究所調査」など公的機関による調査研究も重要なものである。「警察庁犯罪統計」では嬰児殺・遺棄の件数が戦前からの子殺しに関する唯一の公式統計として用いられる。法務総合研究所調査は、警察庁の嬰児殺統計と共に公的機関による統計として、各分野の論考や『犯罪白書』等の政策文書において重用されている。

このように、様々な理論的立場からの調査研究が、子殺しという問題をめぐって集約され、互いに参照しながら、一九七〇年代の子殺しに関する様々な言説活動が行われた。

第3節　子殺しへの注目の高まり

次に、一九七〇年代の前半に子殺しが社会的に注目されることになった経緯をみておきたい。

先述の通り、一九七〇年代の前半、子殺し・母子心中に関する報道が急増した。しかし、この時期に、実際に子殺し・母子心中の件数そのものが増加していたわけではない。子殺しの件数については、一九七三年頃から「新聞や週刊誌による子殺し事件報道の急増にもかかわらず、実際の件数は増加しているわけではない」という言説が共有されるようになっていた。たとえば、中谷は嬰児殺認知件数の総数を最近五カ年間比較したところ「昭和四四年を例外として、総数はむしろ漸減の傾向にあり、昭和四七年後半にいたり、爆発的に急増したものとは思われない」（中谷 1973: 3）と述べ、土屋・佐藤も警察庁の嬰児殺発生件数・検挙件数の分析から『統計上は、最近において嬰児殺の増加傾向は認められない』（土屋・佐藤 1974: 80）と結論づけている。一九七三年から一九七五年にかけてや増加傾向がみられたことから若干の増減傾向を捉えて論じられることもあったものの、一九四七年から五〇年までは年間三〇〇件以上発生していたのに比べ、一九五四年から一九七〇年代までは年間二〇〇件前後を推移していることから、概ね「増加しているとはいえない」という言説が普及していたのである。

それにもかかわらず、子殺しが注目を浴びていったのはなぜか。このことについて、中谷は、一九七二年の第二十回国際心理学会議における、熊坂・スミス・相場によるニューヨークと東京の比較研究の発表がその契機となったと指摘している（中谷 1973）。この学会において、ニューヨークは東京に比べ、強姦は四倍、殺人は五倍、強盗は一五〇倍多いが、女性の殺人事件の検挙人数は東京がニューヨークの二倍多く、そのうち二〇％が嬰児殺であるということが発表された。この内容をマスコミが取り上げ、一九七三年八月二一日付『朝日新聞』（朝刊）において

「赤ちゃん殺しに仰天」という見出しで報道した。そのほか、当時の公害問題、森永ヒ素ミルク事件や奇形魚の報道、優生保護法や実子あっせん事件などとあわせて子どもや女性の人権問題として取り上げられたことや、労働者の疎外・孤独、社会的連帯の喪失など現代文明批判の文脈で言及されており、子殺しに注目が集まる背景にはこうした人権侵害の危機感があるからだ、と指摘された。もうひとつ、この時期に子殺しへの関心が高まった理由として、それまでとは異なる「現代日本の子殺し」の典型像が示されたことが挙げられる。後に詳述するが、子殺しをめぐって様々な調査研究が行われ、そのなかで、従来の子殺しの典型とされてきた「未婚の母親の、生活苦または世間体を恥じたことによる嬰児殺」とは異なる、「既婚の母親の、ノイローゼによる、心中または心中未遂」が増えていることが示され、「現代日本の子殺し」として注目されることとなった。

以上の経緯で、子殺しに対する関心は高まり、子殺しの実態が様々な調査結果や判例をもとに学術的に明らかにされるとともに、マスメディアや市民活動団体も加わり活発な言説活動が展開されることとなったのである。

第4節　子殺しをめぐる学術的言説の形成と展開

子殺しへの社会的関心が高まるに伴い、様々な学術領域で活発な言説活動が展開された。では、それらの言説はどのような内容であったのだろうか。本節では、子殺しに関する学術論文を主な対象とし、その内容を具体的にみていきたい。各分野で生み出される言説は、その分野特有の枠組みで子殺しを捉えてはいるものの、基本的な構成パターンは、①何らかの調査によって得たデータを通じて子殺しの実態を明らかにする、②子殺しを引き起こした原因とその解決策について論じる、の二つである。

1　子殺しの実態

ここでは、紙幅の都合から抽出した論文すべてについて記述することは不可能であるため、一九七〇年代の子殺しの研究において影響力を持っていた調査（表５－１）をもとに、子殺しに関してどのような知見が導き出されたかを記述する。なお、これらの調査は、日本の子殺しの実態に関して独自で行った調査であること、その結果が複数の異なる研究者の論文において参照されていることを基準として抜粋した。各調査において調査項目は様々であるが、共通する項目は「子殺しの形態」「子殺しをした親の属性」「子殺しの動機」である。この三つをみると、いずれの項目にもかなり類似したパターンが見出せる。

まず、子殺しの形態をみると、それぞれの調査で分類の仕方は様々であるが、共通するのは「心中」が最も多いと指摘していることである。**表５－１**をみると、稲村、栗栖、佐々木らいずれの調査においても「心中」が最も多い結果が示されている。次に、子殺しをした親の属性の結果をみると、これについても共通した特徴が指摘されている。被害者との関係では「母親」が、性別では「女性」が多数を占め、特に「心中」において「母子心中」の占める割合は高くなっている。年齢では二〇代から三〇代が中心で、特に二〇代後半と三〇代前半が多いとされる。また、婚姻歴を調べた調査では、嬰児殺では半数であるが乳児殺では「有配偶者」が九割を占め、職業を調べた調査では、「主婦」や「無職」が多いと指摘されている。これらの結果から、二〇代から三〇代の既婚の母親、特に主婦による子殺しが多いという知見が導き出されている。子殺しの動機に関しても、子殺しの形態や親の属性によって異なるものの、「ノイローゼ／精神異常」が最も多く、続いて「生活苦／貧困」「家庭不和」「疾病」が上位であるとする点でいずれの調査結果も一致している。特に、加害者が「母親」の場合に「ノイローゼ／精神障害」の割合が高い結果が示されている。

以上のように、異なる学問領域の様々な方法による調査であるにもかかわらず「子殺しの実態」に関する知見はほぼ一致している。これらの知見をもとに形成された言説は、先に述べたように、昔ながらの貧困による子殺しと

表5-1　1970年代の子殺しに関する主要な調査

調査の主体（参照文献） 調査概要	調査結果（形態／親の属性／動機）
主体：栗栖瑛子（栗栖 1974). 概要：昭和21年から47年の間に朝日新聞で報道された15歳未満の子どもに対する「子殺し」「遺棄」「虐待」記事の分析．総数1209件．	形態：「心中」838件，「殺児」104件，「嬰児殺」114件，「遺棄」94件「心中」838件のうち「母子心中」554件． 属性：「実母」225件，「実父」80件，「不明」89件． 動機：母子心中では精神障害・育児ノイローゼを含む「母親の病気」が最多．一家心中・父子心中では「生活苦」が最多．殺児では「母親の病気」「家庭不和」「生活苦」「父親の病気・行動上の問題」が上位．
主体：法務総合研究所（土屋ほか 1974). 概要：S47年中に生後1年未満の嬰児又は乳児を殺害（未遂含む）により全国の地方検察庁で起訴若しくは不起訴，又は裁判所で裁判が確定した全数163名についての実態調査．	形態：「嬰児殺」96名，「乳児殺」67名． 属性：嬰児殺では「女性」95%，「30歳未満」78%，「未婚」46%，「無職」32%，乳児殺では「女性」93%，「30歳未満」79%，「既婚」93%，「無職」84%． 動機：嬰児殺群では「世間体を恥じて」38%，「貧困」22%，乳児殺群では「ノイローゼ」30%，「家庭不和」22%
主体：稲村博（稲村 1978). 概要：昭和48年から50年の間に朝日新聞で報道された「嬰児殺」「せっかん殺」「無理心中」「純殺児」「その他の子殺し」「遺棄」の記事の分析．総件数349件．	形態：「無理心中」180件，「純殺児」64件，「嬰児殺」32件． 属性：「母親」155件，「父親」92件，「父母」46件 職業は「主婦」が138件で最多． 動機：「精神異常」59件，「疾病苦」48件，「激怒」42件，母親の場合「精神異常」42件，「疾病苦」24件，「家庭不和」20件．
主体：越永重四郎（越永ほか 1975). 概要：東京都監察医務院の死体検案調書をロー・データとして行った戦後30年間に東京都23区内で発生した心中に関する実態調査．「親子心中」は総数593件．	形態：「心中」のみ 属性：「母子心中」431件，「一家心中」62件，「父子心中」61件，母親の年齢「25～29歳」27%，「30～34歳」24.6%，母親の職業は「不明」が多いものの全体として主婦が多い． 動機：「ノイローゼ」34%，「精神病」8.4%，「夫の不貞」「家庭不和」8%．
主体：宇都宮大学グループ（佐藤 1977). 概要：栃木県内において1966～75年に発生した「子殺し」「嬰児殺人」「死体遺棄」「父子・母子無理心中」等の事件50件を警察の事件記録をもとに調査．	形態：「心中」22件で最多． 属性：「母親」73%，「親子心中」のうち「母子心中」82%．

出所：筆者作成．

は異なる「現代日本の子殺し」が増加しているというものであった。この特徴は、様々な文献で強調された。たとえば、『犯罪白書　昭和四九年版』では、法務総合研究所調査の結果が引用され、「最近の嬰児殺の特徴は、犯行のほとんどが新生児の母親によって行われ」ていることや、特に乳児殺群では「出産後の育児又は家庭生活での精神的かっ藤に起因する親子心中又は心中くずれの事件が四八％を占めていることが特徴的である」ことが指摘されている。また、越永らは「昭和初期の親子心中を『貧困心中』とすれば、昭和四〇年代の母子心中は核心的生活領域を喪失した母親の『共生共死心中』とでも称することができよう」（越永 1975: 15）と述べ、三〇歳から三四歳の母親が、産後あるいは育児ノイローゼの状態に陥って子殺しに至るという典型像を提示した。社会学者である佐藤カツコも、当時所属する宇都宮大学での共同研究の調査結果から、母親による子殺しの典型例として「二〇歳代から三〇歳代の若い既婚の母親が、乳幼児を殺害し、自らも後追い自殺をするというタイプ」と「結婚前の若い女性が、男性と性関係を続けるうち妊娠、出産し、生まれた子を育てることなく殺害、死体遺棄するというタイプ」の二つを挙げている（佐藤 1977: 97）。このようにして、子殺しの典型として「未婚の母親の、生活苦または世間体を恥じたことによる嬰児殺」と「既婚の母親の、ノイローゼによる、心中または心中未遂」が提示され、特に後者が「現代日本の子殺し」として注目されることとなったのである。

2　子殺しの原因

「現代日本の子殺し」の典型像が提示されたことで、子殺しの原因論においても多くの研究者が既婚の母親の子殺しに焦点を当てて論じることになった。子殺しの原因論に関しては、ほとんどの論文が、実際の子殺し事件の事例分析などの中で「個人的事情」に含まれる項目について言及しており、これらの状況が子殺しの原因の一部となっているとする。しかし、同時に多くの論文は、「個人的事情」が子殺しに結びつくトで決め手となった状況や、その事情を生み出した状況など、何らかの別の原因について論じている。それらの原因論を整理すると、（1）母親のモラル・精神の問題、(2) 母親を取り巻く社会的状況の問題、(3) その他、に大別できる。以下では、中心となる(1)と(2)の言説について詳しくみていきたい。

(1) 母親のモラル・精神の問題

一九七〇年代の子殺しをめぐる言説で、当初から多く見出せるのは、母親のモラル・精神を問題とする言説である。新聞・雑誌の記事では特に「母性喪失」「鬼の母」などの言説が支配的であったが、学術的な場においても当初はこうした言説が少なくない。特に、「人命軽視」と「子どもの私物化」を併せて論じるパターンが目立っている。たとえば、心理学の南博は「もっとも大きな社会心理的な原因は、生命の価値観の問題ではないかと思います。(中略) 幼ない子どもも一人の人間としてみとめる、子どもの生命を尊重する思想が国民全体の身についているなら、子どもを虫けらのように殺す母親はあり得ないはずです。子どもは母親の付属物のようなもの、生むのも自由なら殺すのも自由、といった、生命軽視の考えがその行動にはたしかにあります」(南 1970: 11) と、母親が子どもを私物化し、その生命を軽視していることを最も大きな原因としている。また、大原は、日本の心中文化の存在を詳細に論じながらも「しかし忘れてならないことは、子どもに対する人命の軽視である。わが子ではありながら、親の人格と子どもの人格とは別のものだという自覚がないのである」(大原 1979: 52-53) と、母親による子どもの命の軽視を問題にしている。このほか、「母性愛の欠如」「自立心のなさ」「無責任な男女関係」「自己中心」に関する言説も目立っている。例を挙げると、「第一にあげるべきことは、親の情、とくに母性愛の欠如を思わせる事例がふえていることである」(稲村 1978: 87)、「未熟で無責任な男女関係のあり方」「自己中心で非情な社会風潮」(稲村 1979: 60)、「彼らには自立心がないし、健全な人間関係の形成が認められない」(大原 1979: 53) といった言説である。

また、「かくて、子どもに対する両向的な態度をベースとしながら、自分の満たせぬ思いを子どもに実現しようとする同一化の歩みがはじまる。そして、それと同時に、わが子をわが子として正確にみる目を失い、それとならんで、母親らしい母親としての態度も失われる。ゆがんだ母子関係がここにはじまり、最悪のばあいには悲劇に終るのである」（増田 1971: 195）といった、母親による子どもの同一化や、子どもへの精神的依存も、母親の内的な問題として指摘されている。

こうした「母親による子どもの私物化」や「子どもへの精神的依存・同一化」を問題とする言説は、一九七〇年代の子殺しをめぐる議論だけでなく、一連の戦後の日本における親子心中の研究においても既に指摘されてきたものである。日本における心中研究には既に蓄積された知見があり、その中で、親子心中の原因は親が子どもを私有財産視すること、日本の女性が長い間、家族制度の中で男性への隷属的立場に置かされたレジスタンスを子どもを味方にすることで表現していること（大原 1975）等が指摘されてきた。こうした心中研究で蓄積されてきた知見は、一九七〇年代の子殺しをめぐる言説活動の中でも重要な位置を占めていたのである。

（2）母親を取り巻く社会的状況の問題

母親を取り巻く社会的状況を問題とする言説においては、様々な論点が見出せるが、幾つかのグループに分けることが出来る。以下では、そのグループごとに言説の内容を記述する。

①　個人・家族の孤立／社会的連帯の喪失

母親のモラル論と共に当初から論じられていたのが「社会的連帯の喪失」「地縁・血縁からの家族の孤立」などを子殺しの背景として論じる言説である。これらは、連帯の喪失が個人のモラルを衰退させていること、家族が孤立して脆弱化していることを論じており、特に後者の議論は後述する「母親の孤立」の前提として言及されている場合がしばしば見受けられる。

母親のモラル論の背景として論じている例としては、稲村の言説がある。稲村は、子殺しを取り巻く社会的状況として「孤独と疎外が深刻に進行していること」により「親である前に、人間としての存在が根本から虚弱になっている」と指摘し、モラル回復のために「人間存在そのものと、その連帯の回復が根源において行われることが、予防にとって不可欠」であると述べている（稲村 1979: 60）。

家族が孤立して脆弱化していることを指摘する例としては、「血縁的・地縁的共同体が崩壊し、未だ新しい都市コミュニティは存在しない。このような状況で、家庭内に問題が発生すると、容易に家族は解体してしまう」（越永ほか 1975: 16）、「血縁や地縁から引きはがされ、大都会の過密のなかに孤立する核家族にとって相談相手さえいない。かくて社会的なつながりを欠いた閉じられたセットのなかで万事が進行していく」（増田 1971: 195）等がある。

② 母親の孤立

「個人・家族の孤立」論は、時には母親のモラル論と親和的であるのに対し、対抗言説として現われてきたのが「母親の孤立」を論じる言説である。これは、狭義には「家族の孤立」に「父親の不在」が重なり、母親が孤立して子育てを担う状況に陥っていることを指摘するものである。「父親の不在」は、労働の場が家庭から分離し、父親が家庭から不在となっている一般的な状況を指している。

この「母親の孤立」を問題化する言説活動を担った代表的な人物のひとりが、佐藤カツコである。佐藤は、「雇用労働者となった父親は、物理的にも精神的にも家族から離れたところで過ごし、母親は、生活空間の面でも精神的な面でも家族のなかにただ一人孤立し、子育てにたずさわらねばならない」（佐藤 1977: 99）、「地域社会と家の崩壊した現代社会の中で、子殺しや母子心中の悲劇をなくすためには、母親の社会的孤立をまず解き放たねばならないのである」（佐藤 1977: 104）と、この「母親の孤立」が子殺しに至る重要な背景であることを強調している。

こうした「母親の孤立」を問題化する言説活動は、他の研究者によっても活発に展開された。たとえば、「家族と地域社会との連帯が破壊され、母親の生活構造が破壊され、家庭の中に孤立化してゆく状況が強められ、家族内の人間関係が崩れると、家族の中での集団凝集性を高め、同一化しあう方向への心中・殺児の現象がおこりうるのではないかと考えられる」（栗栖 1974: 127）、「協力と連帯の欠落やそれらの結合の弱体化が、現代の社会構造に、大きな亀裂として露呈したものが子殺しであり、また子捨てでもある。これらの諸矛盾が、母親を子育ての枠のなかに閉じ込め、孤立化を強いる社会や男性に対して、母親からの悲しくも悲惨な抗議が、子殺しであり、子捨てではないだろうか」（佐々木 1977: 239–240）といった問題提起が、各々の論考においてなされた。

これらの言説で注目すべき点は、母親がひとりで子育てをすることが「当たり前」とされていた当時の状況の中で、子育てにおける「父親の不在」を問題化したことである。たとえば佐藤は「核家族化そのものよりも、核家族の中で母親が一人孤立してしまっているということが、子育てに関しては大きな問題」（佐々木編 1980: 170）と、特に「父親の不在」を問題として強調している。同様に宇都宮大学グループの他のメンバーや「子殺しを考える会」の新美によっても、「親類」「地域社会」「労働の場」よりも特に「父親」からの孤立、「父親の不在」が問題として強調されている。佐々木宏子は、ダドソンの育児論から「ミルクを与えたり、おむつを換えたり、風呂に入れたりといった毎日の世話」のレベルで父親がもっと育児に関わるべきであることの警告を引用し、父親が日常の育児に参加すべきであることを主張している。また、新美も「父親とは一体何なのだろう。口先だけで『子供のことを心配している』などと言っても、実際にオムツをとりかえたりしなくては、子育ての楽しさや辛さはわからない」（新美 1977: 45）と、父親が日常のケアを担うことを要求している。このように、これらの言説においては、単に母親が困った時の精神的支えとなるだけでなく日常の育児を分担する父親の存在の必要性を主張していたのである。

③　母子一体性

「母子一体性」は、「子どもの私物化」と同様に日本の母子関係の特殊性を指摘するものであるが、単に母親の内的な問題としてだけではなく、むしろ母子を一体とみる社会の意識の問題として示される概念である。佐藤は、

「母親がわが子と一体の感じをもち、子育てに一人で全力を尽せば尽すほど、子育てへの負担は高まり、逆に子育てに対する絶望や拒否の気持が生ずる危険性も高まるように思われ」（佐々木編 1980: 172）るとし、この「母子一体性」を「母親の孤立」とともに現代日本の子殺しの背景として注目すべきものとみなす。また、ボーゲルの『日本の新中間階級』から「母と子の相互依存」を、越永らによる心中論から母子の「共生共死の関係」を引用し、日本の母子関係の問題性を裏付けている（佐藤 1977: 100）。佐藤による「母子一体性」概念への注目は、同時期に発表している親子関係に関する論考でもみられ、そこでは土居健郎の『甘えの構造』、ベネディクトの『菊と刀』、江藤淳の『成熟と喪失』などの日本文化論が、日本の母子関係の特殊性を指摘する上での重要な基盤として参照されていることがわかる（佐藤 1973）。先述のように日本の母子関係の特殊性を指摘する場合、従来は「子供の私物化」として母親に問題の責任を帰するものが目立つが、佐藤は「日本の社会における母子関係のつながりの強さは、母であり子である当事者の意識や精神状態がそうであるということとともに、むしろ『社会が』それを期待し、母と子をたえず一体的なものとしてみる意識が、社会のなかに存在することに注目しておかねばならない」（佐藤 1977: 100）と、母親よりも社会の意識の問題であることを強調している。また、母子心中が、母性が強調される大正期に増加し昭和に急増していることも、「母子一体性」の状況が社会によって生み出されていることの裏付けとして注目している（佐藤 1977: 100）。この視点は「子殺しを考える会」など母親自身が生み出す概念を取り入れることによってさらに強調されており、このことは新美の「母子パック」という表現を取り上げ「母子一包みの意識は、社会の側の意識をとらえていて巧みであると思う」（佐藤 1977: 100）と評価していることからも読み取れる。

一方、心理学においては佐々木宏子が「母子一体化」について、母子関係研究の視点からの問題提起をしている。日本の母子関係の歪みを指摘するものとしてボウルビィを批判するベルクの発言を引用し、愛着理論やスキンシップ理論のもつ危険性を指摘して日本で母子間の愛着行動がこれ以上強調されるべきでないと主張している（佐々木編 1980）。

④　育児疲労

「育児疲労」の概念は、子殺しの動機とされる「ノイローゼ」が、母親が孤立して育児を担うことによって蓄積された疲労によるものであるという指摘で用いられている。佐々木は「『育児疲労』は、その具体的状況が何ら科学的に追求されないまま、すべて『ノイローゼ』『精神異常』という項目に入れられ、母親の心理的要因へと主たる原因がおかれてしまう」（佐々木編 1980: 66–67）と述べている。また、「とくに日本のように『育児は母親の天職』といった分業思想の強い国では、育児が現代の社会の中でどんなに困難で、大変な行為であるかが気づかれていない」（佐々木編 1980: 66–67）と、こうした「育児疲労」が見過ごされる背景として「男女分業思想」があることを指摘している。

⑤　母親の育児への埋没／女性の生き方の軽視

「母親の育児への埋没」は、「母子一体性」や「母親の孤立」によって母親の精神的自立が防げられている状況について論じているものである。佐々木は、ハンナ・ギャブロンの『妻は囚われているか』のデータを引用し「子殺しをする母親は、育児の中に埋没し社会から孤立し、その結果、自分自身の思考が枯渇していることに気がつかない。子どもがすべてになり、子どもと自己の分離ができず、そのような閉鎖的な状況が生みだす種々の心理的圧迫や障害を、再度、自己（母性）の責任へと組みこみ、さらに自分を窮地へと追いこんで行く」（佐々木編 1980: 185）と「母親の育児への埋没」の状況と問題性を指摘し母親の精神的自立の必要性を指摘している。しかし、佐々木はこうした状況を母親自身の問題よりむしろこの状況を生み出した社会の問題として強調している。母子心中が減少しない理由としても「子どもを産み育てる母親の生き方そのものが軽視され、少しも反省されることなくきたことの結果にすぎない」（佐々木編 1980: 64）と、閉ざされた家庭に母子を取り残す社会、母親の生き方を軽視する社会を問題としている。

以上のように、母親が置かれた社会的状況を問題とする言説は、そのほとんどが母親のモラルを問題とする言説と対立的で、問題の原因や責任を母親ではなく父親や社会に帰属させている。また、様々な論点が挙げられているものの中心となっているのは「母親の孤立」の問題である。「母親の孤立」は、狭義には「家族の孤立」と「父親の不在」が重なった状況を指すが、広義には「母子一体性」「男女分業思想」「女性の生き方の軽視」等の幾つかの育児をめぐる状況を含む包括的な概念として用いられている。それは、これらの状況のいずれもが「母親の孤立」の結果として引き起こされる状況、あるいはその背景となる状況を指しているからである。

このように「母親の孤立」は、母親を取り巻く社会的状況を問題とする言説の中で特に重要な問題として立ち現われたのである。

3　考察

以上、一九七〇年代の子殺しをめぐる言説活動の様相をみてきたが、これらの言説活動の中で、育児をめぐる認識枠組みがどのように転換されていったか、「母親の孤立」を問題として認識するための知識や概念がどのようにして生みだされていったかを考察したい。

第一に注目すべき点は、様々な調査を通じて「既婚の母親の、ノイローゼによる、心中または心中未遂」という「現代日本の子殺し」の典型像が形成されたことである。これによって、既婚の母親のノイローゼによる子殺しに焦点が当てられ、追い詰めたものは何かという視点から母親を取り巻く社会的状況に目が向けられた。また、日本の母子関係の特殊性が指摘されるようになる上でも、日本の子殺しでは母子心中が最も多いという知見が基盤となっている。これらの点で、「現代日本の子殺し」の典型像が提示されたことは「母親の孤立」を問題化する認識枠組みが形成される上で重要なポイントとなっていたといえる。

第二に注目すべき点は、問題の原因として指摘される状況は同じであっても、問題の責任を帰属させるカテゴリーが母親から父親あるいは社会へと転換されたことである。子殺しの原因論を詳しくみていくと、母親のモラル・精神を問題とする言説と「母親の孤立」を問題とする言説は、対立関係にありながらも同じ状況を指す場合があることに気づく。たとえば、大原らの心中論では日本の母子関係の特殊性は母親による子どもへの依存、同一化という母親の意識の問題とされている。しかし、佐藤らはこうした母子関係の特殊性が、母親よりもむしろ社会の意識の問題であることを強調し、問題の責任を社会に帰属させている。また、母親の自立についても同様である。大原らは自立心のなさを母親の問題としているが、佐々木は母親の生き方を軽視する社会に問題の責任を帰属させている。こうした責任を帰属させるカテゴリーの転換は、一九六〇年代から普及しつつあった日本文化論やフェミニズム等の枠組みと、母親への意識調査や投書の内容、「子殺しを考える会」の主婦の立場からの言説等を集約し、根拠として用いることで理論づけられている。

この他にも幾つかの注目すべき点がある。たとえば、子殺しが特殊な個人の問題から一般家庭の母親の問題へと転換されたことが挙げられる。「母親の孤立」を問題とする言説では、子殺しが誰にでも起こりうる問題であることを、意識調査を通じて理論的根拠のある知見として導き出している点に特徴がある。宇都宮大学グループは、母親を対象とした意識調査により、同じ状況に立たされれば一〇人に一人は「自分も子殺しをするかもしれない」との回答結果を得て、子殺しが誰にでも起こりうる問題であることを主張している。この結果は新聞や雑誌でも発表され（「子殺し　ひとごとでない　宇都宮大の調査から　10人に1人『あるいは私も』」一九七四年一〇月一八日付『朝日新聞』朝刊など）、子殺し事件の弁護活動でも争点となり、さらにその裁判が単行本や雑誌記事でも取り上げられ重要な論点として注目された。このように裁判の弁護活動に用いられていることからも、母親を対象とした意識調査によって得られた母親の一〇人に一人は「自分も子殺しをするかもしれない」と考えるという知見は、問題を一般化し責任を帰属させるカテゴリーを特定の個人から社会へと転換させるうえで重要なものとなっていたといえる。

第5節　おわりに

本章では、一九七〇年代初めの子殺しをめぐる言説活動の中で、「母親の孤立」がどのようにして問題として立ち現れてきたかをみてきた。この時期、実際の件数はそれほど増加していないにもかかわらず子殺し報道件数の増加が著しく、子殺しは社会の歪みを反映した問題として注目を浴びた。そうした状況の中で、精神医学、法学、社会学、社会福祉学、心理学、教育学など様々な分野の研究者や市民活動団体が子殺しに関する調査研究を行い、当時の家族と育児をめぐる実態を明らかにしようとした。これらの言説活動の中で、子殺しが特殊な家庭の問題や未婚の母親の問題ではなく一般家庭の既婚の母親の問題であること、また、孤立した家族の中でさらに母親が孤立して子育てしていることが問題であることが指摘された。

子殺しをめぐっては、当初は母親のモラルを問題とする言説や精神異常者による特殊な犯罪であるとする言説が支配的であった。また、個の原子化、社会的連帯の喪失といった大衆社会論的枠組みで問題を捉える言説も多くみられ、そうした言説は家族が孤立し脆弱化していることや孤独と疎外の進行により人間としての存在が根本から虚弱になっていることなどを指摘するものであり、結局は母親のモラルを問題とする言説と親和的であった。そこで、これらの説明では納得しなかった母親たちが結成した活動団体やそれらの団体と連携した研究者らが、「母親を追い詰めたものは何か」を追及しようとし、草の根的、精力的な調査研究活動を行い、母親自身の声が明らかにされていった。こうした活動の中で、子殺しの背景として「母親の孤立」という問題が立ち現れたのである。

この局面の言説活動の特徴としては、「母親の孤立」が含む意味とその問題性について、極めて具体的に、生活実態に即してきめ細やかに記述されていたことがあげられる。当時はまだ母親が孤立して子育てをしていることにどのような問題があるかが自明ではなく、その問題性を詳細に説得する必要があったからであろう。その記述において、「母親の孤立」は、狭義には「家族の孤立」と「父親の不在」が重なった状況を指していたが、広義には「母子一体性」「育児疲労」「男女分業思想」「母親の育児への埋没」「女性の生き方の軽視」等の幾つかの状況を含む包括的な概念として用いられていた。「母親の孤立」は母親を取り巻く社会的状況を問題とする言説の中で特に重要な問題として立ち現われたのである。

ここでもう一つ重要な点として取り上げておきたいのは、この時期の子殺しをめぐる言説活動においては、先述の学術的な言説活動と連動して、評論家や母親たちが結成した市民団体等による言説活動を通じ、次第に「母親」である女性たちの自由・解放への欲求とその権利をめぐる言説活動が展開されたことである。これまでみてきたように、「現代日本の子殺し」をめぐっては、当初支配的であった母親のモラルや精神の問題を指摘する言説への対抗として「母親の孤立」「母子一体性」「育児疲労」「男女分業思想」「女性の生き方の軽視」「母親の育児への埋没」等の状況を指摘する言説が普及することとなった。これらの言説が形成される中で同時に主張されていったのは、子殺しや母子心中へと追い詰められた「母親」たちと同じ立場にある専業主婦の女性たちがいかに閉塞的な状況に置かれているか、そして、その女性たちがひとりの人間として許されるべき欲求、自由への欲求をいかに抱いているかであった。これらの言説活動は、当初はもちろん、子殺しや母子心中を防ぐためにはどうすればよいかという問題解決を目的としていたが、次第に、その論点は「母親」である女性たちの自由・解放への欲求とその権利をめぐる議論へと移っていくこととなった。

先述のように、既婚の母親による子殺しは、戦後近代家族という制度、「母親」という社会的な役割規範のもとで、子どもという存在と自らの欲求との間に生じる葛藤と戦い続け、疲れ果てたすえに起きたことであると指摘されていた。このことについて、評論家の武田京子は「『既婚の母』の子殺し考――専業主婦になぜ子殺しが多いのか」において次のように述べている。

女たちが家事・育児だけで満足できなくなったことは、言いかえれば、主婦・母親・妻としてだけの役割をもって生きることに不満をもちだしたことである。それは、女も全的人間でありたいという欲求であり、人間解放への願いである。その願いを持ち始めることは、人間としての一つの内的な成長をしめすものである。人間の肉体的な成長をもとに戻すことが不可能なように、精神的・内的な成長もまた、あと戻りはむずかしい。

（中略）

子殺しは、女たちが全的人間でありたいとの欲求をおさえられ、育児にとじこめられた生活を強いられるところから起こる悲劇である。

個々の人間のうちにあるものは、全的人間としての存在への欲求といった大げさなものではないかもしれない。だが、「たまには映画に行ってみたい」「二時間以上つづけて眠りたい」「職業を持ちたい」など、具体的な形での欲求も、つまりは、当然、人間として許されていい生活の部分を、現実に持っていないからこそ出てくるのであり、それらの欲求を一つ一つみたしていくことによって、全的人間としての存在に近づいていく。

（武田 1974: 17）

武田は、かつての女性が、何の疑問もためらいもなく家事・育児に専念していたのに対し、現代の女性たちがそのような生活では満足できなくなり、全的人間でありたいという欲求、人間解放への願いを持つようになったことを人間の「内的な成長」と捉えている。それゆえに、その成長を遂げた女性たちに、かつてのように欲求を抑えることを望むことはむずかしいと述べる。子殺しをめぐっては、問題が注目され始めた初期には、母性喪失論や母親のモラルを問題とする言説が支配的であった。それらの言説では、子殺しを防止するためには女性たちに母性を取り戻させること、母親としての自覚を持たせるべきことなどが主張された。しかし、一方で、女性が母親としての閉塞的な生き方に疑問をもち、自由への欲求を持ち始めたならば、それは人間としての成長であり、それを元に戻することは出来ず、社会がその欲求にあわせて変わっていくことこそが子殺しを防ぐことにつながるのだという認識が生まれていたのである。武田は、同じ論考で「子殺しの絶滅をはかるには、女を育児しかない生活から解放することしか解決策はない」と結論づけている（武田 1974: 19）。子殺しをめぐる言説活動は、母親である女性たちが育児だけの生活から解放されて全的人間でありたいという自らの欲求をあらわし自由を希求できる社会をつくることこそが、子殺しの絶滅への道であるとする認識を生み出すことにもつながったのである。

一九七四年一一月に、子殺しをした母親と自らが同じ立場にあると考えた女性たちによって結成された「子殺しを考える会」の活動も、「母親」である女性たちの自由・解放への欲求とその権利をめぐる言説活動の代表的な例である。一九七四年四月の埼玉県岩槻市の生後三カ月の赤ちゃんドラム缶焼死事件の報道（一九七四年四月一八日付『朝日新聞』夕刊）の数日後、都内の「優生保護法改悪反対」の集会で「A子さんを守ろう」と一人の女性が呼びかけ、事件報道に対する抗議活動がおきた。この活動についての記事が、呼びかけ人である新美美津子の問題提起とともに『朝日新聞』の家庭欄に掲載され、大きな反響があった（「子殺しを見つめよう　母親たちが「考える会」」一九七四年一一月一八日付『朝日新聞』朝刊）。この活動に参加した女性たちの「他人ごとではない」という思いが集結し、「子殺しを考える会」が発足することとなった。一九七四年の「子殺しを考える会」第一回会合には約三〇名が参加し、以降、例会は月一回を原則として開かれた。活動の内容は、お喋り、追跡調査（報道とは違う事実を発見）、新聞のスクラップ（月ごとの集計）、子殺しをした女性との面会、裁判の傍聴等であった。一九七五年一月から六月にかけて新聞報道された子殺し事件八四件を分析した「子殺し考」もまとめられた。「子殺しを考える会」の呼びかけ人となった新美は、後に、先述の宇都宮大学の子殺しに関する研究グループが主催するシンポジウムや子殺し研究の成果をまとめた書籍の執筆活動にも参加し、連携して子殺しについて考え、社会に問題提起していく活動を進めていくこととなった。新美は、「子殺し」とは何かを考えることにより、自身や同じ立場にある女性たちの生き方や子育てのあり方、また、「母性」や「母子密着」ということに対しても向き合い、考察しようとした。たとえば、新美は「『子殺し』とは何かを考えるにあたって」という論考で、以下のような問題意識や気づきを投げかけている。

それにしても、私たちは長い間、子供は母親が育てるものだと教えこまされてきた。そうして母と子はぴったりと寄り添い、精神的にもお互い乳離れできずにここまでやってきた。（中略）いつから、こんな密着の時代になったのだろう。（中略）母親が自力で社会に参加するということは、生き方の視野を広げることにつながる。これしかないという生き方ではなく、あれもある、これもある。しかし、私はそちらを行くという選択の余裕のあるところで、子供に接するのと、家にいるしかない中で子供に接するのでは、接し方の質も違ってくる。だから、私は、『母親は働いたりしないで、家の中にいたほうがいい』などという母子密着を勧める声に賛成しかねるのだ。（新美 1977: 43-44）

子殺しをした女性たち自身は、極限的な逸脱行為に至るしかなく、自らがおかれた閉塞的な状況を打ち破ることはできなかった。しかし、これらの追い詰められた女性の存在をめぐって、同じような立場に置かれていると認識した多くの女性たちが、子殺しがなぜ起きてしまうのか、同じような悲劇を起こさないようにするにはどうすればよいかを考えることを通じて、自らの生き方をもみつめ直し、母親としてだけではないひとりの人間としての自由を希求しようとした。それらの活動は、社会を動かし、後に、育児や家族、女性の生き方をめぐる認識枠組みを転換させることとなったのである。

この後、一九八〇年代には、子殺しの調査研究をしていた研究者らが中心となり、育児疲労研究、育児不安研究、親子関係研究、母性の研究などが展開され、育児研究の流れは大きく変わっていくこととなる。また、このようにして蓄積された一九七〇年代から八〇年代にかけての研究成果は、一九九〇年代以降に「育児の孤立」が問題として普及していくうえで、重要なリソースとして用いられることにもなった。

なお、子殺し報道をめぐる「母親の孤立」問題の形成活動が母親自身の活動に連なるものであった一方で、一九七〇年代後半から、これとは異なる文脈で「母子密着」の問題化が顕著になった。これを表す代表的な概念が「母原病」である。「母原病」とは、小児科医の久徳重盛による概念で、喘息児、登校拒否児などを「文明時代の不健康児」と捉え、その原因が母親、特に密着した母子関係にあるとするものである。さらに、この「母原病」に絡めて、『朝日新聞』では一九七九年から「密着は子をダメにする」「孤立化し閉鎖的な家族」などの副題が付けられた連載記事「密室の母子」（一九七九年八月一〇日～一七日付『朝日新聞』朝刊）を掲載している。

これらのほかにも、この時期には学術、マスメディア、行政などの各領域で、育児における「母親の孤立」言説が現れ始める。特に学術領域では、フェミニズムの影響を受け、母性や母子関係を問い直す研究、主婦研究などが行われ始め、女性、家族、育児、母親などに関する研究が大きく進展し、その過程でも「母親の孤立」に関する知識や概念が形成されていった。たとえば、ウィメンズ・リブの運動が盛んになり、フリーダン（1965）などによる「主婦の孤独」の訴えが注目された。また、母性剥奪理論や三歳児神話に対する批判が行われ始めた。さらに、一九八〇年代には牧野カツコらによる一連の育児不安研究が行われ、育児に専念している母親こそが育児不安となる傾向が強いことが実証された（牧野 1981）。また、落合恵美子らによる育児ネットワーク論では、育児は決して母親のみで行われてきたのではなく、親族・地域・機関らの重層的な「育児援助」すなわち「育児ネットワーク」によって支えられてきたという調査報告がなされ、その中で同時にネットワークから孤立する人の存在が語られるようになった（落合 1989）。

行政の文書でも、一九七〇年以降には「母親の孤立」への言及が始まる。厚生白書では、一九七三年版になり、はじめて「助産所」の項で「近年、核家族の増加、産業構造の変化に伴う人口の移動等が、多くの孤立した母性をつくりだしており、さまざまな社会問題をひき起こしている」（厚生省 1974: 228）との記述が登場する。一九七六年には母親への育児の集中化を問題とする記述も現れる。明確に「母親の孤立」への言及がみられるのは一九七九年の国際児童年の特集からである。この特集では、「育児と母親の負担」という項で「このように育児における母親の負担はかなり大きいものとなっているが、それは肉体面にとどまらず精神面においても大きい。特に、祖父母との同居が減少したため、母親は育児に関してともすれば精神的に孤立しやすくなっていると思われるからである」（厚生省1979: 70-71）と指摘されている。問題への具体的な対処策について言及されるようになるのは一九八八年以降である。一九八八年には厚生省の施策として始められた「これからの家庭と子育てに関する懇談会」の開催や、家庭や子育てについての全国調査の実施について説明するとともに、総合的な家庭支援のしくみを充実していくべきことが述べられている（厚生省 1988）。この年以降、厚生白書では毎年、子育て支援対策についての言及がみられるようになる。翌年の一九八九年版では「核家族化や都市化による地域社会の弱体化等に伴う育児の孤立化や様々な育児情報の中で、子育てに不安を抱える母親が増えてきている」（厚生省 1990: 29）とし、その対処策として「総合的な相談体制の整備」の必要性が述べられている。一九九〇年版では、「子どもが健やかに生まれ育つための環境づくり」という見出しの節が設けられ、保育所を核とした子育て支援対策の積極的展開や、子育てについての相談支援体制の充実等の取り組みが必要であることを説明している（厚生省 1991）。

新聞においても、先述のように一九七〇年代から子殺しや「母原病」との関連から、「母親の孤立」や「母子密着」が問題として言及されるが、一九七〇年代にはまだ育児相談機関や育児グループは希少な事例として取り上げられているに過ぎず、子殺しと育児ノイローゼに関する記事においても一部の研究者や市民活動家のコメントの中で「孤立」言説がみられるにとどまっていた。一九八〇年代の後半に入り、ようやく具体的な施策が検討されるようになるとともに、新聞記事では育児イベントの紹介、育児相談室の設置、育児の調査研究結果、育児グループの活動紹介などの記事が増加し、その中で「育児の孤立」言説が記事本文にも登場するようになる。

以上みてきたように、一九七〇年代に入り、研究者、行政、マスメディア、相談員などの専門家らや一部の市民によって「母親の孤立」を問題とする言説活動が現れ始めるが、この時期には一部の人々によって主張されていたに過ぎず、一般社会で広く共有されているとはいえなかった。また、政策文書においても育児における「母親の孤立」への言及がみられるようになるが、具体的な施策についての言及は、一九八〇年代末を待たねばならなかった。

注

（1）たとえば、「強い私物化意識　性だけ望む傾向　作家二人の見方　子殺し事件続出」（一九六九年一〇月二四日付『朝日新聞』夕刊）、「母性はどこに　人工乳も影響か　中絶で生命軽視の風潮　子殺しの続発」（一九七三年一月二四日『朝日新聞』朝刊）というように、頻繁に掲載される子殺し事件の報道記事とあわせて母親を批判する特集記事が組まれた。この時期の子殺し報道の様相とその意味については田間泰子による母性愛に関する研究で詳しく取り上げられており（田間 2001）、本書もその研究成果を参照している。

（2）具体的には、「国立情報学研究所論文情報ナビゲータ CiNii」と「国立国会図書館 OPAC」のデータベースを用い、一九七〇年から八五年までを対象として「子殺し」「嬰児殺」「親子心中／母子心中／父子心中」で検索し抽出した記事・書籍のうち、関連する資料を抜粋した。さらに、それらの文献の引用・参考文献の内容を確認し、子殺しに関するものを分析対象に加えた。また、同じ期間を対象に、『朝日新聞』『讀賣新聞』の記事データベースでも同じ検索語を用いて記事を抽出した。雑誌については、「大宅壮一文庫雑誌記事目録」で件名「子殺し一般」「生み捨て、嬰児殺し」に記載の同期間の記事を対象とした。より詳細な文献・資料収集の手続きと対象とした文献の一覧は梅田（2011）に記載している。なお、当時の活動の中心的役割を担っていた佐々木保行氏、佐々木宏子氏、牧野カツコ氏には当時の活動の経緯や後の活動の展開、関連文献等に関するインタビューにお応え頂き貴重なデータを頂いた。それらの調査で得た資料も補助的に用いている。

（3）たとえば、『日本の子殺しの研究』では、心理学、教育学、社会学の佐々木保行、入江宏、佐々木宏子、牧野カツコ、中村悦子ら宇都宮大学グループに加え、法学の中谷瑾子、「子殺しを考える会」の新美美津子、安達倭雅子が執筆に参加している（佐々木編 1980）。また、法学の中谷は精神医学の福島章、精神保健の栗栖瑛子、佐々木らとともに『子殺し・親殺しの背景』を執筆している（中谷編 1982）。このように、異なる分野の研究者や市民活動グループのメンバーが共同での言説活動を展開している。

（4）これらの市民活動グループのメンバーや法務省の担当者らによる調査研究報告書や論文は、学術雑誌・学術書の論文でも度々引用・参照されており、また市民活動グループのメンバーが学会シンポジウムで報告するなど、互いにリンクした活動を行っている。そのため、これらの市民活動グループや法務省などの活動も、学術領域での言説活動と密接に関連するものとして取り上げている。

第6章

子どもの逸脱行動と孤独・孤立

第1節　はじめに

これまで、戦後日本において、都市化・核家族化を背景としてひとり暮らし高齢者の孤独・孤立や育児における「母親の孤立」を問題化する言説が形成されていく過程をみてきた。本章では、同時期に注目が高まっていった「登校拒否」を中心に、子どもの逸脱行動をめぐる言説を取り上げたい。

一九五〇年代から六〇年代にかけては、高度経済成長と都市化・核家族化を背景に、共働き家庭の増加に伴う「留守家庭児童」、いわゆる「鍵っ子」の増加が社会的な問題となった。この時期は「非行」が社会問題として注目され始めていたため、「非行」と「鍵っ子」が結びつけられ、また、留守番をしていた子どもが殺害された事件も起きたことから、全国的に対策がとられるようになった。その代表的な施策が、学童保育や児童館の設置である。この時期には保育所設置運動が起こっていたため、それと連動して学童保育の設置を求める声が高まり、一九六〇年代には国・自治体が事業として取り組むこととなった。この過程においては、親が仕事で不在の間に子どもが一人でいることが問題化された。親が仕事を終えて帰宅するまでの間に子どもが一人で放置されていることは、子どもの情操教育や社会教育を受ける機会を損ねると指摘され、また、保護者である親が学校教育に参加することが難しいことも問題とされた。このように、「鍵っ子」すなわち「留守家庭児童」をめぐっては、子どもが一人になる時間をできるだけつくらないようにすべきとの言説が形成され、学童保育や児童館などを設置する活動へとつながった。

一方で、一九六〇年代は、「男は仕事、女は家事・育児」という性別役割分業意識の定着とともに、既婚の女性の「専業主婦」化が進んだ時期でもある。第二章でみてきたように、一九五〇年代から六〇年代にかけては「新たな中間層」として団地居住者が増加し、そのうち多数は「サラリーマンの夫・専業主婦の妻・子ども二～三人」からなる「戦後近代家族」であった。家庭生活においては、子どものそばには「専業主婦」である母親がおり、熱心にしつけ・教育にあたっていた。そのため、戦後の日本型社会システムの運用において前提とされていた「戦後近代家族」においては、子どもが一人の状態で放置されるという認識はなかった(1)。むしろ、「団地族」をめぐる言説でもみられたように、「しつけ過剰」「教育ママ」などの言葉が普及し、家電製品の普及によって家事の負担が軽減されるなかで余った時間とエネルギーを子どものしつけや教育に注ぐ母親と、そうした母親の「過保護」のもとで育てられる子どものイメージが流通していたのである。

そのため、一九六〇年代に「非行」に加えて「登校拒否」などの子どもの逸脱行動の問題化が進んだ際には、それらの逸脱行動の背景としては「放任」と「過保護」という二つの概念が注目された。そのうち、特に「登校拒否」については、子ども自身の精神医学的問題とされ、その背後の親子関係、とりわけ母子関係の問題として捉えられる傾向にあった。よって、子どもの逸脱行動をめぐっては、「母子分離不安」「母子密着」「過保護」などが問題化されることはあっても、子どもの孤独・孤立という問題の立て方をする言説は、ほとんどみられなかった。

そうした認識枠組みが転換するのは、一九八〇年代後半頃からである。一九八〇年代半ば以降になると、「登校拒否」に対する認識枠組みが大きく転換し、「登校拒否は病気ではない」「誰がいつなってもおかしくない」「子どもも本人や家族だけでなく、学校にも問題がある」という認識が生じる。「登校拒否」や「いじめ」をめぐる言説活動が、次第に、戦後日本の社会システムの歪みが子どもたちを追い詰めているという認識を生み出した。当初は、

「登校拒否の子どもは病気である、その要因としては母子分離不安（母子関係の病理）がある」と、当事者である子どもとその親、とりわけ母親に責任を負わせる言説が支配的であったが、その状況に疑問をもった親や支援者らの言説活動により、「登校拒否は病気ではない」「学校や社会にも問題がある」と認識枠組みが大きく転換したのである。

また、一九八〇年代から九〇年代にかけては、学校でのいじめによる自殺事件が注目され、当初は「いじめられる子どもにも問題がある」とされていた認識枠組みも変わっていき、学校にも家庭にも悩みを相談できる大人がいない、居場所がないという孤独・孤立の状態にある子どもが少なくないことが明らかにされ始めた。それに伴い、子どもが悩み相談ができ、必要な支援につなげられる場や人の必要性が認識されていくこととなる。

本章では、以上のような「登校拒否」をめぐる言説活動の過程を、新聞記事を中心とした大衆的言説に焦点をあててみていきたい(2)。

第2節　子どもの逸脱行動と「母子密着」

一九六〇年代から八〇年代にかけての時期は、「登校拒否」「非行」などの子どもの逸脱行動が注目され始めた時期である。当初は、これらの問題の「根」にあるのは親と子の関係、とりわけ母子関係であるとされ、子ども自身の精神医学的問題、あるいはその背景という意味も含めて「母子密着」「過保護」「放任」などの概念・枠組みで問題が論じられた。この時期は、高度経済成長を経て戦後日本社会システムのひとつの核となる都市的・近代的家族、いわゆる「戦後近代家族」が多数派となりライフコースの標準化・画一化が進む一方で、様々な側面で社会システムの歪みがあらわれてきた時期でもある。そうした中で、「家族／家庭問題」としての子どもの問題、親子関係の問題への注目が高まったのである。

一九六〇年代後半以降に子どもの逸脱行動のひとつとして注目されたのが、「長期欠席児童」や「学校恐怖症」「登校拒否症」の子どもなど、「学校へ行かない子ども」の問題である。この「学校へ行かない子ども」の問題は、一九六〇年代前半頃までは家庭の経済的困窮による「長期欠席児童」の問題が中心であった。しかし、一九六〇年代後半頃から、日本の学界やメディアでは、アメリカのA・M・ジョンソンの学説をふまえ「学校恐怖症」「母子分離不安」という概念・枠組みで問題を捉えるようになった。その影響で「学校へ行かない子ども」の問題は、子ども自身の精神医学的な問題として、さらにその背景・原因となる母子関係の問題として注目されることとなった。たとえば、新聞記事においては、「学校へ行かない子ども」の共通点として、内気、消極的、わがままといった特徴があげられ、その性格が形成された背景に母親と子どもの関係の問題があるという認識が見出される点で共通している。たとえば、一九六七年の『讀賣新聞』の「〝テレビッ子〟と〝学校恐怖症〟親の過保護が原因　教えよう〝外での遊び〟」という記事では、次のように、「登校拒否」「学校拒否症」の子どもの特徴を挙げたうえで、その原因として「母子分離不安説」に言及している。

〈登校拒否症〉〈学校恐怖症〉の子どもには、内気である、消極的、友だちができない、家に引っ込んでいる、わがまま……といった点がみられる。一方、親の方、とくに母親は、子どもに対して極端に甘かったり、子どもの行動に神経質すぎる……という傾向が強い。いつも、子どもを目の届くそばにおいておかないと安心できない母親。いつも、ママのそばでないと遊べない子ども、という母親と子どもの関係ができる。〈登校拒否症〉については、まだよくわかっていないことも多いが、研究のいちばん進んでいるといわれるアメリカでは、母親と子どもの「分離不安」過度の「依存関係」とする説が有力である。（一九六七年三月一三日付『讀賣新聞』朝刊）

さらに、一九七〇年代に入ると、「こうした学校に行かない子ども」の問題を取り上げる記事において、「過保護」という概念が多用されるようになる。たとえば、一九七一年の『朝日新聞』には「過保護が作る長欠児　居心地よすぎる家庭　親子、もっと心の距離を」という見出しの記事が掲載されている。その見出しにおいては「過保護」が児童の長期欠席の原因となっているとの認識が示され、本文では次のように母親と子どもの密着した関係を問題とする教育主事のコメントが書かれている。

「子どもと母親の関係が密着しすぎていると思います。親は子どもの要求を簡単に受け入れ、家庭をますます居心地のよい逃避の場所にしているんです。社会や家庭のきまりをはっきりと子どもに伝え、実行させるといった心の距離をもってほしい」と相沢さんはいう。（一九七一年一月二六日付『朝日新聞』朝刊）

こうした母親と子どもの密着した関係を問題の原因や背景とし、それを「過保護」という言葉で説明する図式は、他の「学校に行かない子ども」の問題を取り上げる記事でも共通してみられた。

一九六〇年代後半には、「非行」の原因としても家庭生活の問題が指摘されていた。「登校拒否」に関する記事では母子関係の問題として「過保護」が指摘されるのみであったが、「非行」に関する記事では、「過保護」と同時に「放任」も親子関係における問題として並置され批判された。また、「非行」に関する記事では母親だけでなく父親の責任を問う言説も見出された。たとえば、一九六八年二月二七日『讀賣新聞』（朝刊）には「孤独感は爆発する少年非行化と親の責任　多い放任、過保護　父親がケジメを」という記事が掲載されている。このような非行に関する記事は、一九六〇年代以降に母親と子どもの問題として焦点化された育児や教育の問題を、家庭全体の問題として提起し直す契機となったが、一方で、子どもの逸脱行動が「放任」「過保護」といった親子関係に起因するものであることが、さらに強調されて普及する契機ともなった。この記事では、「悪の道にふと誘いこまれるきっかけ—それは個人差もあれば、社会環境のせいもあろう。が、やはり最大の要因はゆがんだ家庭生活なのである」と、

「放任」「過保護」といった親子関係が存在する家庭生活を「ゆがんだ家庭生活」とし、それが非行の「最大の要因」であると認識している。こうした認識が、この時期の「非行」についての報道記事に共通してみられたのである。

一九八〇年頃になると、こうした子どもの逸脱行動と親子関係の結びつきが、研究機関のデータや公式統計を引用しつつ、科学的根拠に基づくものであるとする記事が出現するようになった。一九八一年の『朝日新聞』に掲載された「非行の『根』幼児期にある　過保護でゆがむ性質　威圧・干渉　育て方への反動　都教研分析」という記事では、次のように子どもの問題の原因を心理学的に分析した東京都教育研究所のデータにもとづき、「登校拒否」「非行」「家庭内暴力」が「三種の問題行動」としてまとめられ、その「根」が「子育て」にあることが科学的に裏付けられたと述べている。

> 中学生や高校生が起こす登校拒否や非行、家庭内暴力などの「根」は子育てにある―母親にはショッキングなこんな調査結果を、二八日、東京都教育研究所三鷹分室の岡本淳子研究員ら三人がまとめた。この三種の問題行動で相談に訪れた八四人の生徒について調べたところ八二人までが、その行動と子育てに関連のあることがわかった。とくに、過保護や親の価値観を押しつけられたため、忍耐心に欠けたり、「おとなしいよい子」でありすぎた反動で問題行動に走るなどの例が目立った。（一九八一年一二月二九日『朝日新聞』朝刊）

この記事では、冒頭の文に続けて、子どもの逸脱行動がいかに「親の養育態度」と「母子関係」の影響を受けているかが事例やデータの詳細な分析を通じて科学的に裏付けられるものとして説明されている。このように「母子関係」が説明変数とされていることや、この引用文における「母親にはショッキングなこんな調査結果」という記述からも読み取れるように、この記事では問題行動の「根」となった子育ての原因や責任は主に母親に帰せられており、ここでも焦点が当てられているのは母子関係である。

さらに、一九七〇年代の終わり頃から八〇年代にかけては、「母原病」概念の流行が追い風となり、母子関係を問題化する風潮はますます強まっていく。その傾向を示す記事として挙げられるのが、一九七九年に『朝日新聞』で連載された記事「密室の母子」である。この連載の第一回目の記事は、「密室の母子① 母原病 離れず〝二人三脚〟生活」の見出しで、次のように「母原病」を説明するところから始まっている。

愛知医科大学の付属病院小児科に〝文明時代の不健康児〟を、指導したり治療したりする特別のクリニックがある。自閉症のような子、登校拒否の子、毎月のようにカゼをひく子、ぜんそく児、胃かいようの子、極端に甘えたりぐずついたりするこども、家庭内暴力……。（中略）

多い日には、数十人もやってくる。こんな〝病気〟が三十年ごろからふえだし、ここ五、六年、とくに目立つようになった。同大小児科の久徳重盛教授は、「症状は異なっているが、病根は同じ」と指摘している。何千人ものこどもたちを診察しているうちに、病気の原因がこども自身ではなく、母親の意識、考え方、接し方にある場合が多いことに気づいた。だから、こんな病気をひっくるめて「母原病」と呼んでいる。「現代の子どもの病気の六〇％は、この母原病です」と、久徳さんはいう。（一九七九年八月一三日『朝日新聞』朝刊）

この引用文にみられるように、子どもの逸脱行動として注目されてきた「登校拒否」や「家庭内暴力」に加えて、「自閉症のような子」「毎月のようにカゼをひく子」「ぜんそく児」「胃かいようの子」「極端に甘えたりぐずついたりするこども」といった多種多様な状態の子どもがひとくくりにされ、その病根が「母親の意識、考え方、接し方」にあるとして「母原病」という名前が付けられているのである。さらに、この記事では、次のように他の精神科医のコメントも記載され、そこでは「母子関係のゆがみ」が、幼少の子どもだけでなく、大学生の問題としても拡大されている。

「ここ一、二年で母子関係のゆがみがはっきり見えてきた」というのは精神科医で東大講師の山田和夫さん。安田講堂の二階にある保健センターで、学生たちのカウンセリングを担当している。一四年前、東大生の悩みにつき合ってきた山田さんの目に、密着した母子の姿が、最初にちらつきはじめたのは、三八、九年ごろ。この時期から入試につきそってくる母親が、ぼつぼつみられるようになった。（中略）最近の無気力学生の激増もまた、母子関係のゆがみを教えてくれる。（中略）「これも〝母子二人三脚〟でやってきたせい」と山田さんはみる。（一九七九年八月一三日『朝日新聞』朝刊）

この「密室の母子」を契機に、一九八〇年頃から、母親と子どもの密着した関係そのものを指し示す見出しを付けた記事や、その状況を防ぐための適切な時期の「母子分離」が主題となった記事がしばしば現れた。たとえば、一九八〇年には「実験　母離れ子離れ」という連載記事が現れ、その第一回目では次のように母親の「過干渉」の弊害を指摘し、望ましい子どもに育つための「母子分離」の重要性について言及している。

（前略）過干渉型母親の典型である。こういうお母さんの子どもは、母親と離れられないだけでなく、他の子どもと強調できない。わがままで、気に食わないと、積み木や泥土ではなくお母さんに手を出す。「できないのは、ママが悪いんだ」。暴力や非行の芽となる可能性もある。

家庭教育研究所は、英才児をつくり上げるところではない。ごく普通の、できれば、他人の痛みがわかり、他人と協調できる子どもに育つことを願っている。そのために、目下は〝母子分離〟をテーマとして研究している。この言葉は自立の研究と置き換えてもよい。（一九八〇年一二月一九日付『讀賣新聞』朝刊）

同様の記事は他にもみられ、「親離れ・子離れ　すくすくメモ」（一九八一年五月一〇日『朝日新聞』朝刊）、「家族『親離れ子離れ』　新・おつきあい事典」（一九八五年一月一三日『朝日新聞』朝刊）というように「親離れ・子離れ」という言葉を見出しに用いた記事は、一九八〇年代の前半に家庭面を中心にしばしば掲載された。一九八三年二月一五日付『讀賣新聞』（朝刊）には「ひとりっ子半家族」という少子化に伴う様々な家庭生活の課題が取り上げられた連載記事が現れ、その中で「子離れ〝べったり〟返上、距離を保つ『子のため』一度疑ってみよう」という見出しで、精神科医の「母親と子どもが小さいときからべったり。そのために子どもが自立できないで、青年期になっても母子分離ができない。そうした例は少なくないです」といったコメントを通じて、子離れを推奨する記事が書かれている。この記事では、幼少期の子どもの問題だけでなく、「母子分離」が青年期の若者の問題においても重要な鍵となっていることが指摘されている。

これらの「母子分離」についての記事で注目されるのは、あくまで「適切な時期」の子離れを推奨しているのであって、それまでは母親との信頼関係がいかに重要であるかについて言及する記事が少なくなかったことである。たとえば、一九八四年四月二三日付『讀賣新聞』（朝刊）の「「家庭　子ども　登校拒否を防ぐには　過保護、過干渉は禁物」という記事では、「三歳ぐらいまでは、振り向けばいつでも母がこたえてくれる、というように十分かわいがり、その後は、年とともに子どもとの距離を置いて、年齢相応のしつけをし、自立ができるように見守ってやることが大切」という東京都立教育研究所の研究員による助言が書かれている。この引用文からも読み取れるように、「過保護」や「過干渉」を問題化し「母子分離」の重要性を主張する記事においても、「三歳ぐらいまで」は母親が振り向けばいつでもこたえ、十分にかわいがるべきだと提唱されている。母親と子どもが密着した状況の問題化が進む一方で、三歳まではそばにいるべきという「三歳児神話」と、「適切な時期」に「母子分離」をすべきであるという言説があわせて編成・普及されたことは注目される。

このように一九六〇年代から八〇年代にかけての時期には、子どもの逸脱行動をめぐっては「母子密着」を問題化する言説が支配的であった。そのため、子どもの逸脱行動に対しては「適切な時期」の「母子分離」の推奨や啓蒙という対処策がとられていたのである。

第3節　「登校拒否」をめぐる言説活動と認識枠組みの転換

前節でみてきたとおり、一九六〇年代から八〇年代初めにかけては、「登校拒否」「非行」などの子どもの逸脱行動を子ども自身の精神医学的問題、さらには母子関係の問題として捉える言説が中心であった。一方で、一九七〇年代頃からは徐々に子どもの逸脱行動への対応を学校や社会に求める機運も高まり、一九八〇年代には学校での「いじめ」を原因とした「登校拒否」や自殺などのケースが注目されたことで、「登校拒否」は個々の家庭の問題としてだけでなく、社会や学校にも問題があるとする言説が展開されつつあった。また、一九八〇年代半ば頃からは、「登校拒否」を子どもの精神医学的問題とみて、強制的に治療を受けさせることや登校させようとすることに疑問をもった親のネットワークや市民団体による活動が活発化し始めていた。そのため、一九八〇年代後半の新聞記事では、七〇年代までとは異なる言説が見出せる。

たとえば、一九八八年四月一七日付『讀賣新聞』（朝刊）の「登校拒否、なおも激増すさまじく！　東京都内の中学校」という記事では、「身体、精神の病気ではないし、怠けや非行でもない。「登校拒否」。ここ数年、全国的に増加し、校内暴力、いじめに次ぐ新たな教育問題として注目を集めるようになった」と述べ、都内の中学校で「登校拒否」の生徒のための特別学級が相次いで作られるなど教育委員会の対応が本格化していることについて報じている。この記事では、かつての記事とは異なり、「登校拒否」について「身体、精神の病気ではないし、怠けや非行でもない」と書かれている。さらに、都内中学校の特別学級や民間の学びの場や親の会の活動について「そこに共通しているのは、現在の学校教育に対する一つの批判でもある」と述べている。また、その後には「学校基本調査」のデータをもとに、統計上「学校嫌いによる五十日以上の長期欠席」が都内の公立中学校で六二年度に二四六七人おり五三年度に比べ二・四倍に増えていること、「登校拒否」の子どもの特別学級が各区や市で六〇年度から始まっていることなどが述べられている。さらに、注目されることとして、この記事では数名の専門家の発言をもとに、家庭だけでなく学校にも問題があることを明確に指摘している。たとえば、「〝管理〟強い学校ほど多発　家庭にも問題」という小見出しで、登校拒否の問題に一七年関わり約三千人の子どもに面接したという民間施設「登校拒否文化医学研究所」の高橋良臣氏が面接した子どもたちの「カルテ」をもとに分析した結果を提示している。その内容をみると、「両親の学歴が高いうえ経済的にも恵まれ、外見は豊かで幸せな家庭に多い」「母親は一般に学歴が高いが、口うるさく、すぐに感情的になるタイプが多い」「父親も高学歴、しかも世間で評判の良い大学の卒業で、教師や一流企業・官公庁の部課長らが目立つ。（中略）家庭にいる時間が少ないし、いても無口。家庭は休息の場と心得ており、子育ては母親の仕事と考えている人が多い」など、家族に関する特徴も指摘しているものの、「校則などでの管理教育を強化している学校ほど登校拒否児が多い」「登校拒否児の心は非行児のようにタフではなく、また怠学児のように鈍くはない」にもかかわらず「教師たちはそれに気付かず、ちょっとした失敗でも高圧的にしかかってしまうケースが見られる」と、「学校にも問題がある」ことを指摘している。

また、「親は「学校」へのこだわり捨てよ」との小見出しで、自分の子どもが小学校で心理的に落ち込んだ経験をきっかけに「登校拒否児とともに歩む父母の会」を結成した芝浦工業大学の西条隆繁氏の見解が示されている。西条氏は、自らの活動を元にした著書『登校拒否――誤解と偏見からの脱出』の中で「子供が体を張って社会や学校教育の問題点を指摘するのが、登校拒否だ」「腐ったものを食べれば下痢をする。この場合の下痢は病気ではなく、身を守るための健康な反応。人間は危険を避ける能力が自然に備わっており、子供が学校に行けなくなるのも、これ以上、登校することに危機感を持ったからで、病気ではない」と指摘していることを述べた上で、この記事のなかでも「登校拒否は、決して病気ではありません」「「どの子も登校拒否にしない学校」の建設を目指して活動を続けたい」とコメントしている。

この記事では他にも、東京都で「登校拒否」の子どもを受け入れる学習塾「東伸会」を開き、同じような塾約四〇〇か所の連絡組織の代表でもある八杉晴実氏による「学校に対するこだわりを捨てることですよ」という言葉や、塾に通う子どもの多くが学校に戻ったことについての「学校信仰には反対です。教科書に代表されるモノサシを学校が用意し、それに子供を合わせる。合わない子には冷たい。そんな学校に戻れとは言えない。塾で学んでいるうち、結果的に戻っただけですよ」というコメントが掲載されている。

さらに、この記事では、元小学校教諭で、子どもが「登校拒否」になったことを機に同じ悩みを持つ父母や教師、カウンセラーらに呼びかけて「登校拒否を考える会」を結成、翌年に教師を辞めて「東京シューレ」を開いた奥地圭子氏の活動内容とコメントも掲載されている。「今の学校はおかしい。子供本位ではなく、国の政策や学校の体面、親の都合などで動いている。しかも、一定のワクを作って、子供がそのワクに収まらないと悪い子にしてしまう」との奥地氏が活動前から感じていた問題意識についてや、「東京シューレ」の学びの内容、その塾での活動を学校側も無視できなくなったためか子どもが在籍している学校から「東京シューレ」での出席や学習の報告書を求められるケースが増えていることなどが記されている。

以上のように、この記事では「登校拒否」の子どもたちの実態から始まり、その背景にある学校教育のあり方に問題意識をもつ人々によるオルタナティブな学びの場の活動内容と、そこで学ぶ子どもたちの活き活きとした様子が描かれている。これらの記事をみると、一九七〇年代までの記事にみられた「登校拒否」を子どもの病気とみてその背後にある家族関係の問題を指摘する言説とは異なり、「登校拒否」の子どもたちは病気ではなく学校や社会の問題を敏感に感じ取っているのだとして、その問題意識を共有して「学校神話」や「学校へのこだわり」を捨て、社会や学校のほうを変えていくべきだとする言説が形成されていることがわかる。

このような言説が形成される中で、一九八八年九月一六日付『朝日新聞』には、「30代まで尾を引く登校拒否症早期完治しないと無気力症に」という記事が掲載された。この記事は、稲村博を中心とする研究者らが、「登校拒否」は早期に精神医学的治療を行い完治させなければ「無気力症」につながってしまうこと、三〇代まで長期化してしまうことなどを指摘しているものであった。この記事に対しては、学校へ行かない子どもを「病気」とみることは人権侵害につながりかねないと様々な市民が抗議した。

この稲村の見解をめぐっては活発な論争が生じ、そのことが新聞の紙面上でも報じられた。たとえば、一九八九年四月二七日付『讀賣新聞』（夕刊）では、「［論点89］《四月》（下）登校拒否　対立する解決への方策」という見出しで、「登校拒否は、世界的にみても日本にとくに多く、近年その傾向はますますはっきりしつつあるといわれている。その「登校拒否」をめぐって、ある論争がいま続いている」と冒頭に述べた上で、同年四月に雑誌『世界』の教育特集で取り上げられた「登校拒否」をめぐる論争の一部を紹介している。この論争は、一九八八年七月に稲村が『登校拒否の克服』（新曜社）を出版したところから始まっているという。まず、稲村の見解については次のとおり説明されている。

登校拒否というのはその多くが独特の病理をふくむ一種の社会不適応で、なかでも神経症タイプは精神障害にふくめて考えたい。したがって適切な治療的対応をしなければ、あるいはこじらせれば、二十代、三十代以後まで延々と不適応状態が続いていく。

続いて、『世界』において、「登校拒否」を「病気」とみて「治療」の対象とする稲村の見解に対し、「登校拒否の『治療』とは何か」という論考で反論した石川憲彦の見解を次のように説明している。

石川氏も精神科医師としての臨床経験をもとに、登校拒否とは病気かと問う。このなかでは直接的な反論は控えられていて分かりにくいのだが、氏は「登校拒否」を個人の病気にして、治療したがる最近の傾向に危惧（きぐ）を感じる。それを「社会病理」の「個人病理」への転嫁とみる。その考え方をささえる「科学的治療主義」というヒューマニズムこそ危険だという。（中略）
では氏にとって「登校拒否」とは何か。それに近い言葉を拾うと「人格を得る孤独な作業」「学校へ行かないという対社会態度表明」ということになる。いま必要なことは治療ではなく、人間としての教育を、学校に取り戻してゆく作業だという。

さらに、この記事では「「登校拒否」をめぐる論争はいまに始まったわけではなく、すでに長い経過がある」とし、教育誌『ひと』（太郎次郎社）の「登校拒否」特集での小沢勲氏による「登校拒否治療論」の移り変わりについても説明している。

小沢氏によれば、初めのうちは母子関係に原因を求める「分離不安」説、ついで「学校という場」でおきる心理的抑圧説、などで説明されてきた。しかし、最近ではそのあまりの増加ぶりから、原因を個人や家庭に求める見方にかわって、教育のゆがみに求める「教育病理」説としてとらえる人が多くなったという。

以上のように「登校拒否」をめぐる論争や様々な学説を紹介した上で、この記事は「「登校拒否論争」から「学校信仰」まで、本当に悩んでいる人には無縁のおしゃべりかもしれない。が、いま自明の前提を改めて問う作業が必要なようだ」と締めくくっている。

このように一九八〇年代末は、「学校に行かない子ども」の増加に伴い「登校拒否」に対する論争が学界や教育政策の現場等で展開され、新聞紙面においても様々な見解や学説、論争の経過等が紹介された。たとえば、一九八九年七月三〇日付『讀賣新聞』（朝刊）の記事「変質する登校拒否　神経症型から無気力型へ／都の検討委分析」でも、この論争についてふれている。

子供たちの「学校不適応」、特に登校拒否のとらえ方については、最近、学界や現場の関係者の間で論争になっている。その一つは、登校拒否は「病気」の一種であり「治療」が必要とする考え方で、もう一つは、これらは子供たちの社会に対する態度表明であり、「治療」ではなく人間としての教育の回復が必要とする考え方だ。

さる五月にスタート、委員長の小泉英二・早大教授をはじめ学者や母親、学校、ＰＴＡの代表など二十人で構成されている都の「学校不適応対策検討委員会」でも登校拒否に対する基本的な認識自体が割れているためか、様々な見解が出されている。

この記述をみると、自治体の検討委員会においても、「登校拒否」に対する基本的な認識が異なり様々な見解が出されていたことがわかる。また、検討委員会では「最近、登校拒否の形が変わってきているのではないか」「登校拒否が新しい社会問題としてクローズアップされはじめた昭和三、四十年代は、『朝、起きると何となく不安で学校へ行けない』という神経症型のものがほとんどだったが、最近は学校へ〝行けない〟のではなく、ほかの理由で学校へ〝行かない〟子供が増えている」とされ、「今後、無気力を生む原因や背景をもう一度、広くとらえ直すところから始め、登校拒否のタイプと原因、対応といったテーマごとに小委員会を開き、詳しく話し合う」と述べられている。

以上のように一九八八年以降の「登校拒否」をめぐる論争については新聞でも周知され、国や自治体の委員会でも議論を呼んだ。こうした「登校拒否」をめぐっての言説活動により、一九九〇年代のはじめには、「登校拒否」

の原因を本人や家族にのみ求めるのではなく、学校や社会にもあるとする言説が普及していくこととなる。
一九九〇年、文部省は「学校不適応対策調査研究協力者会議」の中間報告において、「登校拒否」は様々な原因が作用しているため、原因を子どもの性格やそれを生み出した家族関係にあるという狭い見方ではなく学校や社会全体にもあるというように理解の仕方を見直すべきとし、かつ、一部の子どもだけでなくすべての子どもたちに多少なりとも共通してあらわれている現象であるという認識を示した。この報告をうけて、メディアにおける言説にも変容がみられるようになった。たとえば、一九九一年七月一三日付『朝日新聞』（朝刊）では、「登校拒否」に関する連載記事のひとつの回として「〔家族〕続・その７・登校拒否（４）どの子にも起こる可能性」という記事が掲載されている。その記事では、以下のように、「登校拒否」の原因が学校にもあることを指摘している。

登校拒否は子どもや家族に問題がある。だから、本人や家族を治療すればよいと言われてきた。これに対して、文部省は昨年「登校拒否の要因は学校にもある。登校拒否はどの子にも起こりうる」と発表した。
平成元年度の学校基本調査によると、登校拒否になる直接のきっかけは、「学校生活での影響」が四一・八％、「家庭の問題環境の変化や家庭内不和など」が二九・二％となっている。学校生活の影響は、いじめ、けんか、教師への不信、校則などという。（中略）
平成元年度の学校基本調査は、「学校ぎらい」を理由に一年間に五十日以上休んだ中学生は四万八十人と報告。生徒百四十人に一人の割合だ。昭和五十三年度の四倍にもなる。文部省の学校不適応対策調査研究協力者会議のまとめ役、千葉大・坂本昇一教授は「いじめや孤立、教師不信など学校は問題を抱え、登校拒否と相当のかかわりがあり、どんな子でも登校拒否になる可能性がある。だから、ふだんから親子が、学校のことを何でも話せる環境を作ることが大切」という。

こうして、「登校拒否」は病気ではなくどの子どもにも起こりうること、様々な要因が絡み合って生じている現象であり子ども本人や家庭だけでなく学校にも問題があることが、公式な見解として示された。「登校拒否」が問題として注目された当初は、当事者の子どもやその親に問題があるという言説が支配的で、社会の「標準」のあり方から外れた者として孤独・孤立の状態に置かれるしかなかった。しかし、当事者の親や問題意識を共有する人々による言説活動により、「登校拒否」をめぐる認識枠組みは大きく転換したのである。

また、「登校拒否」をめぐる言説活動は、学校、家庭、社会など様々な場で、子どもが孤立せず何でも話せる場をつくっていくことが必要だという認識を広げていくことにもつながった。先に述べたように、一九八〇年代には既に、「登校拒否」の子どもの親や現行の学校や社会に対する問題意識を共有した専門家や市民団体の人々により親の会やオルタナティブな学びの場、居場所活動が展開されていたが、一九九〇年代からはさらに、行政施策としても子どもたちの居場所や話し相手をつくる取り組みが行われるようになった。たとえば、東京都では以下のように「ふれあい心の友（メンタルフレンド）派遣事業」を行っており、一九九一年一〇月一五日付『朝日新聞』（朝刊）の記事「悩める子供たちの心の友に　友だち感覚の「兄、姉」募集／都児童相談センター」では、その取り組みについて以下のように説明している。

学校に行きたがらない子供たちの兄や姉になってくれませんか――。新宿区戸山の都児童相談センターは、孤立しがちな子供の家庭に、ボランティアを派遣する「ふれあい心の友（メンタルフレンド）派遣事業」の協力者を募集している。これまで、専門の相談員が対応してきたが、子供たちが抱えたさまざまな問題を解決するため、もっと子供たちの年齢に近い人たちに、友だち感覚で接してもらおうという試みだ。（中略）

孤立しがちだったり、外に出たがらない子供たち――。こうしたケースでは、心理学の専門家が相談に当たるよりも、兄や姉の年代の人と触れ合うほうが、問題や悩みを解決するのに効果がある場合も考えられるという。「ふれあい心の友」を一般から募集する試みは、こんな考えから実現した。

民間による取り組みも、親の会や私塾などのオルタナティブな学びの場づくりに加え、さらに多様な活動が生まれ、活発化していった。特に、「登校拒否」に限定せず、様々な事情を抱えた子どもや若者の居場所をつくる、相談を受ける、家庭訪問を行うなどの活動が広がっていった。たとえば、「登校拒否」や「ひきこもり」状態にある子ども・若者を対象とした活動の先駆的な事例として知られる富田富士也氏による「フレンドスペース」も、一九九〇年に設立された。この時期にはまだ現在でいうところの「ひきこもり」という概念は普及していなかったが、「フレンドスペース」では「引きこもり」の状態にある子どもの問題にいち早く取り組み、その活動は新聞記事や書籍等を通じて全国に周知された。一九九四年一二月二日付『朝日新聞』（夕刊）の記事「子供からの〝暗号〟見落とさないで「私、バカな娘よ」本音のつぶやきを出版」によれば、「フレンドスペース」では、「登校拒否やシンナー依存、卒業後も家に閉じこもったままの十代、二十代の青少年たちの指導に当たっており、現在、通所、家庭訪問合わせて四百人が登録されている」と述べられている。また、そこに集まる子どもたちの声を拾い上げた「子どもたちの暗号集」（ハート出版）の出版も計画していることが報じられ、「子供たちが発するサインを、大人たちは見落とさないで」と訴えている。

こうして、家族関係も含めた家庭内の問題、学校での「いじめ」や友人関係のなかでの孤独感など、「一見、平和そうに見える家庭」でも様々な事情を抱えて「登校拒否」や家に閉じこもったままになっている子どもたち、若者たちが多数いることが明らかにされ、弱音を吐けず口を閉ざしてしまっている状態に気づくことができる大人や居場所の存在が必要であることが認識されるようになった。

その流れの中で、一九九〇年代に入ると、「いじめ」をめぐる言説活動が活発化し、それとあわせて「登校拒否」への注目がさらに高まっていく。「いじめ」をめぐる言説活動は一九八〇年代半ばに東京で起きた「いじめ」による自殺事件をきっかけに徐々に活発化していたが、一九九〇年代半ばに深刻な「いじめ」による自殺事件が多発したことで再燃することとなった。

一九九四年一一月、愛知県で中学二年の男子が同級生四人からのいじめや現金等の恐喝を訴える遺書を残して自殺した。この事件の報道をきっかけに、「いじめ」による自殺は再び深刻な社会問題としてメディアで注目を集めることとなった。その状況に対し、一九九五年に文部省は「いじめ対策緊急会議」を開催し報告書をまとめ、その内容が新聞等のメディアでも周知された。たとえば、一九九五年三月一四日付『朝日新聞』（朝刊）の記事「文部省「対策会議」の報告書「いじめる側悪い」鮮明に」では、文部省の報告書では「なによりも、いじめる側が悪い」との視点を強く打ち出しており、「いじめ」に対する視点の転換がみられることが報じられている。また、「いじめられている子どもの立場に立った指導を行う」ことの重要性が述べられるとともに、学校内において、養護教諭など子ども（生徒）が担任にも親にも話せない悩みを打ち明ける存在の必要性とその情報共有のあり方が検討されている。

一九九〇年代半ばに入ると、これらの「いじめ」による自殺をめぐって、新聞などのメディアで活発な言説活動が展開された。たとえば、一九九五年には『朝日新聞』の「子供って…」という欄で「いじめと死」という記事が連載されている。そのなかの一九九五年一〇月二日付『朝日新聞』（夕刊）「いじめと死（11）傷いやせるのは親の一声」という記事では、「つらい気持ちをだれかに聞いてもらいたい」という先述の「引きこもりや不登校の子らの相談に応じている「フレンドスペース」」に寄せられる子どもたちの声とともに、「「魂の救済」を親や学校でなく、カウンセリング機関に求めるケースもまた増えている」として、家庭でも学校でもない、親でも教師でもない、子どもたちの悩みをきき受け止められる存在の必要性を訴えている。ただし、この記事では「フレンドスペース」代表の富田氏による「子供を本当にいやすのはカウンセラーではなく、親の一声だ」とのコメントが載せられ、さらに記事の最後は「いじめで心も体も打ちのめされた子供たちは、悔しさや切なさを真剣に受け止めて聞いてくれる人を欲しがっている。その最適任者はやはり親なのではないか」という文章で締めくくられており、子どもの悩みや辛さを受け止める最適任者は親であることが主張されている。

以上のように、一九九〇年代半ばには、「いじめ」や「登校拒否」などで悩みを抱える子どもたちの相談に応じる場や人の必要性がメディアを通じて広く伝えられるようになった。ただし、この時期の記事では、民間の相談支援機関での活動を取り上げつつも、その活動をしている人のコメントや記事本文においては悩みや辛さを聞き受け止める最適任者は「親」であると述べていることに留意しておく必要がある。

第4節　おわりに

以上みてきたように、一九六〇年代から八〇年代初めにかけての時期には、「非行」「登校拒否」などの子どもの逸脱行動は子ども本人の精神医学的な問題、さらにはその背後にある母子関係の病理として捉えられていた。特に、「登校拒否」は、アメリカの先行研究の影響で「母子分離不安」説が強調され、日本では「母子密着」「過保護」が問題の根にあるという言説が支配的であった。しかし、次第に、それらの言説に疑問を持った子どもたちの親や専門家らにより、「登校拒否は病気ではない」「誰にでも起こりうる」「学校や社会にも問題がある」「学校や社会の歪みを子どもたちは敏感に感じとっているだけ」といった対抗言説が形成され、親の会などのネットワークづくり、オルタナティブな学びの場や居場所づくりなどの活動が展開された。これらの活動により、しばらくは「登校拒否」に対する様々な見解による論争が生じたものの、一九九〇年には文部省の公式見解としても「登校拒否は病気ではない」「学校にも問題がある」ことが示され、「登校拒否」をめぐる認識枠組みは大きく転換することとなった。

戦後日本の社会システムのもとで、誰もがその社会システムに適合した「標準」のライフコースを歩むことが想定された時代において、「標準」におさまりきれずに外れてしまう子どもたちやその親は、当時は「孤独」「孤立」

という言葉で形容されなかったとしても、まさに孤独・孤立の状態におかれた人々だったといえるだろう。そうした人々の状態や行動をめぐり、当初はそれを個人の精神医学的問題やその背後にある人間関係、特に家族関係の問題へと還元する言説が支配的であった。それに対して、当事者たちは、最初はバラバラで自らの状態を語る言葉を持たずに孤独・孤立の状態にあったが、徐々に市民活動や居場所活動を通じてつながり、共有する問題意識をクリアにしつつ、学校や社会の問題を指摘してそれを社会に納得させるような言説活動を展開するに至った。その結果、文部省も認識を転換させるほどの影響力を持ち得たのである。こうした一九八〇年代の「登校拒否」をめぐる言説活動は、社会システムの歪みにより追い詰められた人々、あるいは社会システムに適合的な「標準」におさまらずに外れてしまう人々がつながり、問題意識を共有して社会システムの改善とその基盤となる認識枠組みの転換をもたらした事例として注目される。

なお、紙幅の都合から詳しくは取り上げられないが、一九九〇年代は少年犯罪が多発し、事件を起こした少年の背景に「孤独」な状態が見出せることが明らかにされ、その文脈で子ども・若者の孤独が問題化された時期でもある。特に、一九九七年に神戸市須磨区で起きた児童殺傷事件に関する報道のなかで、事件の背景にあったとみなされる少年の「孤独」を問題化する言説が形成された。たとえば、一九九八年三月一三日付『朝日新聞』（朝刊）「［少年の風景］神戸事件から1年　第1章　心の壁（3）届かないＳＯＳ（連載）」では、「深まる孤独　暴走に拍車」「事件当時のＡは孤独そのものだった」と、「孤独」が少年を暴走させたと指摘している。この神戸市の事件の後、少年による事件が続発し、「キレる少年」という言葉が広がり、その社会背景が様々な場で論じられた。新聞でも、神戸市の事件を皮切りに生じている少年犯罪をテーマとした報道記事が多数掲載されるようになった。そうした流れの中で、神戸市の事件は、特殊な子ども・家庭の問題であるだけでなく、一般社会が共通で抱える問題となっていく。たとえば、一九九七年七月二四日付『朝日新聞』（夕刊）「神戸の小学生連続殺傷事件余波　相談所へ親が「ＳＯＳ」　不安感強く、訴え続々」という記事では、この事件の後、多数の親が「うちの子は大丈夫だろうか」と不安を抱えて児童相談所等に訴えてきたこと、また、多くの相談機関で担当者らが「付き合い下手で、集団の中で孤立する子が目立つ」など共通する悩みを抱えていたことが述べられている。

このように、一九九〇年代は集団のなかで孤立する子どもや「普通」とは違う様子をみせる子どもに対する社会の見方が変わっていった時期でもある。そして、その認識枠組みを引き継ぎ、二〇〇〇年には新潟の女性監禁事件などをめぐり「ひきこもり」の問題化が進んでいくことになる。その過程については第9章で取り上げたい。

注

（1）先に述べたように実態としては団地においても共働き家庭は少なくなく、「鍵っ子」問題は顕在化していたが、その問題に対しては、親が帰宅するまで学童や児童館でカバーする以外は、母親は出来るだけ家で家事・育児に専念することが望ましいという規範により母親が家庭に戻ることで解決すべき問題とみなされていた。

（2）具体的には『朝日新聞』『讀賣新聞』の記事データベースを用い、一九六〇年から一九九九年までを対象として「登校拒否」「非行」「いじめ」「自殺」など子どもの逸脱行動を示す言葉と、「子／児」「少年／青少年」など子どもを示す言葉、「孤独」「孤立」を表す言葉を検索語として各々クロスして記事を抽出し、分析・考察している。

第Ⅲ部　孤独・孤立問題の普及・多様化と「一億総孤独社会」

第7章　高齢者の孤独・孤立問題の多様化

第1節　はじめに

第4章では、一九六〇年代から八〇年代にかけての時期に、都市化・核家族化に伴うひとり暮らし高齢者や高齢者のみ世帯の増加に伴い、「自殺」「孤独死」が急増したことをめぐって高齢者の孤独・孤立が問題化されていく過程をみてきた。本章では、その流れを引き継いだ一九九〇年代以降の高齢者の孤独・孤立の問題化過程を取り上げたい。

まず、高齢者の孤独・孤立に関わる問題を、社会の重要課題として広く周知させたのが一九九〇年代半ば以降に活発化した孤独死をめぐる言説活動である。先に述べたように、一九九〇年代に入るまでにも既に、高齢者の孤独死とその背景にある社会的孤立の問題が専門家や支援現場で指摘されてはいたが、この問題がより広く認識されメディアで注目される契機となったのは、一九九五年の阪神・淡路大震災後の仮設住宅や復興住宅団地での孤独死報道である。阪神・淡路大震災後に、仮設住宅や復興住宅団地で孤独死が相次いだことから、住み慣れた場所から移動して暮らさざるを得ない高齢者の孤独・孤立を防止しつながりを再構築することの重要性が訴えられ、団地では専門家による見守り活動が進められた。ひとり暮らし高齢者を支援せずにいると、いずれは孤独死を招くかもしれない。その可能性ゆえに、被災地だけでなく全国各地で高齢者の孤独・孤立を防ぐ様々な取り組みが進められた。

この動きは、二〇〇〇年代以降も加速した。二〇〇一年には、千葉県松戸市の常盤平団地で男性の白骨遺体が死後三年経ってから発見されるという事件が起きた。さらに翌年、同団地で男性が死後四か月程経ってから発見された。こうした孤独死事件が相次いだことから、同団地では「孤独死ゼロ作戦」の取り組みが開始され、社会的に注目を集めた。二〇〇五年にはNHKがこの常盤平団地での事件や取り組みなどを取り上げた番組「ひとり団地の一室で」を放映し、話題を呼んだ。さらに二〇一〇年にはNHKは「無縁社会――〝無縁死〟三万二千人の衝撃」を放映するなど、メディアにおいても孤独死問題を広く周知する言説活動が展開された。また、二〇一〇年代にはセルフネグレクトと孤独死との関連をみる調査等も盛んに行われた。

一方で、高齢者の孤独・孤立を問題とする言説活動は、二〇〇〇年以降になるとさらに射程が広がることとなった。一九九五年の阪神・淡路大震災の後の孤独死をめぐる言説活動においては、一九六〇年代から八〇年代までと同様に、対象となったのは主にひとり暮らし高齢者であった。しかし、二〇〇〇年代以降になると次第に、ひとり暮らし高齢者だけでなく、高齢の夫婦あるいは親子やきょうだいで暮らしていても誰かが要介護状態である場合、孤立して問題を抱えたまま助けを求められず追い詰められ、死に至るケースすら少なくないことが明らかにされた。その背景には、「老々介護」の負担による高齢者夫婦の介護心中、あるいは子が介護に疲れて親を殺害・心中する事件などの増加があった。これらの事件をめぐり、行政・専門家・メディアらは「介護の孤立」を問題化する活発な言説活動を展開し始めた。

また、二〇一〇年には、東京都足立区で生きているはずの一一一歳の男性が実は三〇年前に死亡していたという報道がなされ、全国の自治体が高齢者の安否確認を行ったところ、死亡者や行方不明者が相次いで判明した。この、いわゆる「高齢者所在不明問題」により、さらにひとり暮らし高齢者や高齢者を含む家族の孤立が社会的問題として注目を集めた。

以上のように、一九九〇年代以降の高齢者の孤独・孤立をめぐる言説活動は、孤独死を中心としつつ、老々介護と介護心中、セルフネグレクト、所在不明問題など様々な事件が注目される度に、その射程を広げながら多面的に展開されていくこととなった。では、その過程はどのようなものであったのだろうか。本章では、一九九〇年代以降の高齢者の孤独・孤立をめぐる言説活動が展開される主要なアリーナとなったメディア、とりわけ新聞記事を対象として、その過程をみていきたい(1)。

第2節　阪神・淡路大震災後の孤独死問題への注目

一九九〇年代以降に高齢者の孤独・孤立の社会問題化を加速させる契機となったのは、阪神・淡路大震災後の仮設住宅・復興住宅における孤独死事件の頻発とその報道である。特に復興住宅における孤独死事件の頻発は、災害復興過程で物理的な住環境は整えられたとしても、「つながり」が失われることがいかに人間の尊厳に影響を及ぼすかが認識される契機となった。本節では、孤独死をめぐる新聞記事報道を中心に、その言説形成過程をみていきたい。

阪神・淡路大震災後の仮設住宅での高齢者の孤独死事件が報じられ始めたのは、一九九五年五月からである。一九九五年五月二八日付『讀賣新聞』(朝刊)では、「仮設住宅で孤独の死　大震災被災の六六歳、四週間後発見」という見出しで、神戸市東灘区向洋町の六甲アイランド第二仮設住宅で、独居の六六歳の女性が病死後約四週間たってから発見されたことが報じられた。区保健所職員は時折巡回していたが留守と判断していたこと、この仮設住宅には自治組織がなかったこと、この地域では住民・企業が復興委員会を組織しており仮設住宅入居者との連絡体制を強化しようとしていた矢先だったことが書かれている。

この記事が出てからまもなく、同様の孤独死事件が次々と報じられるようになる。一九九五年六月三日付『讀賣新聞』(朝刊)「仮設住宅でまた孤独の死1週間　震災被災の81歳女性」、一九九五年六月九日付『讀賣新聞』(朝刊)

「震災仮設住宅でまた孤独死　六七歳男性　死後二、三週間」、一九九五年七月四日付『朝日新聞』（朝刊）「阪神大震災の仮設住宅でまた孤独死　伊丹で死後三日」、一九九五年七月一四日付『讀賣新聞』（夕刊）「震災仮設住宅の女性が孤独死　死後三、四日」などのように、仮設住宅での孤独死事件は相次いで起きた。

これに対応して、孤独死対策の取り組みが各地で進められていくようになる。たとえば、一九九五年六月二四日付『讀賣新聞』（朝刊）「仮設住宅の〝孤独死〟防止に防犯連絡員四人　芦屋署が任命」によれば、独居高齢者の「孤独死」を防ぐため、兵庫県警芦屋署が仮設住宅に入居している主婦四人を「防犯連絡員」に任命し、被災者自身が相談役になる取り組みを行うことが報じられている。また、一九九五年一一月一八日付『朝日新聞』（朝刊）「孤独な死なくそう　神戸で阪神大震災仮設住宅住民フォーラム」には、仮設住宅での孤独死を防ぐために神戸市西区で仮設住民・行政・ボランティア・医療関係者らによる「仮設住宅住民フォーラム」が開催され、意見交換された様子が掲載されている。そのフォーラムでは、住民やボランティアからは「エアポケットになっている六十五歳までの人の個別訪問を考えるべきだ」「経済的な見通しや生きがい、希望がない人をだれがどのようにサポートするのか」などの意見が相次いだことが記されている。

翌年になると、さらに孤独死に関する調査研究が進み、対象をより広げ、安否確認などの取り組みが進められていく。一九九六年七月一六日付『讀賣新聞』（朝刊）「震災仮設住宅の孤独死　五〇―六〇歳代の男性が約半数　兵庫県警まとめ」によれば、阪神・淡路大震災での仮設住宅での孤独死が、一九九六年六月末までに八三人となり、五〇・六〇歳代の男性が半数近くを占めていることが兵庫県警のまとめでわかり、このことをふまえ、ボランティア団体などは巡回相談などの対象を高齢者だけでなく五〇・六〇歳代にも拡大することが報じられている。また、一九九六年一〇月五日付『讀賣新聞』（朝刊）「神戸市が震災仮設住宅の独居被災者一万二〇〇〇人の安否確認へ　孤独死多発で」では、さらに増え続ける仮設住宅での孤独死防止のために神戸市内の仮設住宅に住む独居の被災者一二〇〇〇人を対象に安否確認の「ローラー作戦」を展開することが報じられている。このように仮設住宅で相次ぐ孤独死とそれへの対処活動は、行政、メディア、研究者、市民活動団体などにより広く展開されるようになった。また、これを契機に「被災地だけの問題ではない」とし、他の地域でも孤独死の実態調査や対処活動が広がりをみせていくこととなる。たとえば、一九九七年一〇月二八日付『朝日新聞』(朝刊)「孤独死、全体の八割が男性　大阪の三一一九例を調査」では、大阪市での孤独死の調査結果が示され、専門家による「孤独死は被災地だけの問題ではなく、全国的にどこにでもみられる現象」とのコメントが掲載されている。

こうして、孤独死の問題化と対処活動は活発化していった。しかし、仮設住宅での孤独死は数年経っても相次いで起こった。一九九八年一月九日付『讀賣新聞』(朝刊)「阪神大震災　「仮設」孤独死一九〇人　四〇―六〇歳代男性が半数超す」、一九九八年三月二七日付『讀賣新聞』(夕刊)「震災仮設住宅の孤独死二百人に　ポーアイで六七歳女性病死　自殺の割合増」というように孤独死は増え続け、その累計人数が見出しに書かれて報じられるようになった。一九九八年三月二七日の記事では、孤独死の死因別・属性別内訳も記されている。病死が一七七人、自殺一六人、事故死七人、男女別では男性が一三五人、女性が六五人、年代別では六〇歳代の男性が五三人と最も多い。これに対し、仮設住宅での聞き取り調査を実施した三塚武男による「震災後三年すぎても仕事、住居など生活基盤の再建の見通しがない人が多く、仮設住宅の入居者のストレスはぎりぎりの状況に来ている。公的補償問題などで国に見捨てられたような気持ちになっているのではないか。まとまった額の金銭的支援が、精神的な支えを与える意味でも必要だ」と指摘するコメントが掲載されている。

その後、仮設住宅は一九九九年一二月に全て解消されたことから、仮設住宅での孤独死に関する報道はこの年までとなった。しかし、一九九九年一二月一四日付(夕刊)の「神戸の震災仮設住宅が解消　コミュニティー作り、課題残す」という記事で「移転先となった復興公営住宅でも、見ず知らずの高齢者が軒を並べる「仮設の構図」が再現されている。自治会結成は六、七割にとどまり、ボランティアらからは「仮設以上にコミュニティー作りは困難」との声も漏れる」と指摘されているように、仮設住宅でみられた孤独死を生じさせる構図は、復興公営住宅でも残されるだろうと指摘された。その指摘は当たり、復興住宅でも同様に孤独死が相次いで生じることとなった。

以上のように、阪神・淡路大震災後の仮設住宅・復興住宅での孤独死とそれへの対処活動は、他の地域でも展開されるようになった。特に、二〇〇一年には先述のとおり常盤平団地で死後三年経ってから白骨の遺体が団地内でみつかり、社会の注目を集めた。同団地では翌年も死後四か月経って発見された孤独死事件が起きたことで「孤独死ゼロ作戦」に取り組み始めた。この一連の事件と取り組みは、新聞記事でも取り上げられて話題を呼び、各地から常盤平団地への視察が相次ぐなど団地での孤独死をきっかけとした見守り活動のひとつのモデルとなっていった。

第3節　介護心中をめぐる「介護の孤立」の問題化

前節では一九九〇年代以降に孤独死への注目が高まっていく過程をみてきた。その孤独死問題の中心となっていたのはひとり暮らし高齢者であったが、一方で、同じ一九九〇年代には「老々介護」の負担による高齢者夫婦の介護心中、子が介護に疲れて親を殺害・心中する事件などが増加し、ひとり暮らし高齢者だけでなく、高齢の夫婦や親子のあいだで介護負担や経済的困窮など問題を抱えたまま孤立し、追い詰められて死に至るケースが少なくないことが明らかにされた。

以下、介護心中に関する新聞記事を中心に、その言説活動の様相と問題化の過程をみていきたい。

まず、介護保険制度が始まる前の一九九〇年代には既に、「老々介護」や「介護の孤立」を象徴する事件が相次ぎ、この問題が注目され始めていたことを確認しておく必要がある。たとえば、一九九三年一一月二二日付『朝日新聞』(夕刊)では「なぜ起きた茨城の義母殺人事件　深まる「介護危機」」という見出しで特集が組まれている。この記事は、同年の春に茨城県で起きた義母殺人事件をふまえつつ、多面的に「高齢化社会の中で深まる「介護危機」の実態」を考察している。この「茨城事件」は、五二歳の主婦の女性が病院で七六歳の義母を絞殺した事件である。一〇か月以上に渡り、夫と娘の世話をしながら連日休むことなく病院で夜遅くまで義母の付き添いをし、病院でありながらも「孤独な介護」に疲れ果てた末の、かつ経済的困窮も重なった上での発作的な出来事であるとされている。この事件自体は比較的若い世代の介護者によるものであり、かつ病院での出来事であるが、この特集記事では「在宅ならとっくに破綻」「団塊の世代は「老・老介護」」として他の事例や統計データをもとに在宅介護や「老々介護」の問題についても詳しく取り上げ、「団塊の世代」にとって「老々介護」がいかに「あすはわが身」の緊急の課題であるかが強調されている。さらに、この記事では続けて、「足が不自由になった二人暮らしの九十四歳と八十六歳の老夫婦が病気を苦に刃物で心中」「敬老の日を前に、腰を痛めて療養を続けていた妻（七九）と介護していた夫（八三）が体をロープで結んで入水自殺」「五年前から寝たきりの母親（七八）を、看病していた長男（五六）が首を絞めて殺した後、手首を切って自殺を図る」「脳こうそくで倒れた妻（七五）を、店をやめて世話していた夫（八七）が刃物で刺し、自分も首をつって自殺」「警察に保護されて自宅に帰ってきた老人性痴ほう症の母親（八二）を同居していた息子（五六）が足でけるなどの暴行をして死なす」「病弱の長男（五九）に母親（八三）が農薬を飲ませ無理心中」など、『朝日新聞』に掲載された最近の事例を列挙し、「茨城事件に似た介護殺人は、その後も毎月のように紙面に登場している。無理心中が多いのが日本の特色だ」と、介護殺人がもはや特殊な出来事ではないと指摘している。

その後も、一九九〇年代を通じて、介護疲れが理由とみられる心中事件・心中未遂事件は相次いで起き、その「悲劇」が度々新聞等で報じられた。一九九八年一月三一日付『朝日新聞』（夕刊）の「都内で無理心中相次ぐ　高齢化、介護に疲れ、孤立、あきらめ…」という記事では、冒頭で「家族の無理心中や、その未遂とみられる事件が東京で相次いでいる。この一週間だけで四件あった。高齢化、障害者の介護。抱えていたものはさまざまだ。追いつめられ、孤立した家族が、やがて生きていくことをあきらめる。夫が妻を、母が息子を、かけがえのない相手を自ら手にかけ、家族が崩壊していった」とあり、東京都内での四件の事件の概要が記述されている。このように、幾つかの介護心中や介護殺人の事件を取り上げた上で、それらの事件が特殊な出来事ではなく社会問題として対処すべき問題であるとする記事が、しばしばみられるようになった。

一九九九年六月一七日付の『讀賣新聞』（朝刊）では、「〝老老介護〟の果て殺人　「死なせて」87歳妻　警視庁、88歳夫の逮捕見送り」という記事で、都営住宅で、持病を抱えながらも寝たきりの妻の世話を続けてきた八八歳の夫が、八七歳の妻から「死なせて」と懇願され、思い悩んだ末に妻を絞殺した事件が「〝老老介護〟の悲劇」として報じられている。この記事では、「介護必要な老夫婦一一万五〇〇〇組、今後も増加」として、この事件が夫婦の近隣に住む高齢者たちに波紋を広げていると述べている。また、評論家の武田京子による「〝老老介護〟が悲劇を生んだ典型的ケース。たとえヘルパーが週三日顔を出しても、一日二、三時間がせいぜい。北欧のようにヘルパーが徹底的に身の回りの世話をし、家族は精神的なケアをすればよいというような、ゆとりを持たせる必要がある」とのコメントと、厚生省国民生活基礎調査をもとに「どちらかが七十歳以上の夫婦二人暮らしで、介護を必要とする世帯数は十一万五千以上にのぼり、その数は着実に増えている」ことをあわせて報じている。

また、同年九月一二日付『讀賣新聞』（朝刊）では、「寝たきりの90歳母と心中　介護疲れ、病苦の六六歳　三重・津で焼身」という見出しで、六〇代の子が介護疲れで九〇代の親と心中した事件が報じられている。息子が母親の看護に疲れ、母親を道連れにガソリンをかぶって焼身自殺した事件である。この息子は自身も心臓の持病を抱え妻も狭心症で、寝たきりの母親を介護することに疲れていたという。この記事では「予定される介護保険制度のスタートまであと半年余だが、〝老老介護〟が悲劇を生んだ」と書かれている。一九九九年九月二一日付『朝日新聞』（朝刊）「介護殺人（老いのあした　要介護認定を前に：1）」では、二つの介護殺人事件の事例について詳しくふれた後に、「お年寄りの介護を苦にした殺人や無理心中が、あとを絶たない」「殺人にいたらないまでも、「介護離職」「介護離婚」など、家族の過重な負担は大きな社会問題だ。来春からスタートする介護保険制度のねらいは「介護を社会全体で支える」ことだ」と、介護をめぐる社会問題に対処する重要性を強調し、次の春から始まる介護保険制度への期待と課題が述べられている。

しかし、同様の事件は二〇〇〇年以降も相次いで起きた。二〇〇〇年以降には介護保険制度が始まり、一見して高齢者の介護をめぐる個人・家族の負担は軽減される環境が整ったかのようにみえた。しかし、介護保険制度は、個人ないし個々の家族の自由な選択にもとづくサービス契約を基本とするもので、サービス利用に伴う情報を得ることや自己負担をすることが困難な個人・家族にとっては利用しづらいものであった。たとえば、施設入所においても特別養護老人ホームなどの低料金の施設は数百人待ちという状況が続き、経済力により受けられる介護サービス格差は大きいままであった。また、介護認定を受けるにあたってもハードルは高く、特に同居や近居の家族がいるケースでは「家族がいるなら家族がケアを担うべき」という社会通念のもと、必要な支援が得られないケースも少なくなかった。そのような現実の中で、二〇〇〇年以降になっても、家族ごと孤立して問題を抱え込んでしまった人々が追い詰められて介護心中や殺害に至る事件がさらに次々と生じ、社会の注目を集めることとなった(2)。

たとえば、二〇〇〇年二月四日付『讀賣新聞』（朝刊）「老老介護の悲劇、また…　長野の老夫婦心中　介護の夫「他人の世話には」」、二〇〇〇年三月一五日付『朝日新聞』（朝刊）「介護疲れ」また悲劇　箕輪町の会社員が母親と心中図り逮捕」、二〇〇〇年一一月六日付『讀賣新聞』（夕刊）「七〇代「老老介護」悲し…　夫病死で妻は餓死／横浜」、二〇〇二年九月一二日付『讀賣新聞』（夕刊）「老老介護の末、承諾殺人　八四歳夫に執行猶予　「心情は同情できる」／佐賀地裁」、二〇〇三年五月二九日付『讀賣新聞』（朝刊）「新潟・老老介護殺人　「勘弁して下さい」、八〇歳夫の孤独」などが挙げられる。二〇〇二年の佐賀の事件は、八四歳の夫が川に飛び込んで心中を図り八〇歳の車いすの妻を死亡させた事件で、多数の近隣住民から寛大な判決を求める嘆願書が提出され、執行猶予付きの判決となった事件である。この記事では、「介護保険では、認定の段階ごとに決められた以上のサービスを受けると、自己負担となっており、自己負担額は三十万円を超えた。年金生活の夫婦は、長男（五〇）の仕送りと貯金を充てたものの、介護費用の工面が前途を悲観させたという」と介護費用の負担が事件の背景にあったとしている。二〇〇三年の新潟の事件は、八一歳の夫が、八〇歳の妻が寝ているときに首を絞め、そのあと自身も自殺を図った事件である。この記事の冒頭には、「老いた夫は、寝たきりの妻を手にかけた――。介護を苦にした殺人事件が後を絶たない。年老いた妻の命を奪うまでに追いつめられた状況を、周囲はなぜ救えなかったのか。昨年十二月、新潟で起きた事件を追うと、背景には、福祉の谷間に落ちた夫の孤独があった」と書かれ、こうした介護を苦にした殺人や心中事件の背景には「福祉の谷間」での「孤独」の問題があったことが指摘されている。妻は、この事件の約五年前から「痴ほうが進み夫の顔が分からない状態」になり、夫はオムツの交換など介護に追われたが、介護度は「軽度の介護」が必要とされる「二」としか判定されず、前年の夏から週二回ホームヘルパーに家事を手伝ってもらうものの夫が介護をしていた。自宅に近い特別養護老人ホームは二百人以上が待機し、入所は早くても二年以上先であった。そのような中で、妻が骨折して入院し寝たきりになった。夫は「寝たきりになったら、一人で面倒はみられない」と、親せきも高齢で助けは頼めないことから退院後に何とか施設に入れてもらえないかとケアマネージャーに相談したが、どこにも空きはなく、思いつめた夫は、妻の入院中「死、死、死。生きているのが苦しい。勘弁してください。死なせてください」などと追いつめられた心境をノートに書きつづったという。そして、退院した日に事件が起きたのである。この記事では、こうした事件の背景に「福祉の谷間」の問題があったことが指摘されている。さらに、同様の事件が立て続けに起こっていることをデータで示した上で、「介護者の孤立」に社会が早急に対処すべきという専門家のコメントが掲載されている。

また、この時期には、一般読者の投稿欄でも「老老介護」「介護心中／殺人」に関する記事がしばしばみられる。それらの投稿記事にも、「「老々介護」は他人事ではない」「高齢者は家族だけでなく社会全体で支えなければならない」という認識が見出せる。たとえば、上記の報道を受けての読者からの反響として、二〇〇三年七月四日付『讀賣新聞』(朝刊)では、「老老介護の悲劇、他人事ではない」という見出しで、新潟県で起きた「痴ほう症状が悪化していた八十歳の妻を、一人で介護していた夫(81)が窒息死させ、自らも自殺を図った事件」の裁判について述べた上で、「この悲劇は、一体誰の責任なのだろうかと考えてしまう。この国の福祉の貧困さを感じる」「「老老介護」は他人事ではない。社会に尽くしてきた高齢者は、家族だけでなく、社会全体で支えなければならないはずだ」と述べ、「福祉のひずみを徹底的に正してもらいたい」と訴えている。

同年七月からは『讀賣新聞』で「高齢者虐待」をテーマとした連載記事がスタートする。二〇〇二年に「高齢者虐待防止法」が制定されたことも関連するが、背景には続発する介護心中・殺害事件への注目の高まりもあった。二〇〇三年七月二六日付『讀賣新聞』（朝刊）では「［高齢者虐待］（4）「老老」に疲れ　心中続発」という見出しに、「介護のはざまで」という小見出しが続き、八五歳の妻が八九歳の夫を介護苦から殺害し心中を図った事件について述べた後に、讀賣新聞の全国調査等にもとづく結果として「昨年七月からの一年間に、介護が引き金となったとみられる事件は、警察が公表しただけで十七件起きている」とし、「介護保険制度では、家族の負担軽減が期待された。だが、使えるサービスに限りがあるうえ、世間体や経済的負担を気にして十分なサービスを受けていない家族も多い」と介護保険制度の限界を指摘している。また、この記事では自治体職員による「地域住民の支え合いが密であるほど、虐待にも早く気がつくし、抑止力にもなる」というコメントも掲載され、地域住民の支え合いの重要性が指摘されている。

こうして、介護保険制度が開始されてもなお、制度の谷間やひずみにある人々が孤独・孤立の状況で介護せざるを得なくなり、追い詰められて悲劇的な死を招くケースが少なくないこと、それを社会全体、地域で支えていくべきことが認識され、言説として形成されていくこととなった。

以上のような介護苦による心中・殺害事件をめぐっての「介護の孤立」を問題化する言説活動は、その対応として、「介護者へのケア」の重要性の強調へとシフトしていく。二〇〇五年一〇月一六日付『讀賣新聞』（朝刊）では、「［記者ファイル］老老介護の悲劇　求められる介護者へのケア」という見出しで、「家族の中で誰かが介護が必要な状態となり、心身の疲れや将来への絶望感から終わりの見えない中で起きる殺人や無理心中などの事件が後を絶たない」と冒頭で述べた上で、介護殺人について研究している加藤悦子が示す「九八〜二〇〇三年の間、報道されるなどした介護殺人の件数は、計一九八件。約六割が老老介護下での発生」というデータや、高齢者福祉を専門とする津村智恵子による「地域住民が入りづらい場合は、高齢者から警戒されにくい保健師が介護者の健康状態を診るのが効果的。介護サービスを受けている世帯では、ケアマネジャーが、介護者に精神的余裕が生まれるようなケアプランを作成する必要がある」とのコメントをもとに、「介護者のケア」についての考察と提言がなされている。

　こうして、介護者をケアする施策の不在を指摘し、介護者に配慮したケアプランの作成、介護者同士の交流会など「介護者のSOS」を受け止めるための施策が提言され始めた。この過程で特に注目されたのが、男性の介護者である。介護をめぐる問題では、特に男性介護者に着目すべきことが、新聞記事でしばしば指摘されている。二〇〇六年九月一七日付『朝日新聞』（朝刊）「「介護疲れ」相次ぐ悲劇　殺人・心中　高齢者、孤立の末」という記事では、冒頭に「高齢の夫婦間で、無理心中を図ったり連れ合いを殺したりする事件が相次いでいる。介護疲れなどを理由に、男性が加害者となる例が目立つ。隣近所や肉親にもうまくSOSを発することのできない「老老世帯」の孤立ぶりが浮かびあがる」と述べ、夫が「介護に疲れた」と書いた遺書を残してアルツハイマー病の妻と心中した事件など、男性介護者による二つの事件について詳しく述べたうえで、「最近の主な「老老介護殺人」」として九件が例に挙げられている。

　二〇〇七年五月二七日付『讀賣新聞』（朝刊）では、「八三歳夫、妻絞殺後に自殺　男性介護者の孤独　「弱音吐かぬ」生き方」という見出しで、「男性介護者の孤独」の背景に「弱音吐かぬ」というジェンダー的特性があることが指摘されている。この記事では、冒頭部で「介護に絡む殺人、心中事件の加害者の約七割は男性といわれるが、悩みを一人で抱え込みがちな男性介護者に対する社会のケアは十分ではない」と述べた上で、加藤悦子による「六〇歳以上の人が介護が原因で被害に遭った殺人、心中事件は一九九八年からの八年間で約二六〇件発生」「加害者の約七割は男性で、家事や介護に不慣れで、地域社会からも孤立しがちな人が事件を起こすケースが目立つ」という実態や公衆衛生学の本橋豊による「特に高齢男性の場合、『人に迷惑をかけたくない』と、周囲に悩みを打ち明けない傾向がある」という指摘が掲載されている。

こうした言説活動はその後も続いた。二〇〇八年四月七日『讀賣新聞』(朝刊)「[京の深層]老老介護心中　高齢者、悩み抱え孤立　ネットワーク作り急務」では、介護問題の記事でしばしば登場する加藤悦子により、「昨年までの一〇年間に介護を受ける六〇歳以上が被害に遭った殺人・傷害致死事件は少なくとも三五〇件で、五八％は六〇歳以上の親族による「老老介護」下で起きた」こと、「加害者はきまじめな男性が多く、「他人に迷惑をかけられない」と孤立する例」が目立つことが示され、「大切な家族を介護したいと思うのは当然。介護者が悩みを打ち明けたり、相談したりできる場が必要で、介護者同士のネットワークや行政の支援体制整備が急務だ」と訴えられている。

以上のように、二〇〇〇年代には、相次ぐ介護心中・介護殺人事件をめぐり、特に男性介護者を孤立させないように留意しつつ、高齢者を家族だけでなく社会、地域全体で支えていくべきという指摘、主張が活発に行われた。この言説活動は一旦沈静化するものの、二〇一六年に再び活発化する。

二〇一六年一二月五日付『讀賣新聞』(朝刊)では、「介護殺人・心中など179件　本社調査　高齢の夫婦間4割」という見出しで、読売新聞社が日本福祉大学の湯原悦子(加藤悦子)の研究資料を用いて実施した独自の調査分析結果をふまえた記事を続けて掲載している。この調査によれば、高齢者の介護をめぐる家族間の殺人・心中などの事件が二〇一三年以降に少なくとも全国で一七九件発生し、一八九人が死亡していたという。このうち七〇歳以上の夫婦間で起きた事件が四割を占めており、高齢者夫婦が「老老介護」の末に悲劇に至る例が多いことを指摘している。また、二〇一三年の国民生活基礎調査では男性が主な介護者の家庭は三一％であったが、読売新聞社の調査では加害者のうち一二六人、七〇％が男性であり、「家事に慣れない男性の方が思い詰めやすい傾向が示された」と述べている。この調査結果をうけて、この記事では、介護殺人だけでなく児童虐待、家庭内暴力、親族間殺人などにもふれ、戦後の核家族化・都市化・非婚化などを背景に「孤立する家族」の負担が限界に達していること、また「苦しむ家族を孤立から救うための制度や支援の在り方」を不断に検証し考えていくことの必要性が訴えられている。

さらに、同年からは、『讀賣新聞』（朝刊）にて「孤絶　家族内事件」という記事が連載されている。一二月一八日付の記事では、「［孤絶　家族内事件］介護の果て（8）「子に迷惑」独り苦悩」という見出しで、子どもがいるにもかかわらず、「老老介護の苦しみや不安を子供と分け合おうとしないまま、犯行に至ったケース」が挙げられている。二〇一七年一〇月三〇日付の記事では「［孤絶　家族内事件］気づかれぬ死（2）介護者息絶え　共倒れ」という見出しで、独居ではないにもかかわらず、周囲に気づかれずに孤立した状態で亡くなるケースが挙げられ、特に要介護の高齢者二人暮らし世帯がそのリスクと隣り合わせにあることが指摘されている。たとえば、岩手県で九一歳の母親と六四歳の長男が、いずれも死後数日たった状態で見つかった事件が例として挙げられ、家族社会学者の斎藤真緒による「介護者が地域とのかかわりも薄いと、『共倒れ』の危険が高まっていても外部からの把握は難しくなる。また、介護者は自分の健康管理がおろそかになりがちで、これも共倒れの危険を高める。介護者が負担を抱え込まないよう、家族以外に頼める部分は積極的に手放すことも大切だ」とのコメントが付されている。

こうした同居者がいるにもかかわらず共に孤立して亡くなるケースは、その後も増加し、後に「同居孤独死」として注目を集めていくこととなる。二〇二〇年一一月二二日付『讀賣新聞』（朝刊）の記事では、「「同居孤独死」独居優先　見守りに盲点」とし、「同居孤独死」について専門家や厚生労働省地域福祉課職員のコメント等をもとに解説している。この記事では、「同居孤独死」問題が示すように地域での高齢者の見守り活動において「同居者がいる世帯」が盲点になっていること、今後は見守り活動の対象を同居世帯にも拡充するなどの対策が急がれていることを主張している。

こうして、一九九〇年代以降には、ひとり暮らし高齢者の「社会的孤立」や「孤独死」だけでなく、「老老介護」

など孤独・孤立の状態で介護する人々の問題や、同居者がいても夫婦あるいは親子ごと孤立し問題を抱えたまま周囲が気づかずに追い詰められているケースにも社会全体が対応していくべきという認識が広がっていった。

第４節　おわりに

以上みてきたように、一九九〇年代以降からは介護心中、介護殺人、同居孤独死などの事件をめぐり、ひとり暮らし高齢者だけではなく、高齢夫婦、高齢の親子やきょうだい、高齢者だけでなくとも様々な事情を抱えたまま介護負担がのしかかることで追い詰められる家族など、様々なケースの問題が生じていることが明らかにされた。

第４章で述べたように、高齢者の孤独・孤立の問題は、母子の孤立や若者の孤独・孤立の問題などと比べ、かなり早い段階から政策的に重要な課題としてクローズアップされてきた。その背景には、高齢化が急速に進展することが明らかであるなかで、社会保障費の財源をどうするかが早い段階から焦点となり、その対策として個人や個々の家族、あるいは地域社会の「自己責任」「自主性」を強調する在宅福祉・地域福祉を重視した施策にシフトする必要があったことが大きい。日本では高齢者の自殺率が世界トップクラスであることや、メディアでも自殺・孤独死事件が注目されたことも重要なきっかけではあったろうが、それ以上に在宅福祉・地域福祉を推進するうえで、高齢者の孤独・孤立の問題にどう対処するかが重要な課題となっていたのである。「自己責任」「自主性」を期待できないひとり暮らし高齢者をどうするかが焦点になったのも、そのことが背景にあったからである。

こうした高齢者や介護に関わる問題を、個人・家族や地域社会の「自己責任」「自主性」で対応しようとする方針は、現在も変わっていない。二〇〇〇年からは介護保険法が施行され、その後も度重なる社会保障関連の法制度改正、地域包括ケアの展開など様々な施策がとられてきた。また、自治体や地域自治団体、市民活動団体をはじめ、専門家や地域住民が連携してネットワークを構築しながら地域の見守り活動が活発に進められている。しかし、

「ケアの社会化」の推進といいながらも、実際には、家族がいるなら家族が介護を担うべきという指針は生きており、介護認定を受けるハードルは高い。また、人口学的世代の変化や個人の意識・生活様式の変化、少子高齢化に未婚化・単身化、また重要なこととしていわゆる「現役世代」そのものが雇用環境の悪化等を背景に生活困窮リスクに晒されていることなどから、既に普及している言葉を拾ってみるだけでも「所在不明問題」「セルフネグレクト」「八〇五〇問題」「ダブルケア」「ヤングケアラー」など「制度のはざま問題」といわれるような新たな問題が次々と発見され、高齢者の介護をめぐっては、個人や家族の「自己責任」「自主性」では対応できないことは明らかである。また、本章の記事で指摘されているような経済的負担が少ない特別養護老人ホームへの入居の困難さや介護認定のハードルの高さなども、二〇二〇年代半ばに入る現在においても何ら解決されていない。それどころか、新型コロナウイルスをはじめとする感染症流行などの影響も大きく、介護の負担はさらに増しているのが現実である。介護の事情で離職、休学・退学する人も後を絶たない。それにもかかわらず、行政施策としては一九七〇年代から変わらず、「住み慣れた地域・自宅で暮らし続ける」ことの望ましさを前面に出しておきながら、社会保障費削減のために、高齢者のケアは地域や個人・家族の「自助」「共助」にゆだねようとする傾向が一層強まっている。さらに、高齢者のケアにおいて極めて重要な医療においても「地域医療構想」の推進によって、必要な時に必要な医療を受けられる体制が崩れつつある。高齢者やその家族を含めた孤独・孤立の問題の深刻性が叫ばれ、その対策として地域見守り活動を推進しても、個人や家族が抱える根本的な問題に対処するための医療・介護の体制（経済面も含め）が個人・家族の負担を増す方向に逆行している現状では、いくら「つながり」をつくっても、根本的な問題が解消されようがなく、新たな問題は増え続けるばかりで本末転倒である。もちろん、改めていうまでもなく、個人や家族が抱える問題を、孤立状態でみえなくさせている状況から拾い上げ社会で共有していくためには、まずは孤立・孤独の状態にある人々に気づき、つながるための活動が重要である。しかし、その「つながり」の先には、個々の家庭や個人が抱える問題を社会で共有し、その根本にある問題を考え、解決するためのアクションがなければならない。ＮＰＯなどの市民活動団体、地域自治団体などで既にそのようなアクションは展開されており、それらは尊い活動で、広がっていくべきであることは疑いない。しかし、社会システムの運用を担う国・自治体がそれらの活動を通じて明らかにされる問題をしっかりと受け止めて制度改善に反映しない限り、いくら「つながり」を支援しても、孤独・孤立の背後にある問題そのものはなくならないだろう。高齢者の孤独・孤立の問題は、もはや、単に生きがいの創出や孤独感の解消、ひとり暮らし高齢者の見守りといった対応で済むものではない。そのことは既に何十年にも渡って指摘され続けている。そして、後の章で取り上げるように、もはや高齢者だけの問題ではなく、若い世代や中高年世代にとっての問題でもあるのである。

注

（1）　具体的には、『朝日新聞』『讀賣新聞』記事データベースを用い、一九九〇年から二〇二〇年を対象に、「高齢者」を示す言葉と「孤立」「孤独」を示す言葉を検索語として単独で、および各々クロスして記事を抽出し、分析・考察した。さらに、それらの記事をレビューーして抽出された、「孤独死」「孤立死」「介護心中」「老々介護」「セルフネグレクト」など高齢者の孤独・孤立に関連が深い問題をあらわす言葉を検索語として記事を抽出し、分析・考察の対象に加えた。

（2）　家族による要介護者への殺害等の事件が注目を集めたことから、二〇〇二年には高齢者虐待防止法が制定された。しかし、虐待防止よりもむしろ介護を家族だけに担わせて介護者を追い詰めている現実を何とかすべきである、という言説も形成された。

第8章 児童虐待と「育児の孤立」問題の普及

第1節 はじめに

第4章では、一九七〇年代に子殺しをめぐって「母親の孤立」が問題として立ち上がっていく過程をみた。子殺しをめぐる言説活動においては、母親自身による活動グループと一部の研究者らによって「母親の孤立」が問題とされたが、一九九〇年以降、育児における母親の孤立の問題は、少子化と児童虐待との関連から政策課題として徐々に注目が高まっていくこととなる。特に、「育児の孤立」が急速に注目されるようになるうえで、児童虐待問題との結びつきは大きな意義を持っていた。二〇〇〇年前後には児童虐待問題への社会的な注目がさらに高まり、「育児の孤立」は「社会で早急に対処すべき問題」として認識されるようになった。また、児童虐待だけでなく、少子化と、その対策としての「子育て支援」の取り組みの広がりによっても問題の普及化が進んだ。

一九九〇年代は、「子育て支援」政策が重点化され始める時期であった。「一・五七ショック」以降、少子化が社会的な問題として取り上げられ始めた。一九九四年には「国際家族年」の指定や「子どもの権利条約」の発効など家族と子どもへの注目が高まる契機が続き、エンゼルプランが発表され「子育て支援」重点化の方向性が示される。この頃から、子ども家庭福祉論の研究者が「孤立した子育て」から「社会で子育て」への転換や、特別な事情を抱えた児童を対象とした「児童福祉」から一般家庭を対象とした「子ども家庭福祉」への転換の必要性を主張するようになり（高橋ほか 1996）、それが政策にも反映されていく。一九九八年の児童福祉法改正、一九九九年の新エンゼルプラン、少子化対策推進基本方針などの施策には、その考えが反映されている。二〇〇〇年以降には、児童福祉法改正に伴い、育児支援家庭訪問事業やつどいの広場事業などの「地域子育て支援事業」が法定化され、より重点的に制度化が進められるようになった。

さらに、この時期には、「育児の孤立」に関連する研究が進展し、その成果がメディア等を通じて広く周知された。一九八〇年代に実施されてきた育児に関する研究、たとえば「子どもを愛せない母親」（大日向 1988）、「育児不安」（牧野 1981）などの研究の知見が報道され、孤立した子育ての実態が指摘されるとともに、その状況が育児不安に結びつくことが示されていった。二〇〇〇年以降には、「育児の孤立」が進んでいることを裏付ける研究成果の公表も進められるようになる。二〇〇六年にまとめられた原田正文による「兵庫レポート」はその代表的なもので、「育児の孤立」の実態を示す代表的な調査として他の論文や新聞記事、ホームページなどでしばしば取り上げられている。このレポートでは、一九八〇年の「大阪レポート」からの一〇年間の子育て実態の変化も調査しており、「近所にふだん世間話をしたり、赤ちゃんの話をしたりする人はいますか」という質問の結果、「『一〜二名』もいないまったく孤立している母親が『大阪レポート』では一五・五％であったものが『兵庫レポート』では三二・〇％と二倍以上に増加し、約三人に一人の母親が孤立している」という結果を示し、「乳児を育てている母親の孤立化が極端に進んでいる」（原田 2006: 94）と結論づけている。このデータは、「育児の孤立」が急速に進んでいることを裏付けるものとして用いられるようになった。

行政の施策や学術研究だけでなく、二〇〇〇年以降になると、「子育て支援」の市民活動の全国的なネットワーク化や、リーダー研修、セミナーなども盛んに行われるようになった。たとえば、二〇〇四年に設立された「つどいの広場全国連絡協議会」は、その代表的なものである。この協議会では、厚生省の「つどいの広場」事業のモデルとなった「ＮＰＯびーのびーの」の奥山千鶴子氏が代表として活躍している。このＮＰＯの活動は、度々新聞記事でも取り上げられた。新聞記事では、奥山氏自身の「子育てに悩んだ」経験、「突然の孤独」の経験、そして保健所での活動を通じて「仲間ができた」経験、「『自分たちですぐにつくろう』と思った」経緯が記述されている。そして、最後に「子育てする女性を孤立させない。かつてのように地域の多くの人で支えてほしい」とのコメントが掲載されている（二〇〇〇年二月五日付『朝日新聞』朝刊）。このように、一九九〇年以降、児童虐待や少子化との結びつきによって「育児の孤立」は注目を集め、さらに二〇〇〇年以降には、児童虐待対策の展開や「子育て支援」の法定化によって問題の普及化はさらに加速していく。

児童虐待をめぐる「育児の孤立」言説において注目すべきことは、「虐待」という行為に至らずとも、多数の母親が育児における孤立感や、そこから生じる「ついイライラして、たたいてしまいそうになる」「私も虐待してしまうかもしれない」という不安を抱えていることが明らかにされたことである。そうした「潜在的」な虐待リスクの認識にもとづき形成される「育児の孤立」言説は、日本では依然として「家族の孤立」に「父親の不在」が重なり育児の負担が母親にのみ負わされ孤立した育児が行われていること、女性が出産・育児により、それまでのキャリアを捨て「母親」としての役割にのみ従事しがちであることなど、一九七〇年代の子殺しをめぐる「母親の孤立」言説とほぼ同じパターンを引き継いでいる。しかし、一九七〇年代から八〇年代には一部の専門家・有識者や市民活動家らによって「母親の孤立」が指摘されたものの政策課題としてはさほど取り上げられなかったが、一九九〇年代以降、とりわけ二〇〇〇年代以降は「孤立する母親をいかに発見し、見守りするか」や、社会・地域みんなで子育てをしていくことが重要な政策課題となるだけでなく、多数のNPO等の市民活動団体、地縁団体によって「子育て支援」活動が行われるようになった。その背景には、「育児の孤立」が、育児を行う誰もがその状態になってもおかしくない、もはや少数者の問題ではなくなったという認識が形成されたことがあるだろう。では、そうした認識枠組みの転換はいかにして起きたのだろうか。

本章では、この一九九〇年代から二〇〇〇年代にかけての時期に、「育児の孤立」がどのようにして社会問題として広く認識されていったか、また、どのようにしてその対処活動としての孤立する母親や家族への見守り・支援が強化されてきたのかを、児童虐待との関連から記述・分析していきたい。なお、本章では、問題の普及過程を観察することを目的としているため、新聞記事を出発点として、そこで引用・参照されている学術論文や書籍、政策資料をみていくこととする(1)。

第2節　児童虐待への注目の高まりと「育児の孤立」問題の普及

本節では、先述の資料から把握できた普及化の過程のうち、「育児の孤立」が児童虐待との関連の中で、どのようにして問題として普及していったかを記述していく。

対象となる新聞記事の内容を分析すると、大きくは①行政や民間支援団体による児童虐待の調査結果や事例分析結果の公表、②児童虐待事件に関する記事、③児童虐待に係る法制度に関する記事、④行政や民間団体による児童虐待対策の取組み事例の紹介、などに分類できる。これらの記事は、単独で記事となっているだけでなく、組み合わされて記事として構成されることも多い。また、多くの場合、研究者や公的機関の相談員などのコメントがあわせて掲載されている。

問題の普及化過程を新聞記事から読み取っていくと、まず、特筆すべきこととして、一九九〇年代初めに行政や支援団体による児童虐待調査や相談事例分析の結果の公表が一斉に始まったことが挙げられる。初の全国実態調査としては、一九八九年に全国児童相談所長会調査が始まっており、続けて一九九〇年には厚生省による児童虐待相談処理件数の調査・公表が開始される。また、同年には大阪で「児童虐待防止協会」が、一九九一年には東京で「子どもの虐待防止センター」が設立され、これらの機関で児童虐待相談のためのホットラインが開設された。これに伴い、新聞では各機関での相談事例を通じた虐待の「実態」が報道され、その中で孤立した母親の姿が描かれるようになったのである。

一九八九年の厚生省による初の児童虐待全国実態調査に関する記事（一九八九年六月一〇日付『朝日新聞』朝刊「子を虐待、年2000件　「食事与えず」「殴るける」　初の全国調査」）では、その調査結果から虐待件数の増加が指摘されてはいるものの、まだその詳しい実態や虐待の原因論については触れられていない。しかし、「児童虐待防止協会」によるホットラインが開設された翌日には、早速、「『母の悩み』が大半　子ども虐待110番」（一九九〇年四月一七日付『朝日新聞』朝刊）という見出しで記事が掲載され、相談者の大半は二〇歳代から四〇歳代前半の母親であることが公表されている。

その後も、こうしたホットラインを通じての相談事例の分析結果の記事が掲載されている。たとえば、一九九〇年八月には「児童虐待防止協会」の八〇〇件の事例分析結果が『朝日新聞』で公表された。その記事の見出しは「『つい虐待』…母親の相談目立つ　社会的未熟で育児不安　ささいなことから孤立してストレス　まず地域への密着を」となっており、本文には「虐待者からの電話二〇五件の大半は母親から」「地域から孤立しストレスを感じながら密室で子育てをするとき、児童虐待に向かう若い母親が少なくない」と、母親の虐待者が多いことが述べられ、その原因として地域からの孤立や密室での子育てなどの状況が指摘されている。

「イライラして、つい子供をたたいてしまう」育児不安に陥った母親から連日、こんな切迫した電話がかかってくる。大阪の民間団体、児童虐待防止協会（代表・薮内百治大阪府立母子保健総合医療センター総長）が全国初の試みとして「子どもの虐待ホットライン」を開設し四カ月、寄せられた電話は八〇〇件を超えた。地域から孤立しストレスを感じながら密室で子育てをするとき、児童虐待に向かう若い母親が少なくないようだ。（後略）（一九九〇年八月一八日付『朝日新聞』朝刊）

また、一九九二年には、「子どもの虐待防止センター」の一二〇〇件を超える事例分析の結果が『讀賣新聞』で公表された。その記事見出しは「孤立の果て『わが子虐待』『愛し方知らない』母たち」で、本文には「〝加害者〟は八割を実母が占め、実父は一割」「家の中で孤立し、子育てにイライラした母親が虐待に走るケースが多い」と、『朝日新聞』と同様の「実態」が報道されている。

「うっとうしい」「かわいくない」相談、年に一五〇〇件　加害者の八割が母

昨年五月に開設された「子どもの虐待一一〇番」には、一年で約千五百件もの相談が寄せられた。開設している「子どもの虐待防止センター」（世田谷区）によると、分析した千二百三件のうち「虐待」は六百三十八件。〝加害者〟は八割を実母が占め、実父は一割という。

家の中で孤立し、子育てにイライラした母親が虐待に走るケースが多い。子供の年齢は三歳までが多く、母親たちは虐待をやめたいと悩みながらも、「うっとうしい」「かわいいと思えない」と打ち明ける。（後略）（一九九二年一一月二四日付『讀賣新聞』朝刊）

このように、一九九〇年代初めには設置されたばかりのホットラインで把握された「実態」が報道され、これによって児童虐待と孤立が結びつけられていくようになった。

一九九〇年代末になると、一九九〇年代の初めに公表された児童虐待相談処理件数と比較して、「七年で五倍」「八年で六倍」などと件数が増加していることが新聞記事で強調されるようになる。同時に、その急増の要因についての厚生省や児童相談所職員、研究者らのコメントが掲載され、その中で「孤立」が強調されていった。たとえば、一九九八年一〇月二六日付『朝日新聞』朝刊一面の「子供への虐待　相談が急増　昨年度五三五二件　七年で五倍に」という記事では、児童虐待件数の急増の説明と、その原因論についての厚生省の見解が掲載されている。

親が子どもに暴力をふるったり、養育を放棄したりする子ども虐待について、一九九七年度に全国の児童相談所に寄せられた相談が、調査を始めた九〇年度に比べ約五倍に増えたことが、厚生省の調査で明らかになった。しかも、その二割は親と隔離しなくてはならないほど深刻な虐待だった。都市化や核家族化の進行で、身近なところに支援のない母親がイライラなどから手をあげることが多いとみられる。（中略）この急激な増加について、厚生省は、（1）子ども虐待に対する理解が社会的に深まり、家族や周囲からも通報が増えるなど、従来なら家庭内で埋もれがちな虐待が顕在化してきた（2）都市化や核家族化が進み、育児への支援がなく、孤立した母親にストレスがたまっている、などが要因とみている。（一九九八年一〇月二六日付『朝日新聞』朝刊）

このように、相談処理件数の急増の要因は、虐待に対する理解が深まったことによる虐待の顕在化によるとの見解もみせているが、虐待の要因として挙げられているのは、都市化や核家族化によって育児の支援がなく、母親が孤立していることである。

こうした児童虐待件数の増加に関する記事と「孤立」をその要因とする見解は、都道府県版の記事でも繰り返しみられ、そこでは県の職員や研究者らが、以下のように同じ論調で核家族化や都市化による親の孤立を指摘している。

昨年度、全国で四十一人の児童が死亡するなど社会問題化している児童虐待（ぎゃくたい）事案が、県内でも急増している。県への今年度上半期の相談は六十一件と、昨年同期を大幅に上回る。県は「核家族化や都市化による親の孤立が背景にある」とみて、地域と連携した防止ネットワークなどの対策を進めている。（一九九九年一二月一〇日付『朝日新聞』朝刊）

中央（草津市）、彦根の二つの県立児童相談所が一九九七年度に受けた相談のうち、子どもの虐待についての相談が、過去最高の百十五件に上ったことがわかった。虐待の統計をとり始めた九二年度は計九件で、六年間で十三倍近くになっている。県では「核家族化が進み、親が相談する相手がいないのも一因では」とみて、子育てグループの育成などに乗り出している。（中略）川上雅司・県児童家庭課長は「長時間子どもと向き合ううちに、悩みやストレスを深めていく親が多い。子育て中の親が孤立しないよう、悩みを気軽に話し合える環境づくりが大事だ」と話している。（一九九九年一月二一日付『朝日新聞』朝刊）

さらに、二〇〇〇年になると、児童虐待相談件数が初めて一万件を超えたこと、一〇年で一〇倍となったことが報道される。これらの記事でも、引き続き、母親の孤立が虐待につながるという見方が示されている。

親が子どもを殴るなどの虐待について、全国の児童相談所に寄せられた相談件数が昨年度は前年度より七割も増え、初めて一万件を超えたことが、厚生省のまとめでわかった。特に乳幼児が被害を受けている割合が増加している。近隣・知人からの訴えが増えていることから、厚生省は「周囲の関心が高まったため」とみている。核家族化を背景に母親の孤立、不安から虐待自体も増えているとの見方も多い。（二〇〇〇年一一月二日付『朝日新聞』朝刊）

家庭という〝密室〟で、親の暴力や育児放棄に声なき叫びを上げる子供たち。救う術（すべ）はないのか。背景を探る。

厚生省によると、全国の児童相談所に寄せられる児童虐待の相談件数は、昨年度一万千六百件余りに上り、前年度の約一・七倍、十年前の十倍以上に達した。

同省児童家庭局は「経済面や夫婦の関係に問題がある場合、核家族化などで孤立した母親が育児不安に陥る場合など、様々な要因が重なった時に虐待に至るようだ」と分析している。（二〇〇〇年一二月一四日付『讀賣新聞』朝刊）

以上のように厚生省による統計や相談機関の事例の公表が行われるのと並行して、児童虐待事件の報道記事においても孤立と関連づける記事が増加していく。

たとえば、一九九五年三月一九日付『朝日新聞』（朝刊）の「核家族で母が孤立　銚子の実子2人殺傷事件」という記事では、核家族で母親が孤立していたことが実子殺傷事件の背景であることを想定させる。この記事の本文では、続いて「ゆったりとした時間の中で親密な近隣関係が成り立っているこの土地で、ひっこみ思案の母親は育児について一人で悩み、不安といらだちを募らせていったらしい」との分析がなされ、そのうえで、「育児中の母親には周囲の支えが必要だ、と県中央児童相談所はいう」と、児童相談所の職員による児童虐待事例一般についての見解につなげている。さらに、事件報道に続いて「増え続ける児童虐待　母親の孤立、大きな要因に」と児童虐待に関する記事を載せ、児童相談所職員のコメントを通じて、孤立の問題性と育児サークルなど協力して子育てをするしくみの必要性を強調している。

二〇〇〇年には、児童虐待事件と孤立を関連づける記事はさらに多数みられるようになる。たとえば、二〇〇四年に『讀賣新聞』に掲載された「岸和田事件」(2)についての記事では、見出しが「［虐待の構図］岸和田事件が問うもの（中）『語り、聞く』居場所ほしい　孤立の子育て、重荷『しつけ』から暴力の悪循環」と、孤立の問題性を印象づけるものとなっている（二〇〇四年二月五日付『讀賣新聞』夕刊）。この記事の本文では、まず、冒頭で一般女性の虐待した体験が記され、続いて、その女性が「子育ての会」に参加することで「やっと孤立から抜け出せた」体験が語られる。その後、東京都の「虐待白書」の内容が紹介される。さらに、識者の「背景には子育て環境の孤立化が根本にある」とのコメントが書かれ、続いて「『孤立』は、岸和田事件で逮捕された…（中略）…容疑者の生活にも見える」との記述があり、ここで事件と孤立が結びつけられる。そして、最後は当事者が語り合う会の紹介がなされ、「語り合う。耳を傾ける。親を孤立させないための居場所が求められている。」で締めくくられる。こうして、児童虐待事件の個別のケースでみられる孤立した育児の状況が、児童虐待事例一般や、一般女性の体験や活動と結びつけられている。こうした記述のパターンは、多くの事件報道でみられた。

他にも、繰り返し報道され注目を集めた事件だけ取り上げてみても、鳥取県米子市の乳児死亡事件（二〇〇〇年三月一一日付『讀賣新聞』朝刊「米子の乳児死亡事件　子育て孤立…虐待　容疑の両親、夜泣きに疲れ果て」）、山梨県竜王町の男児殺害事件（二〇〇〇年一一月一日付『讀賣新聞』朝刊「［虐待の暗やみ］（下）孤立する母のケア課題（連載）」）、愛知県藤岡町せっかん死事件（二〇〇〇年一一月一一日付『朝日新聞』朝刊「せっかん死の背景　届かぬ支援、孤立した母（検証）」）、愛知県武豊町の女児餓死事件（二〇〇〇年一二月二九日付『朝日新聞』朝刊「ネグレクト、2年で倍増　地域で孤立が背景に」）、山口県宇部市の乳児虐待死事件（二〇〇一年二月七日付『讀賣新聞』朝刊「［孤独な育児］〈上〉「夫が相手にしない」（連載）」、二〇〇一年二月九日付『讀賣新聞』朝刊「［孤独な育児］〈下〉普通の母親にも魔の瞬間が…（連載）」）、別府市扇山町女児虐待死事件（二〇〇三年三月一三日付『朝日新聞』朝刊「孤立の親に地域支援を（子ども虐待：下）」）、東京都町田市の母子三人無理心中事件（二〇〇三年七月一一日付『讀賣新聞』朝刊「町田の母子3人心中　子育てに悩む母親　核家族化で孤立、手助けもなく」）、大阪府豊中市の女児虐待死事件（二〇〇四年五月二七日付『朝日新聞』朝刊「母、障害児抱え孤立　幼稚園に通わせず　豊中・幼児虐待死」、二〇〇四年五月二七日付『讀賣新聞』朝刊「豊中の女児虐待死　全身あざ　骨と皮ばかり　弟に障害　母孤立」）、鹿児島県日置市の母子三人無理心中事件（二〇〇六年一〇月四日付『朝日新聞』朝刊「専業主婦・孤立・育児の悩み　息子2人と心中、なぜ母親は追い込まれたのか」）など、多数の事件が孤立と結びつけられている。

続けて、児童虐待の法制度に関する記事や児童虐待防止のための取り組みについての記事、関連する政策資料などから、「育児の孤立」が児童虐待とどのようにして結びつけられながら普及していくことになるかを確認しておきたい。

児童虐待に関する法制度や施策についての記事は、一九九〇年以降から徐々に現れ始めているが、初めは各自治体の先進的取り組みを取り上げる記事であった。たとえば、一九九〇年には、大阪府が児童虐待対策マニュアルを整備していることが、全国の自治体で初めての取り組みとして取り上げられている（一九九〇年六月二二日付『朝日新聞』朝刊「児童虐待――光は見えるか　府が対策マニュアル」）。

二〇〇〇年に入ると、「児童虐待防止法」が制定されたことを契機に、より積極的な児童虐待対策が始まる。また、「児童福祉法」改正に伴い、育児支援家庭訪問事業やつどいの広場事業などの地域子育て支援事業が法定化されるなど、児童虐待対策と子育て支援施策があわさってより重点的に制度化が進み、これらの施策の展開が新聞でも報道される。

たとえば、二〇〇〇年には厚生省によるPRビデオやポスターによる通告義務の呼びかけ開始、二〇〇四年には「児童虐待防止推進月間」の設置など一般の人々に対する広報・啓発活動の制度化が進み、児童虐待リスクがある家庭を早期に発見するための地域・近隣の人々による見守りの促進策がはかられる。これらの施策は、新聞記事においても取り上げられている。二〇〇〇年二月七日付『讀賣新聞』（朝刊）の「『児童虐待』知ったら通告を　厚生省がPRビデオ　全国の自治体などに配布」という記事では、厚生省によるPRビデオの制作について報じるとともに「子供に対する虐待を防ぐには、孤立する子育てへの周囲のサポートが不可欠。虐待に気付いた人は、児童相談所などに通告を」と呼びかけている。

また、二〇〇一年には「児童虐待防止マニュアル」の作成についての記事（二〇〇一年一二月一七日付『讀賣新聞』朝刊「児童虐待、事前に防止　厚労省がマニュアル作成へ」）や、「つどいの広場」事業についての記事（二〇〇一年一一月二一日付『讀賣新聞』夕刊「子育て支援『広場』新設　空き店舗などを活用　厚労省が計画」）など、次々と児童虐待防止施策、子育て支援施策の記事がみられるようになる。

さらに、二〇〇三年には厚生労働省社会保障審議会児童部会「児童虐待の防止等に関する専門委員会報告書」によって、児童虐待対策において待ちの支援から要支援家庭への積極的アプローチによる支援への転換が目標として掲げられる（社会保障審議会児童部会 2003）。この報告書では、積極的なアプローチの具体的施策として家庭訪問事業があげられており、全国的には二〇〇四年から開始された育児支援家庭訪問事業、二〇〇七年からの乳児家庭全戸訪問事業などの事業がこれに該当する。この家庭訪問事業についての記事も二〇〇三年頃からみられるようになる。たとえば、自治体の取り組みとして健診を受診しなかった家庭を直接訪問する「ローラー作戦」、「ハイリスク家庭」を訪問員が見回る事業などの事例を取り上げた記事が登場し（二〇〇三年二月一六日付『朝日新聞』朝刊「『密室の子守れ』虐待対策を加速（追う）」、二〇〇五年二月一一日付『讀賣新聞』朝刊「定期健診未受診の乳幼児見守り支援へ　民生・児童委員ら、全９０００世帯訪問」、二〇〇六年二月二一日付『朝日新聞』朝刊「児童虐待防止、県「相乗り」家庭訪問、市町村への国補助事業に／栃木県」）、二〇〇七年には全戸訪問事業に関する記事が掲載される（二〇〇七年三月二九日付『讀賣新聞』朝刊「［支えあって子育て］変わる制度（上）全戸訪問で悩みに即応　生後４か月までに」）。また、二〇〇五年には厚生労働省雇用均等・児童家庭局「子ども虐待対応の手引き（平成一七年三月二五日改訂版）」で「発生予防」の項目が追加されるなど、リスクアセスメントの重要性が示されていく（厚生労働省 2005: 20-27）。

こうした施策が進められる中で、児童虐待の背景や原因としての孤立への注目から、児童虐待を発見するための指標としての孤立への注目が高まるようになっていく。たとえば、リスクアセスメントにおいては「養育環境のリスク要因」の一つに「親族や地域社会から孤立した家庭」が挙げられている（厚生労働省 2005: 28）。また、広報・啓発の文書の中でも虐待リスクのある家庭を発見するための指標として孤立しているか否かが挙げられるなど、孤立が児童虐待リスクの指標として用いられていくようになる。このようにして、「育児の孤立」は、児童虐待の原因としてだけでなく、虐待リスク発見のための指標として、一般の人々に広報されていくこととなったのである。

第3節　児童虐待の原因論の中での孤立の強調

以上のように、「育児の孤立」問題は、行政や支援団体による調査結果や虐待相談事例の公表、児童虐待事件の報道、行政による施策の広報などの様々な活動を通じて、広く一般に普及してきた。「育児の孤立」が問題として普及していく上で重要なポイントとなったのは、厚生省や自治体の職員、公的機関の相談員によって児童虐待の原因論の中で孤立が強調されたことであろう。ここでは、この点について、さらに考察を進めたい。

児童虐待の原因論の中で孤立が強調されたのは、孤立という概念が、①児童虐待問題に対処するための課題として照準を合わせやすかったこと、②児童虐待リスクの指標としての有効性を持っていたこと、の二つの条件を満たすものであったからと考えられる。前者は、厚生行政が担当する範囲で、かつ厚生行政がもつ資源で対処可能な課題として照準を合わせやすかったということであり、後者は、早期発見と予防の要請に応えるために孤立という指標が有効であったということである。

まず、第一番目の、児童虐待問題に対処するための課題として照準を合わせやすかったという条件について考察してみたい。上野（1996）でも明らかにされているように、日本における児童虐待問題をめぐっては幾つかの主要な言説がある。それらの言説のうち、児童虐待の原因論にふれているものについて、新聞記事での厚生行政職員や研究者らによるコメントおよび政策資料の言説をみていくと、特に孤立が強調されていることがわかる。[3]

児童虐待の原因論としては、しばしば四つの要素が挙げられる。①多くの親は子ども時代に大人から愛情を受けていなかったこと、②生活にストレス（経済不安や夫婦不和や育児負担など）が積み重なって危機的状況にあること、③社会的に孤立化し、援助者がいないこと、④親にとって意に沿わない子（望まぬ妊娠・愛着形成阻害・育てにくい子など）（厚生省 2002: 18–19）、の四要素である。[4] これは、多少表現は異なるが、『厚生白書』や民間団体の文書、新聞での識者コメントなどにおいても繰り返し用いられている原因論の典型である。政策資料や支援現場の職員の言説では、この四要素のうち、特に孤立が強調されている。たとえば、『健やか親子21検討会報告書』でも三番目の親の社会的孤立をなくすことから始めるべきことが述べられているし、『厚生白書』でも、虐待の要因としては一貫して孤立が強調され、対策においても、最も重要なこととして育児負担や孤立を解消するための子育て支援の必要性が述べられている。

政策上、孤立が強調される背景についてみていくと、この孤立という概念が、児童虐待問題に現実的かつ具体的に対処していくための政策課題として照準を合わせやすかったからであることがわかる。たとえば、「第２回健やか親子21検討会議事次第」をみると、虐待の四つの条件がそろわないように、「援助の方法はまず、出会った者が親の援助者になることによって、三番目の親の社会的孤立をなくすことから始め」ていくべきことが、「具体的現実的な援助方法」と思い取り組んでいくということが述べられている。このように、虐待の四要素が揃わないようにすることが重要とされる中で、その四要素のうち厚生行政が持つ資源によって最も具体的・現実的に対処しやすいのは、つどいの広場や家庭訪問などの施策によって取り組むことができる孤立である。このことが、政策文書において児童虐待の原因論の中で特に孤立が強調されることにつながったといえるだろう。

次に、第二番目の、児童虐待リスクの指標としての有効性について考察してみたい。問題化され始めた時点では、孤立は児童虐待の背景の一つとして説明されていたが、児童虐待と孤立の結びつきが強められるにつれ、孤立は児童虐待リスクを抱えた母子を発見するための指標として注目されるようになった。たとえば、支援現場の職員、近隣住民などによるモニタリングを促進していく上で、第三者から見てもリスクを発見できるよう、孤立の状態が生じていないかがチェックされるようになったのである。このことは、以下の「児童虐待防止協会」のホームページのキャッチ・コピーによく示されている。

孤立した親子を見かけたら…
なんだか気になるけど　どうしたらあの親子を救えるのかしら
近所に孤立した親子はいませんか
虐待は親子が地域社会から孤立している時　起こりがちです。（後略）

このようにして、政策や支援の現場では、児童虐待の原因論の中で特に孤立が強調されるようになってきた。しかし、この具体的現実的な援助方法に取り組むための孤立の強調が、報道や現場で用いられる文書を通じて、その目的を離れて孤立が虐待を引き起こすという認識を人々の間に浸透させ、孤立の問題化を促進してきたともいえる。たとえば、新聞の投書欄でも「孤立した母親による事件を耳にする度に…」という記事や「先日、子育てがテーマの講演を聞きに行った。話の中で印象に残ったのは、最近、問題となっている幼児虐待。孤立した母子育児から、うつ状態となり、さらに父親の非協力が発生を倍増させるという」といった記事がみられたり、児童虐待事件報道においても孤立をキーワードとした特集が組まれたりと、孤立が児童虐待を引き起こす、という認識が人々の間に浸透するようになってきているのである。

第4節　おわりに

「育児の孤立」問題は、一九九〇年以降、児童虐待問題と結びつけられることによって急速に普及した。その普及過程で注目すべき点として、政策や支援現場において児童虐待の原因論の中で特に孤立が強調されたことが挙げられる。これは、孤立という概念が、①児童虐待に対処するための課題として照準を合わせやすかったこと、②児童虐待リスクの指標としての有効性を持っていたことによると考察される。このようにして、政策や支援現場において児童虐待問題に対する具体的現実的な援助方法をとるために強調されるようになった「育児の孤立」問題は、広報・啓発の文書やマスメディアの報道を通じて、多くの人々に社会的に対処が必要な問題と認識されるようになった。

また、本章では、「育児の孤立」問題が普及していくに従い、孤立した家庭をリスク家庭とみなした見守り・支援の強化が急務とされ進められていく過程についても記述してきた。これらの活動は、「なぜ問題となりうるのか」「なぜ対処する必要があるのか」という論争を呼び起こすこともなく進められている。一九九〇年以前にも、「母子の孤立」や「母親の孤立」、「育児の孤立」などは「子殺し」や「母原病」等の何らかの問題と結びつけられながら問題として言及されてきた。しかし、近年「育児の孤立」は、政策文書や新聞でも単独での言及が多くなり、また単独で緊急に対処すべき問題と位置付けられ対処活動が盛んに行われるようになった。これは、一九九〇年以降に問題化が進んだ児童虐待問題との結びつきが、これまでの他のどの問題との結びつきよりも、社会的な問題として認識されやすかったからと考えられる。

また、本研究からは、二〇〇〇年代は「育児の孤立」言説の普及過程において重要な転換期であることが示唆された。二〇〇〇年以降は、「育児の孤立」は児童虐待など他の問題との関連性を説明しなくても単独で問題として言及されるようになり、かつ、緊急に対処すべき問題とみなされ、さらには他の問題のリスクを発見するための指標となっている。一九九〇年代には既に児童虐待や少子化との結びつきによって「育児の孤立」は問題として注目を集めたが、特に孤立が問題として普及していくのは、虐待リスク発見の指標として孤立を防ぐための広報・啓発が促進された二〇〇〇年以降である。また、この時期から、少子化や児童虐待対策として地域における「子育て支援」の活動が推進されるに伴い、「育児の孤立」は、児童虐待や育児不安の背景として言及されるだけでなく、単独で社会問題として言及されるようになった。また、この「育児の孤立」問題の普及に伴い、その背景にある個人・家族の孤立も問題として自明視されるようになった。地域における「子育て支援」の前提として、地域や親族からの「家族の孤立」が強調されるようになったのである。

さらに、第5章と本章の記述を通じては、一九七〇年代の子殺しをめぐる言説活動と一九九〇年以降の児童虐待をめぐる言説活動のあいだで、育児における孤立の言説がどのように変容しているか／変容していないかが示唆された。一九七〇年代の子殺しをめぐる言説と一九九〇年以降の児童虐待をめぐる言説では、ともに育児問題の背景として「母親の孤立」が問題とされている。それらの言説には「地域や親族から孤立した家族の中で、専業主婦の母親がひとりで子育てを行い、相談相手もなく育児ノイローゼ／育児不安に陥り、それが高じると子殺し／児童虐待にいたってしまう」という極めて似通ったパターンが見出せる。つまり、一九七〇年代の「母親の孤立」を問題とする言説活動で形成された認識枠組みは、一九九〇年以降の「育児の孤立」を問題とする言説に、ほとんどそのままの形で引き継がれているといえる。

この言説状況を見るとき、数十年が経ち、「母親の孤立」「育児の孤立」の問題性を訴える言説活動が展開されてもなお、解消されえない歴史的に根深い問題が続いていることがわかる。一九七〇年代の子殺しをめぐる言説活動では既に、「母親の孤立」は、狭義には「家族の孤立」と「父親の不在」が重なっている状況を示すものであったが、広義には「母子一体性」「育児疲労」「男女分業思想」「母親の育児への埋没」「女性の生き方の軽視」などの関連する状況を含む包括的かつ象徴的な概念として用いられていた。一九九〇年以降には児童虐待や少子化をめぐりさらに活発な「育児の孤立」言説が展開されている。しかし、その後三〇年以上が経つ現在、いまだに「育児の孤立」の言説活動では同じ問題に追い詰められる多数の人々、とりわけ母親である女性の存在が見出せる。二〇一七年には「ワンオペ育児」という言葉が流行したことからもわかるように、一般社会で「育児の孤立」が問題として認識され「子育て支援」「育児の社会化」が推進されようとしてもなお、何十年も前と同様の問題状況は解消されずに残り、同じような言説が異なる言葉で普及し続けているのである。もちろん、一九七〇年代と比べて一九九〇年代以降にはジェンダー問題への意識が高まり、父親の「育児参加」に関しても男女共同参画施策の中で取り上げられてはいる。しかし、そこでの論点は労働力としての女性の活躍推進や夫婦共働きを前提としたワーク・ライフ・バランス推進等の考えにもとづくもので、「育児の孤立」と関連づける言説はさほどみられない。育児における「母親の孤立」は、歴史的に多様な意味を含んできたにもかかわらず、近年の行政における施策では、その前提として認識されている「育児の孤立」が指し示す状況は狭義的になっているのではないか。行政においては、「育児の孤立」が問題とされる時、児童虐待との関連性が強調され、交流の場の形成や家庭訪問の強化など「母親による育児」を地域の人々や専門機関が支援していくことに主眼がおかれている。こうした現在の対処活動は、確かに育児に関する相談相手がいないことや育児負担が続くことに困難を感じている人々の問題を解決する手段としては重要である。しかし、それだけでは解決しえない問題も多々あるはずだ。高齢者のケアと同様に、子育てにおいても、日本社会ではいまだ「家族」、とりわけ「母親」が担うべきという認識が根強い。「ケアの社会化」を促進すべきといわれてから数十年が経ち、「ワンオペ育児」という言葉が流行語になったにもかかわらず、子育てに関わる問題はやはり個々の家族の問題であり、社会はあくまで親が子育てを頑張っていることを前提としてそれを「支援」するのみ、という枠組みは変わらない。また、子どもや親に障害や持病がある場合や貧困の状態、ひとり親、また就学の年齢以降は子どもが不登校になることなども想定され、様々な事情を抱える家族が少なくない。それにもかかわらず、いまだそうした個々の家族の事情から生じる様々な問題には「自己責任」で対処しなければならないという風潮がある。そうした風潮のなかで、何か問題が深刻化した場合、現在の「育児の孤立」への対処活動によって、その当事者は追い詰められずに済むだろうか。

なお、本書では紙幅の都合から詳しく取り上げられないが、二〇〇〇年代以降は第９章、10章で述べるように雇用情勢の悪化により非正規労働者の生活困窮問題が深刻化した時期である。二〇〇〇年代後半からは「ワーキングプア」という言葉が広がったが、この時期には「みえない貧困」、すなわち貧困と孤立が重なった状況が、子どもがいる世帯、とりわけひとり親世帯に広がっていることも明らかにされた。そもそも、ひとり親は、子育てと家事と仕事、時には介護もひとりで担うことになりやすい。また、ひとり親世帯は、一般の子どもがいる世帯と比べて貧困率が高いことが指摘されている。そのため、ひとり親の孤独・孤立は、貧困の問題と絡んで深刻なケースになりやすく、早急に対処すべき問題として浮上している。特に、二〇〇八年の阿部彩の『子どもの貧困――日本の不公平を考える』に代表される「子どもの貧困」の顕著な問題化により、子どもを取り巻く格差の問題も取り上げられ、母子世帯では貧困率が極めて高いことが改めて注目された（阿部 2008）。その問題化をさらに進めたのは、貧困で生活が行き詰ったシングル・マザーが、誰にも相談できないまま子どもを殺害した事件である。この事件報道をきっかけに貧困で苦しむシングル・マザーの心中が多発していることが明らかにされ、シングル・マザーの孤立を防ぐための整備が急速に求められた。「子どもの貧困」の言説活動によって形成された認識枠組みは、「無縁社会」ブームとも重なって、もはや日本では「みえない貧困」、すなわち貧困と孤立が重なった状況が至るところに見出せる身近な問題であることが認識される重要な基盤となった。そこで問題化されたのは、日本ではいまだ「総中流意識」をもつ人が多く、怠けずに努力さえすれば貧困になるはずはないという認識を持っていることである。この状況に対し、近年の「みえない貧困」を問題化する言説活動では、毎年発表されるデータや数々の貧困に関わる事件報道、貧困世帯を支援する人々を通じて把握される実態などから、働いても働いても貧困状態から脱することが難しいケース、明らかに心身の不調から就業が難しいにもかかわらず生活保護受給できずに生命が脅かされているケース、相対的な貧困状態で一見してただ生きている上では大丈夫に見えても子どもの成長に著しい悪影響を及ぼしているケース、リストラ等で突然職と家を失った世帯のケースなど、様々なケースでの極めて深刻な貧困の実態が多々存在していることを主張した。こうした「みえない貧困」を問題化する言説活動により、日本では多様で深刻な貧困が身近に存在していることが浮き彫りにされ、日本社会における貧困につきまとうイメージ・社会的認識を背景として隠されてきた状態が「ワーキングプア」「子どもの貧困」という概念の流布とともに指摘・認識されるようになっていった。その活動は、後に子どもの貧困と孤立、ひとり親世帯の貧困と孤立をめぐる様々な社会活動や法制度の整備へとつながっていくことになる。

注

（1）『朝日新聞』『讀賣新聞』の新聞記事データベースを用い、一九九〇年一月〜二〇〇七年五月の記事を対象とし、見出しまたは本文に「児」または「子」と「虐待」を含む記事の中から児童虐待に関連する記事を抽出した。次に、その本文の内容を確認し「育児の孤立」に言及する記事を抽出して分析対象とした。さらに、これらの記事の中で参照されている資料や記事があれば収集・分析し、その資料の参照も遡ってみていくという作業を繰り返し行った。より詳細な作業手順や対象記事件数等は梅田（2011）に記載している。

（2）二〇〇四年一月に大阪府岸和田市で中学三年の男子生徒を餓死寸前まで虐待したとして父親と内縁の妻が殺人未遂容疑で逮捕された事件を指す。この事件は「なぜもっと早く救えなかったのか」との議論を呼び起こし、政策や支援現場での体制にも影響を及ぼした。

（3）「児童虐待」に関する新聞記事言説の中で、「児童虐待」の原因論としての「孤立」の位置付けを分析したところ、「児童虐待」の原因論としては「育児の孤立」を指摘するものが圧倒的に多いことがわかった。また、「児童虐待」をめぐっての主要な言説のひとつである「氷山の一角」言説が「密室」のリスクを強調し、それがさらに「孤立」の問題活動を促進させている。

（4）「第2回健やか親子21検討会議事次第」によれば、この虐待四要素は、ヘンリー・ケンプによる著書 *The battered child syndrome* の中の、精神科医のスティールが虐待発生のメカニズムについて書いている章からピックアップしたものであるという。

第9章　若者の自立・就労問題と孤独・孤立

第1節　はじめに

一九九〇年代になると、それまであまり注目されてこなかった若者の孤独・孤立に関する記事が目立ち始める。若者の孤独・孤立は、異なる次元で様々な問題化がされているが、特筆すべきは、「ひきこもり」への注目の高まりである。「ひきこもり」は、家庭内でほかの家族との対話がある場合も含むことから、必ずしも孤独・孤立の状態を伴うとは限らない。しかし、「ひきこもり」は、六か月以上家庭以外の場にほとんど出ていかず、家族以外の他者との関係性をもたないことを意味しており、それ自体が問題であると認識されやすい。そのため、一九九八年の斎藤環による『社会的ひきこもり――終わらない思春期』の出版、二〇〇〇年以降の犯罪との関連づけなどを契機にその概念が社会に普及してからは、「ひきこもり」は子ども・若者の孤独・孤立の問題を象徴する概念としてしばしば取り上げられている。「ひきこもり」は、偏見により犯罪や家庭内暴力と結びつけられ、不登校と一体化され、うつ病などの様々な精神疾患と重ねられる。この孤独・孤立の問題性を象徴する「ひきこもり」という概念の普及は、孤独・孤立をめぐる言説空間を変化させたといってよい。また、当初は子ども・若者の問題であった「ひきこもり」は、二〇一〇年代後半には、「中高年ひきこもり」「八〇五〇問題」にもつながり、その問題の持続性と広がりが若者と中高年者の孤独・孤立問題の深刻さを際立たせている。

二〇〇〇年前後は、若者の問題を示すものとして、「ひきこもり」以外にも「パラサイト・シングル」「ニート」「孤立無業者（SNEP）」など様々な概念・言葉が普及した。これらの問題の核心は、当初は若者の自立の問題とされた。若者の甘え、自立心のなさが批判され、若者の啓発と就労支援、自立支援の政策が次々と打ち出された。しかし、「ニート」をめぐる論争にみられるように[1]、これらの現象を若者の甘えや自立心のなさに還元することが批判され、その対抗言説として「ニート」「フリーター」「ひきこもり」などの言葉で示される若者が増加している背景には雇用・労働環境の悪化など社会構造の問題があるのだという言説が形成された。さらに、就職氷河期世代をはじめとする若者がおかれた雇用・労働環境の悪化、特にリーマンショック後のさらなる悪化により、「若年ホームレス」や「ネットカフェ難民」などの存在が注目され、若者の貧困と孤立の問題化を加速させた。

本章では、こうした若者の孤独・孤立が社会問題として広く社会で認識されていく過程について、新聞記事を中心とした大衆的な言説活動に着目し、分析・考察する[2]。特に「自立・就労問題」と「社会的排除・貧困の問題」との関わりに焦点をあてていきたい。

第2節　「ひきこもり」概念の普及と問題化

「ひきこもり」は、一九九〇年代後半には既に問題として立ち現れていたが、一九九八年の斎藤環による「社会的ひきこもり」に関する著書の出版を経て、二〇〇〇年の二つの事件報道をきっかけに、一気に「犯罪予備軍」という誤解と偏見と共に注目を集めることとなった。また、この前後に、一九九七年の「パラサイト・シングル」、二〇〇四年の「ニート」概念の普及など、若者の自立の問題を焦点化する契機が生じた。若者の自立の問題は、労働力の質の低下やGDP引き下げなど国力・経済力の問題とされ、若者バッシングやその対抗言説としての若者の社会的排除を問題化する言説形成へとつながった。さらに、二〇一〇年代以降になると、「不登校」「ひきこもり」

の長期化や、就職氷河期世代の雇用・就労環境悪化などの帰結として、「ひきこもりの長期化」の問題化が進む。この時期には、「フリーター」「ニート」「SNEP（孤立無業者）」などの概念とともに、孤立無業、あるいは定職についていない者の問題が、「中高年ひきこもり」の問題化につながり、当事者の経済的困窮や社会におけるGDP損失の問題など、貧困と社会的排除の問題、経済的な問題として捉え直される。こうして「ひきこもり」の問題は、子ども・若者の孤独・孤立を問題とする言説空間だけでなく、中高年齢層の孤独・孤立をめぐる言説空間も変容させた。では、「ひきこもり」をめぐる言説活動はどのようにして展開されてきたのだろうか。本節では、その過程をみていきたい。

第5章で取り上げたように、一九七〇年代から八〇年代にかけては「登校拒否」の子どもの問題をめぐる言説活動が展開され、そのなかで自宅や部屋に閉じこもっている子どもの問題も同時に取り上げられていた。また、一九九〇年代に入ると、まだ「ひきこもり」という概念が今ほど広く普及してはいなかったものの、「閉じこもり」「引きこもり」などの言葉を用いて、同様の状態が問題として公にも指摘されていた。一九九〇年には、『青少年白書』において「引きこもり」という言葉が用いられ、そこでは「一日中自室にこもったり、食事も自室に持ち込んで一人で摂ったりするなど、家族外の人間のみならず家族との接触までも最小限にしようとするもの」と述べられている。一九九一年には厚生省による「ひきこもり・不登校児童福祉対策モデル事業」が開始された。この事業は児童相談所が主体となって学齢期の子どもを対象とした事業で、一八歳以上は対象外であった。また、この事業は医療的対応が必要なケースに限られていた点で、現在の「ひきこもり」を対象とする事業とは異なるものであった。とはいえ、この頃から、専門機関を中心に「引きこもる若者」への注目が高まっていき、民間相談機関の活動なども活発化していった。

一九九〇年代後半には、メディアでも「引きこもる若者」への注目が高まる。新聞記事をみると、一九九七年二月五日付『朝日新聞』（朝刊）には「人と生きたい　引きこもる若者たち」という記事が連載されている。この連載の第一回では「社会に出られない」という見出しで、高校一年の夏に中退しその直後から自室に引きこもっているという二一歳の息子とその父親が、四年間一緒に食事をしておらず会話もメモのやり取りであるというエピソードが描かれ、その父親が訪ねた「フレンドスペース」という民間相談機関の実態として、『一九九〇年秋の開設以来、「引きこもっている」という悩みでフレンドスペースの有料面接を受けた家族数は、約七千五百に上って」おり、「中心は二十代で、平均年齢は二十三歳。ほとんどが一年以上こもっていた。「十年以上こもり、今では三十代」という相談もあった」ことが記載されている。この実態について、顧問の富田氏の「問題の根はコミュニケーションにある、と感じている」「若者が共通して訴えるのは『人間関係がつらい・分からない・信じられない』ということなんです」というコメントが併記されている。また、同記事では、精神科医の近藤直司による保健所で「引きこもり」の親たちを支える「家族教室」について述べられ、その教室での親たちの語りとして「一年前から一歩も外に出ていないんです」「動き出すまで一体何年かかるのか。いっそ交通事故で死んでくれたら、と思ったこともあります」「息子は、こもって八年です」と記載されている。さらに、文部省が不登校の子どもたちに関し「引きこもり予備軍の可能性がある」とみていること、一方で、「不登校の経験がないまま、就職直前や就職後に引きこもった人も多い。どのくらい引きこもる若者がいるのか、国も把握していない」と指摘している。

一九九八年には、斎藤環による『社会的ひきこもり――終わらない思春期』が出版された（齊藤 1998）。これを契機に「社会的ひきこもり」という概念が広がり、メディアでも取り上げられた。たとえば、一九九九年四月二四日付『朝日新聞』（夕刊）では、「ひきこもり　時代の病理を映す「孤独」」という見出しで、『社会的ひきこもり』を著した精神科医の斎藤環と社会学者の宮台真司らが専門家としてコメントしている。斎藤は、自らの「社会的ひきこもり」の若者二百余人の臨床経験から、「上は四十歳代。二十代が最も多い。発症時期は大半が二十歳前後という。退学、退職し外部と接触を絶つ。不眠、昼夜逆転。何年もそんな生活が続くうち生じた幻聴や妄想様の症状。奇行、家庭内暴力。空虚感がこうじ死を願う人もいた」「問題は、多くの精神科医が、ひきこもりを病理として認めないことだ」「単なる怠け者ではないか、と。しかし現に、抑圧を感じずに過ごせる居場所がないために悶々（もんもん）とし、やがて本当に精神を病む人が出ている」とし、「時代全体が今、ひきこもりモードに入りつつあると思う」とのコメントが掲載されている。宮台真司も「同じ感触を持っていた」とし、「若者たちが作り始めた、明確な同好の士とだけ交流する小さな世界」を「島宇宙化」とし、「『選んだものが他人と違う。なぜ違うのかは、わからない。周りが何をやってるか、わからない』ことへの身構えとして育った、他者への無関心。『島宇宙化とひきこもりは同一線上にある』。島宇宙をも探せなかった人が、ささやかなトラブルをひきがねに人間関係に自信を失いさらに退却。いつのまにか周囲の視野から消えたのが、ひきこもりだ」と述べられている。また同記事では、「だめ連」の神長恒一のコメントも掲載されている。「だめ連」は、「定職につかず、世間的にはいわゆるウダツが上がらない存在として孤立しがちな「だめ」同士が、ハクのつけ合いに終始する競争社会の論理が支配する場所とは違うところで、「まったりとした生き方」を認め合い交流しよう」と結成されたものである。神長は「本人が、それが快適なのであるなら、ひきこもりの状態が必ずしも悪いとは思わない。でも淡々としていられずに、こじれるのはまずい。より厳しい〝だめ〟の人とどう交流するかを考えるようになった。交流会にもたまり場に来るのも無理でも、手紙とか、電話でだって人とつながれる。一人二人とでいい。しょぼしょぼ、だれかとつながって」と述べている。また、文芸評論家の加藤典洋は、「やはり現代社会の病理、公害病だ」と指摘し、「内向に傾斜している。しかし……。絶望はしません。他と関係を絶ち幽霊でいることは苦しい。人間はそういう作りになっている。僕は信じる」とのコメントが載せられている。最後に、この記事では「自分はこれでオッケーだぜ、と思えるようになるためのトレーニングのつもりで、ほんとにしょぼしょぼ、だれかとつながってみないか」との文章で締めくくられている。この記事に象徴されるように、一九九〇年代後半に「社会的ひきこもり」が注目された当初は、「ひきこもり文化」ともいうべき文化論が中心となっていた。

しかし、それから数年後、「ひきこもり」は「犯罪予備軍」という偏見とともに、より深刻な状態として、さらに注目を集めることとなった。二〇〇〇年には、新潟の少女監禁事件、京都の小学生刺殺事件という二つの事件の容疑者が「ひきこもり」状態にあったことが報道された。これをきっかけに、テレビでは「急増するひきこもりの若者」といったタイトルで番組が放映され、新聞や雑誌でも特集が組まれた。犯罪とひきこもりを結びつけることに対しては、斎藤環を中心に多数の専門家から批判がなされたものの、これを契機に、「ひきこもり百万人説」が流布し、「若者のひきこもり」は人口に膾炙することとなった。

たとえば、二〇〇〇年三月三日『朝日新聞』（夕刊）では、「孤立深めひきこもり　新潟監禁事件の佐藤容疑者起訴へ」という見出しで、孤立しひきこもる容疑者の状態が強調されている。この記事では、容疑者の状態を詳細に述べたうえで、「佐藤容疑者の行動パターンは、会社で働いて友人と遊ぶといった一般的な交流に欠けていた。「社会的ひきこもり」と呼ばれる」と説明される。ただし、この記事の後半には、先述の斎藤環による「犯罪と関連するひきこもりは例外中の例外」「ひきこもりが無ければ起こり得なかった新潟の事件は、ひきこもり問題の広がりを象徴している」とのコメントも付け加えられている。また、二〇〇〇年三月一九日付『讀賣新聞』（朝刊）では「ひきこもる若者増加　推定100万人が苦悩　足りない社会の支援」という見出しで、「社会との関係を断ち、自宅にひきこもる若者が増えている。新潟の女性監禁事件などをきっかけに社会的関心が高まっているが、当事者やその家族に対する支援は十分でない「息子や娘が背負っているものを少しでも軽くしてあげたい」。新潟の事件などをきっかけに、ひきこもりの子供を持つ親から関係機関へのこうした問い合わせが相次いでいる。「どこに相談したらいいか、わからない」と孤立感を訴える親も少なくない」と、新潟の少女監禁事件を契機にひきこもりの子どもがいる親からの問い合わせが相次いでいることが報じられている。

二〇〇〇年四月には、『讀賣新聞』で「ひきこもる若者たち」という連載記事が始まった。その第一回の記事は、二〇〇〇年四月三日付『讀賣新聞』（朝刊）「[ひきこもる若者たち]（1）「人と話すのが怖い」」で、冒頭で次のように連載の主旨を説明している。

社会とのつながりを絶ち、長期間、自室にこもったままの若者たちが増えている。新潟県の女性監禁事件や京都市の児童刺殺事件の容疑者も外の世界との結びつきをかたくなに拒絶しているかのようだった。「ひきこもり」は決して、特異な状態ではない。人間関係の軋轢（あつれき）や挫折から突然、陥る。本人も脱したいと必死だが、なかなか立ち直れない。親もなすすべが見つからない。二〇代、三〇代に広がり、その数を一〇〇万人と推定する専門家もいる。問題の解決を考えるため、自分の世界であえいでいる若者に直接会って話を聞くことから始めたい。

この記事では、大学に進学したものの人と話すのが怖くなって大学を辞めた「マコトさん（仮名）」と、企業を退職して実家で無職生活を続けていたという「ハルヒコさん（仮名）」の、それぞれの事情と「ひきこもり」生活の様子が語られた後、二人がひきこもりの若者約七〇人が集う「ゼロからの会」で出会い、「自分だけじゃない」「自分を認めてくれる人がいる」と自信がついて新たな生活を歩み始めたエピソードが書かれている。

二〇〇〇年は、西鉄高速バス乗っ取り事件でも「ひきこもり」が注目された。二〇〇〇年五月二〇日付『朝日新聞』（朝刊）では、「引きこもり（闇の中で　西鉄高速バス乗っ取り事件：下）」の見出しで、事件とは全く関係のないひとりの男性の「ひきこもり」に至る経緯や状態が説明された後に、斎藤環や、同じく精神医学を専門とする鍋田恭孝、牛島定信らのコメントが掲載されている。この記事で特徴的であるのは、牛島が「子供時代に十分に甘えさせてもらえなかったり、親子の触れ合いが足りなかったりすると、自分に自信を持てず、極端に『自己愛』が強くなることがある」と指摘し、それが要因となったひきこもりが増えたと述べていることである。また、「西鉄高速バス乗っ取り事件で殺人などの疑いで再逮捕された少年（一七）も、いじめ体験などをへて、高校入学直後から不登校、引きこもりとなり、家庭内暴力を繰り返したとされる」と記述したうえで、牛島の「引きこもりになった後は、自分の空想の世界に没入する一方で、家族を支配したがり、それがうまくいかないと激しい攻撃性や怒りを見せることもある」「臨床例でも、空想の中で綿密な殺人計画を練ったり、「世間をあっといわせることをしたい」と考えたり、というケースがあった」と記載されている。この後に、「ただ、牛島さんは「引きこもり＝犯罪予備軍」という見方を強く否定する。「犯罪的な空想と現実は別問題。医療や福祉、個人的関係など、何らかの支えがあれば、事件に及ぶことはない」と断言した」と付け加えられてはいるが、このコメントからは、「ひきこもり」は支えがなければ事件に及ぶリスクがあると読み取ることもできる。また、斎藤環による「医療面からの問題」の指摘もされている。「七〇年代、不登校が社会問題になった時、「不登校は病気ではない」とされた。不登校児は偏見から守られたが、精神科医がかかわりずらくなった。不登校の末の引きこもりも「病気ではない」と無視してしまった」ことが問題として述べられている。これらの記事では、「不登校」や「ひきこもり」がいかに精神医学的介入が必要であるかが示唆されている。

こうした「ひきこもり」と犯罪との関わりへの注目は、「パラサイト・シングル」への注目にもつながった。二〇〇〇年五月二三日付『朝日新聞』（朝刊）では「パラサイト・シングル　社会経済への影響（ニュースのこ・と・ば）」という記事で、山田昌弘による「パラサイト・シングル」の概念が「親に寄生（パラサイト）する独身者（シングル）」という意味であると説明されたうえで、「新潟の少女監禁事件と京都小二殺害事件の容疑者が、ともに無職で親と同居し、家に閉じこもりがちだったことから、この言葉が注目を集めた。昨年十月に出された山田助教授の著書『パラサイト・シングルの時代』（ちくま新書）は、六万部を超えた。だが、「ひきこもり」といった限定されたケースだけでなく、親と同居する未婚者全体が社会や経済に与える影響が、いま注目されている」「正確な統計はないが、一九九五年の国勢調査報告などから、その人数は二十歳から三十四歳までの男女各五百万人ずつ、計千万人にのぼると推計される。未婚・晩婚化の伸展から、この五年間で、さらに増えたのは確実と見られる」と述べられている。ここでは、「ひきこもり」だけでなく、親元で暮らす若者一般の問題に論点が拡大されている。

これらの「ひきこもり」と犯罪を結びつける言説が強まったことで、斎藤環ら一部の専門家により、対抗言説が形成された。二〇〇〇年九月一日付『朝日新聞』（朝刊）では、「ひきこもりへの偏見を正そう　斎藤環　10代の今（論壇）」という見出しで、「「ひきこもり」と犯罪との間に直接の因果関係はない。犯罪は反社会的行為だが、「ひきこもり」は非社会的行為なのである。むしろ、その増加は、わが国の若年層における犯罪率を低下させる一大要因となっているのではないか」と「ひきこもり」への偏見をもつことを批判している。また、「国際比較の試みなどから、「ひきこもり」問題はほぼ日本固有のものと考えられ、その増加には日本の文化的・社会的要因が深く関与している可能性がある。それについて詳述はしないが、現状について一つだけ指摘しておくなら、わが国の「ひきこもり」当事者は、いまなお二重三重に疎外された状況にあり、そのことがいっそう離脱を困難にしている」「かつて「登校拒否」がイデオロギー的な立場から徹底して弁護され、いまや「不登校」として市民権を獲得した経緯を考えるとき、リベラルなメディア人からも糾弾を受ける「ひきこもり」の疎外の深さがいっそう際だってくる。わが国における「自立」のイメージは、いまだかくも貧しい。それは「働かざるもの食うべからず」といった、生産性偏重に基づく前近代的な倫理観なのだ」「性急な価値判断による「ひきこもり」の否認は、もはやまったく無効である。むしろ「ひきこもり」を疎外しようとする姿勢そのものの中に、われわれ自身の「病理」が投影されている可能性を疑ってみよう。その存在を正確に認識し、ひとまずは受け入れること。常にこの地点に立ち戻りつつ、われわれはできるだけ具体的な対話を、「ひきこもり」当事者と試み続けなければならない」と主張している。

こうして、犯罪と「ひきこもり」をめぐっては、専門家らの対抗言説によっていったん落ち着きをみせることになった。ただし、こうした「ひきこもり」への注目と急速な問題化により、「ひきこもり」に対応する施策は、その後も急速に進展した。厚生労働省は初めての全国調査を実施し、全国の保健所等には年間六〇〇〇件以上の相談があったことが判明した。これらの実態を受けて、二〇〇一年には「ひきこもり」支援のためのガイドラインが作成された。ただし、これらの「ひきこもり」施策においても、一八歳以上は対象外となるか、もしくは三〇歳代までが対象であり、いわゆる子ども・若者に限定されていた。

一方で、二〇〇〇年代には、「ひきこもり」に加えて、「ニート」「パラサイト・シングル」「孤立無業者」「フリーター」などの言葉が普及し、若者の自立・就労問題への注目が高まることとなる。これらの問題への対応とあわせて、二〇〇三年には『若者自立・挑戦プラン』、二〇〇四年には『若者の自立・挑戦のためのアクションプラン』など、若者の働く意欲の向上、若者の「自立」支援のための政策も次々と打ち出された。この流れのなかで、「ひきこもり」も、こうした若者の自立・就労の問題と重ねられていくこととなる。

二〇〇六年五月二八日付『讀賣新聞』(朝刊)では、「働くことが不安　「フリーター・ニート」読売新聞社ネット調査」という見開きでの特集記事が組まれた。この記事では、「働くことが不安、社会性欠き孤立」という小見出しで、読売新聞社が実施したインターネットモニター調査「若者の生活と仕事に関する調査」の結果をふまえて、「ニート」「フリーター」「ひきこもり」「無業者」など様々な概念とともに、若者の就労と社会的孤立の問題が論じられている。冒頭では、調査結果から「働いた経験がない若者が社会的に孤立する実態が浮かび上がった。定職に就けずに悩む若者たちの中でも最も深刻で、仕事を探す手前の段階でつまずいている様子がうかがえる」と述べたうえで、「就労経験に乏しい若者に社会性が欠ける者が多い」ことを、「本人の周辺からの間接報」をもとにした調査結果により裏付けたとしている。また、「一度も働いていない「未就労者」」が最も社会性が欠如していると述べ、就労状況と社会性を強く関連づけている。二〇〇八年一〇月二一日付『讀賣新聞』(朝刊)でも、「社会的排除」をテーマとした連載記事の第五回「［生活ドキュメント］社会的排除(5)ひきこもり、ニートに」で、「ひきこもり」と「ニート」が共に取り上げられている。この記事では、「ひきこもり」や「ニート」の若者たちと、NPO法人ニュースタート事務局のスタッフたちとの関わりについてのエピソードを述べた上で、「ニート」という言葉と、学校中退や「ひきこもり」との関連性について以下のように説明している。

社会の中で居場所を見いだせず、孤立する「社会的排除」の状態にある若者たちを言い表すために、イギリスで生まれた言葉が「ニート」だ。

日本でも、ニートが問題になり、行政が対策に乗り出したのが二〇〇四年ごろ。厚生労働省がニートを調査したところ、高校、大学、短大、専門学校の段階で中退している割合が三割を超えた。「人に話すのが苦手」が六割強、半数がひきこもりを経験している。中退、ひきこもり、ニートという関連性が見える。

こうして「ひきこもり」は、「ニート」と強く関連付けられ、若者の自立・就労問題を示す象徴的な言葉となっていく。その傾向は、後に「ひきこもりの長期化」「大人のひきこもり」「中高年ひきこもり」の問題化とともに強まっていくこととなる。また、後に詳述するが、二〇〇〇年代後半には「就職氷河期世代」「ロストジェネレーション」といったバブル崩壊後の就職難の時期に大学を卒業した世代の就労問題や、「ワーキングプア」「ネットカフェ難民」といった非正規労働の若者の貧困と孤立の問題が注目されるようになる。その言説活動とも結びつき、「ひきこもり」「ニート」「フリーター」なども、初期に指摘されたような若者の「甘え」の問題としてではなく、雇用環境など社会構造、社会変化を背景とした問題であるという認識が広がっていくこととなった。

二〇一〇年には、内閣府の調査の結果「ひきこもり」の若者が全国推計六九万六千人と報じられ、再び「ひきこもり」に注目が集まった。二〇一〇年七月二四日付『朝日新聞』（朝刊）では、「ひきこもり70万人　内閣府推計」という見出しで、「半年以上家にとどまる「ひきこもり」の若者は、全国に推計で六九万六千人いると内閣府が公表した。「閉じこもって外に出ない人の気持ちがわかる」などとする人も一五五万人に上った」と、「ひきこもり」がもはや特殊な問題ではないことが改めて示された。また、「ひきこもり」施策では一八歳以下が対象とされていたが、この時期には、「ひきこもり」の長期化や、二〇～三〇歳代、もしくはそれ以上の年齢においても「ひきこもり」状態にある人は多数いることが指摘された。メディアでも、そうした「長期化」や「中高年のひきこもり」にふれる記事が増えていった。こうした「ひきこもりの長期化」「中高年ひきこもり」の言説は、子ども・若者のひきこもりの問題とあわせて、日本社会全体での「ひきこもり」問題への注目を高め、孤独・孤立の問題化をこれまでとは異なるかたちで進展させることとなった。

第3節　「ワーキングプア」「ネットカフェ難民」と若者の貧困・孤立の問題化

二〇〇〇年代半ば以降に、「ひきこもり」と並んで若者の孤独・孤立の問題化を急速に進展させたのが、「就職氷河期世代」「ロストジェネレーション」「ワーキングプア」「ネットカフェ難民」などの言葉とともに広がった、若者の貧困と孤立をめぐる言説活動である。

二〇〇六年七月二三日、『NHKスペシャル』「ワーキングプア」の放映などを機に、働いていても所得が生活保護水準に達しない人々の実態が「ワーキングプア」という言葉とともに、格差社会の象徴的現象として知られるようになった。番組の反響は大きく、新聞などのメディアでも「ワーキングプア」をテーマとした連載記事などが組まれ、「新たな貧困層」として注目された。また、二〇〇七年一月には『朝日新聞』の一面で「ロストジェネレーション」をテーマとした記事が連載され、バブル崩壊後の就職難の時期に大学を卒業した若者の多くが厳しい雇用環境に晒されたままで、四人に一人が非正規労働者となっていることが指摘された。二〇〇七年一月二八日には、NNNのドキュメンタリー番組『NNNドキュメント』で、「ネットカフェ難民　漂流する貧困者たち」が放送された。この番組では、住所が定まっておらずネットカフェで暮らす若者のことを「ネットカフェ難民」と呼び、その実態や背景を若者への取材によって放映したものであった。この番組も「ワーキングプア」の問題と重ねられて話題となり、後に様々な主体がその実態を明らかにしようとし始めた。同年八月には、厚生労働省が「住居喪失不安定就労者等の実態に関する調査」を行った。この調査は、インターネットカフェ・漫画喫茶等に寝泊まりする不安定就労者の実態を労働政策の観点から明らかにすることを目的として、インターネットカフェ・漫画喫茶など三二四六店舗を対象にオールナイト利用者の概数、就業形態、住居喪失の状況を調べたものである。その結果、二〇〇七年にインターネットカフェをオールナイト利用している住居喪失者は推計五四〇〇人とされた[(3)]。そのうち、非正規労働者が約二七〇〇人、失業者が約一三〇〇人、無業者が約九〇〇人、正社員が約三〇〇人であり、住居喪失理由としては「仕事を辞めて家賃が払えなくなったため」が三二・六％と最も多い結果となった。同年二〇〇七年には、NNNの番組で「ネットカフェ難民」という言葉を用いた水島宏明による『ネットカフェ難民と貧困ニッポン』(水島 2007)、川崎昌平『ネットカフェ難民──ドキュメント「最底辺生活」』(川崎 2007)など「ネットカフェ難民」という言葉がタイトルに入った書籍も相次いで出版され、「ネットカフェ難民」という言葉は年末の「新語・流行語大賞」のトップテンに入るほど広く社会に知られるようになった。このように「ワーキングプア」「ネットカフェ難民」という言葉が普及することで、若者の貧困と孤立に対する関心は急速に高まった。

では、これらの「ワーキングプア」や「ネットカフェ難民」という言葉をめぐっては、どのような言説活動が展開されたのか。その具体的な様相を、新聞記事をもとにみていきたい。

まず、二〇〇六年七月のNHKスペシャル「ワーキングプア」放映後しばらくは、若者だけでなくひとり親家庭の中高年者など様々な属性の人々が、いくら働いても貧困の状態から抜け出せない実態が「ワーキングプア」という言葉とともに問題として取り上げられた。たとえば、放送からまもない二〇〇六年七月三〇日付『讀賣新聞』(朝刊)では、「貧困から「脱出不可能」に怒り」という見出しで、「働いても貧困から脱出できない人々が増えている、と訴えるNHKスペシャル二三日「ワーキングプア」に、驚きや怒りの意見をいただいた」とし、「私の知らない現実をたたきつけられたような衝撃」「仕事をしていれば『普通の生活』は誰でもできるものだと思っていたが、現実にはそれが難しい人々がいる。三〇代でお金がなく、住むところがないから仕事につけない青年。五〇代でバイトを三つ掛け持ちしながら子供を育てているお父さん。頑張っているけれど、貧困から抜け出せない恐ろしい現実。貧困は子供の夢や希望を奪ってしまうという怖さ。早急に手立てが必要」「片やマネーゲームに興じ不労所得を得ている人がいて、片や汗水たらして働いても貧困から抜け出せない人がいる。日本の構造改革はよくなかったのではないかと思わせた」といった意見が掲載され、「いつのころからか定着した「飽食ニッポン」という言葉。道義的な問題は内包しつつも、飢えることはない、という自負心が漂っていた。そのおごりが崩壊の兆しを見せているようだ」と締めくくられている。

二〇〇七年三月には『讀賣新聞』で「ワーキングプア」という連載記事が開始された。この連載記事では、「社会の底辺をさまよう若者たちの姿を追った」という。一回目の三月一日付の「［ワーキングプア］（1）日雇いを転々、宿はファストフード店」という記事では、ネットカフェに泊まることもできずファストフード店で寝泊まりする若者の事例が取り上げられ、その詳細な生活描写がなされたうえで、その若者がそのような状態におかれることとなった経緯を説明している。この若者は、バブル崩壊後の一九九四年に高校を卒業し、就職活動はしたが、定職には就けず、建設現場などを転々とした。その後、自動車工場で月に四〇万円稼いだこともあったが一〇か月の契約期間が切れた後に更新はしてもらえず、それ以来、職場ごとの雇用期間は短くなる一方だという。また、都内に実家があり母親がいるが、仕事が途切れた時に数万円ずつ借りた額が膨らみヤミ金融の人が取り立てに来るため三年近く会っていないと述べられている。こうした身の上の説明の後、翌日に、契約期間のない港の荷役作業の仕事が決まって「この生活から抜け出せるかも」と思ったにもかかわらず、翌朝に「今日は来なくていい。また連絡します」と言われ、気を取り直して日雇いの引っ越し作業の仕事に応募した経緯が述べられている。さらに、別れ際に記者に対し、「今日初めて、自分の生き方を人に伝えた。話をしているうちに、頑張って働こうという気がわいてきた。色々と考えてみます」と笑顔で語ったことも記されている。このように、この記事では、頑張って働いているにもかかわらず、雇用環境が改善されないままで、借金の取り立てがくるという事情により実家にも帰れず、ネットカフェにも泊まれない若者の実態が「社会の底辺をさまよう若者の姿」として取り上げられている。

この連載の二回目、二〇〇七年三月二日付『讀賣新聞』（夕刊）「［ワーキングプア］（2）明日が見えない　ワンコール派遣、記者が体験」では、冒頭に「ワーキングプアと呼ばれる人々は、どんな職場で働いているのだろう。二〇歳代の記者が「日雇い派遣」の現場を体験してみた」と書かれ、携帯電話やメールで日雇い仕事を紹介する「ワンコール派遣」の体験を通じて、仕事の現場の様子や派遣会社で働く人々の事情を聞き取りした内容などをまとめている。また、連載の三回目、二〇〇七年三月三日の「[ワーキングプア]（3）「正社員に」信じて我慢　漂流する請負労働者」では、派遣や請負、アルバイトで「正社員になれると信じて」頑張ってきた若者たちの事例が取り上げられている。三月五日の「[ワーキングプア]（4）再チャレンジと言うけれど…企業は冷たい視線」では、就職氷河期である二〇〇三年に大学を卒業、民間企業への就職はあきらめて公務員試験に挑戦したものの難関を突破できず、介護福祉関係の仕事を目指そうと夜間の専門学校に入学したものの断念し、その後は「ワンコール派遣」の日雇い仕事を続けている若者の事例が取り上げられている。この日の記事では、「フリーターに対する企業側の視線は依然厳しい」として上場企業の人事担当者による「長期間フリーターだった人は、組織的な教育を受けておらず、マイナスの印象がある。こちらも意識を変えなければならないが、『あなたたちも能力を磨いて変わって下さい』と言いたい」との言葉が載せられる一方で、人材派遣会社の労働組合委員長である星野雄一氏の「まじめに働いても生活が苦しい社会はおかしい」とのコメントが掲載されている。また、東京・新宿区で路上生活者などの相談活動を行っているNPO法人「自立生活サポートセンター・もやい」でも、二〇〇三年一一月にネットカフェから「サウナや野宿生活に疲れました」とのメールが寄せられて以来、住居がなく多重債務を抱えた若者の相談が目立つようになり、それらの若者に関して「こうした若者は、孤独と貧困の中で自尊心を失い、人間関係も構築できなくなっている場合が多い」とし、「そのため、まずは生活保護を受けて、精神的なゆとりを取り戻し、生活を立て直すことを勧めている」と述べられている。

こうして、「ワーキングプア」という言葉とともに、貧困と孤独・孤立の状態にある若者たちの存在が広く知られるようになった。先に述べたように、二〇〇七年一月には『NNNドキュメント』の「ネットカフェ難民　漂流する貧困者たち」が放送され、次第に「ネットカフェ難民」という言葉もしばしば新聞記事でみられるようになる。特に、様々な主体が「ネットカフェ難民」の調査を始めた頃からは、「ネットカフェ難民」に焦点を当てた記事が増えていくこととなった。

二〇〇七年四月二八日『朝日新聞』（朝刊）では、「「ネットカフェ難民」広く深く　七割の店で「常連・長期」全国聞き取り調査」という見出しで、全国各地の労働組合・民間団体が全国規模の聞き取り調査を行い、その結果を公表したことが報じられている。この調査は、宮城、東京、埼玉、千葉、神奈川、愛知、奈良、大阪、兵庫、福岡の一〇都府県で三四店舗を対象に四月に実施したもので、ネットカフェ店員および利用者に年齢・泊まる頻度・理由等を質問している。その結果、三四店舗中、兵庫以外の九都府県の二六店舗に「宿泊常連・長期滞在者」がおり「「難民」の広がりと深刻な実態が浮き彫りになった」という。利用者は八四人が回答しており、「二年間ネットカフェ。深夜のアルバイトをしているが、仕事が不安定でアパートを借りようと思えない。夕方から働き、朝六時にネットカフェに帰る」（東京都・二〇代男性）、「家がない。正社員になれず、職を転々として当座のお金を稼いでいる」（愛知県・四〇代男性）、「三年前から夫の暴力を苦にネットカフェ暮らし。パートなどで月収九万円」（東京都・三〇代女性）などの声が掲載されている。これに対し、首都圏青年ユニオンが「「若者の貧困が予想以上に広がっており、仕事と生活の困難さの縮図になっている」と、行政や政治による対応を訴えた」こと、厚生労働省も今年度中に調査を実施することなどが記されている。また、同年六月には、京都府が全国の自治体で初めての「ネットカフェ難民」の実態調査を行うと発表し、そのことが二〇〇七年六月二九日付『讀賣新聞』（朝刊）「京都府、ネットカフェ難民調査へ　全国自治体で初　支援対策に生かす」で報じられている。この調査は、「格差社会のシンボルとして、ネットカフェ難民が社会問題化している」ことをうけ、府と府警、府教委が連携して府内の約五〇店舗を対象に行い、本人から経緯や理由などを聞き取り、職探しを支援するなどの対策づくりに生かすと述べられている。

二〇〇七年八月には、厚生労働省が行った調査の結果が、各紙で詳しく報じられた。二〇〇七年八月二八日付

『朝日新聞』（夕刊）では「ネットカフェ難民、５４００人　20代が最多の26％　厚労省推計」という見出しで一面に記事を掲載し、冒頭で「住居を失い、主にインターネットカフェで寝泊まりしている「ネットカフェ難民」が全国で約五四〇〇人に上ることが二八日、厚生労働省の調査で明らかになった」「半数は日雇いなど短期雇用を中心とした非正規労働者で、約四分の一が二〇代の若者だった。若年層を中心に広がる、働いても住居費さえ賄えない「ワーキングプア」の厳しい生活が浮き彫りになった形だ」と、若者の「ワーキングプア」の厳しい実態について述べている。ここでいう厚生労働省の調査とは、先述の「「住居喪失不安定就労者等の実態に関する調査」のことである。一面の記事では、この調査が「ネットカフェ難民」に関する初めての公的な調査であるとし、結果を詳しく報じている。また同日の夕刊では、一六面にも関連記事「将来不安…睡眠3時間　半数が日雇い従事　ネットカフェ難民300人に聞き取り」が掲載されている。その記事では「実態が把握しにくいネットカフェで、事実上ホームレス状態の新たな貧困層が確実に広がっていた。厚生労働省の「ネットカフェ難民」実態調査が示した深刻な結果に、専門家からは早急な対策を求める声が相次いだ」とし、実際にネットカフェで寝泊まりしていた四〇代男性の事情と「将来が不安で、毎晩三時間ほどしか眠れなかった」という声が、厚生労働省の結果と照らし合わせながら載せられている。さらに、厚生労働省が来年度から「ネットカフェ難民向けの相談窓口」を設けて職業紹介や無料技能講習の紹介などを始めること、それに対してのＮＰＯ法人「自立生活サポートセンターもやい」の事務局長による「就労支援だけでは解決は難しい。職業訓練の間の生活費、住居費をどうするか。日雇い雇用保険の適用など、既存の制度で使えるものもあるはずだ」との指摘や、独協大学の森永卓郎による「非正規雇用の拡大で、新たな貧困層がネットカフェに集まっており、放置すればスラム化の恐れもある。今なら敷金や家賃の無利子融資など、わずかな支援で生活を立て直せるので、早急な対策が必要」との訴えも掲載されている。

厚生労働省の調査については、他の紙面でも取り上げられた。『讀賣新聞』（夕刊）でも二〇〇七年八月二八日に一面で「ネットカフェ難民５４００人　半数が非正規労働者／厚労省調査」という記事で報じられている。この記事では「定住先がなく、ネットカフェや漫画喫茶で寝泊まりするいわゆる「ネットカフェ難民」は、全国で推計約五四〇〇人に上ることが二八日、厚生労働省による初の実態調査でわかった。うち半数は、派遣労働やパートなど不安定な職に就いていた。住所がないと安定した職にも就けない現実を反映している」とし、厚生労働省では就職と住居確保の支援を同時に進めるため来年度予算概算要求に支援策の事業費を盛り込んだと述べられている。また、派遣労働者やフリーターが加盟する労働組合「首都圏青年ユニオン」の山田真吾書記次長による「ファミリーレストランで過ごしたり友人の家を泊まり歩いたりするケースもあり、家がない人は、実際にはもっと多い。そういった人も含めた対策をしないと、解決にはつながらない」というコメントが掲載されており、実際にはこの調査の推計値よりも多くの若者が住居の喪失または不安定な状況にあることが指摘されている。

こうした厚生労働省の結果の報道等を通じて、「ネットカフェ難民」という言葉で示される若者の問題は、「ワーキングプア」という言葉とともに派遣や日雇いなどの非正規労働者を中心とする「新たな貧困層」の問題として広く知られるようになった。二〇〇七年一〇月四日付『讀賣新聞』（夕刊）の「［安心事典］　ネットカフェ難民　増える非正社員、待遇の改善必要」という記事には「ネットカフェ難民」について先の調査結果もふまえた解説がなされている。この記事の後半では、家を失った理由や「ネットカフェ難民」の背景について以下のように説明されており、「仕事があっても低収入のため敷金や家賃を払うのが難しい」「職を転々とするため相談相手がなく孤立」「背景には経済情勢の変化で非正社員が増えたことがある」「非正規と正規の待遇格差の是正など早急に対策が必要」という、「ネットカフェ難民」をめぐる言説活動によって訴えられていることのポイントが凝縮されている。

家を失った理由の多くは失業です。仕事を辞めて寮や住み込み先を出たり、家賃を払えなくなったりするためです。仕事があっても低収入のため、「敷金や家賃を払うのが難しい」という答えも目立ちました。職を転々とするため相談相手がなく、孤立する姿も浮かび上がりました。

ネットカフェ難民の背景には、経済情勢の変化で非正社員が増えたことがあります。働いてもふつうの暮らしができないのでは、人間としての尊厳に関わり、将来、生活保護など社会的コストが増えることも予想されます。正社員と非正社員の間の待遇格差の是正など、政府は早急に打開策を講じる必要があります。

『讀賣新聞』では、その後も、続けて「ネットカフェ難民」や「ワーキングプア」などの言葉とともに若者の貧困と孤立に関する活発な言説活動が展開された。二〇〇七年一一月七付の朝刊では「貧困拡大、見えぬ実態　ワーキングプア・ネットカフェ難民…」という見出しで、より様々な論点を取り上げた日本の貧困問題に関する記事を掲載している。「ワーキングプア、ネットカフェ難民——。格差社会の広がりとともに、生活に困窮する貧困層が浮かびあがってきた。生活保護世帯も100万を突破した。日本の貧困対策の現状と課題を探った」という文章から始まるこの記事では、冒頭に「政府は貧困基準を作り、実態の把握を」「福祉と就労などの連携で適切な支援を」「貧困につながる社会的排除を防ごう」という《三つの提案》が提示され、貧困の実態を示す様々な事例やNPOの活動、国際的な動きなどの情報をもとに、これら《三つの提案》の意味が解説されている。

二〇〇七年一二月二六日付『讀賣新聞』（朝刊）では「［生活白書 2007］（2）　貧困　ゆがんだ雇用、苦しむ若者（連載）」という記事で、二〇〇七年の関連する話題を振り返りつつ、若者の貧困問題について改めてまとめている。まず、「『何も持っていない』私からすれば、戦争は悲惨でも何でもなく、むしろチャンスとなる」と主張する論文が月刊総合誌に掲載され話題となったことにふれ、その著者である赤木智弘氏による「将来が不安でたまらない。ところが、自分のように、いくら働いても希望を持てないフリーターの救済策は常に後回し。現状の平和より、戦争が起きて国民全体が苦しみ続ける平等の方がまし」という声を載せている。続けて、「ワーキングプア、ネットカフェ難民……。この一年、貧困にあえぐ若者に関心が集まった」とし、東京のNPO法人「自立生活サポートセンター・もやい」の稲葉剛代表理事の「支援対象はかつて五〇～六〇歳代の単身男性だったが、ここ数年、生活に困った若者からの相談が増えている」とのコメントが、「父子家庭の一九歳男性。中学一年の時から不登校でひきこもり、働いた経験がない。警備員をしていた父親が病気になると、日々の生活がたちゆかなくなった」「日雇い派遣労働者の三四歳男性。家はなく、ネットカフェに毎日泊まる現金もない。週に数回、朝まで街をうろつき、一三〇円の初乗り料金でＪＲ京浜東北線の始発電車に乗って、大宮―大船間を数回往復して仮眠をとる」などの困窮する若者の事例とともに掲載されている。

このように、「ひきこもり」で働いた経験がない若者と、日雇い派遣労働者の若者が貧困の状況に陥っている事例が挙げられている。また、先の厚生労働省の調査結果や、度々紙面でも登場する「首都圏青年ユニオン」書記長の河添誠氏や『生きさせろ！　難民化する若者たち』（雨宮 2007）の著者である作家の雨宮処凛氏のコメントが掲載されている。雨宮氏は、自らの経験をもとに若者の貧困問題に関し活発な言説活動を行っており、この記事では「貧困に苦しむ若者を、自己責任と決めつけないでほしい。困窮した生活を望む人はいない。低賃金、不安定な雇用状況など、ゆがんだ労働市場のあり方を見直していくべきだ」と訴えている。

二〇〇八年一月からは、「貧困・足もとで」という連携記事が開始されている。二〇〇八年一月五日付『讀賣新聞』（朝刊）「［貧困・足もとで］（3）　若者　転落、さきいな事から」では、「心と体疲弊させる非正規雇用」という小見出しで、「所持金は一円玉と一〇円玉が数枚。ひと月ほど前から三食、菓子パンかカップめん。半月前から一日に一食になり、最近はスナック菓子とキャベツ。最後の四日間、口にしたのはしょうゆと水だけだった」という状態に陥り、栄養失調で自宅のマンションから救急搬送された二六歳の男性のエピソードが取り上げられている。この男性は、就職氷河期が終わった二〇〇五年に大学を卒業し、人材派遣会社の正社員になったものの、業績不振で新入社員の給与だけがカットされたことに反発して一年余りで退職した。その後に他の派遣会社の契約社員になりパソコン工場で現場トラブル処理に忙殺されていたが、工場側からの厳しい要求に神経をすり減らし派遣会社に担当替えを求めたところ、「異動先はない。嫌ならクビだ」と突き放され、ある朝、目が覚めても体が動かなくなり

「抑うつ状態」と診断され会社を辞めた。その後、派遣社員として様々な仕事をしていたが、小さなミスで「お前なんかいらない」と罵倒され、働こうとする気持ちが切れてしまったという。所持金が底をついて生活保護を受けようと市役所を訪ねたが、「まだ若いから働けるでしょう」「生活を切りつめられませんか」という職員の言葉で申請をあきらめ、その七日後に病院に搬送された。こうした男性の状況を説明した後に、「非正規雇用の厳しい労働市場に、心と体を疲弊させる若者が増えている」とし、それでも若者が生活保護を受けるにはいかにハードルが高いかが述べられている。また、大阪の「あいりん地区」で野宿者支援に取り組むNPO法人釜ヶ崎支援機構の沖野充彦事務局長の「野宿する若者が目につくようになった」とのコメントが書かれ、同市内で生活保護を受けながら定職を探しているという三〇歳の男性のエピソードが書かれ、「ネットカフェ難民として、今は何とか持ちこたえているが、仕事が切れると野宿者になってしまう。そんな『ボーダー層』が確実に増えている」という沖野氏の言葉が添えられている。

同じ連載の、二〇〇八年一月八日付の六回目「［貧困・足もとで］（6）残り時間　引きこもり、頼みは親」では、「ひきこもり」「ニート」「フリーター」など様々な状態にある若者たちのエピソードを取り上げながら、「自立」をめぐる問題が検討されている。はじめに、「自立の道、懸命に探る」という小見出しで、「仕事を見つけたくても、空白期間の長い履歴書を見ただけで、面接もしてくれない」「本当に自分は働けるのか。精神科の先生はあせるなと言ってくれますが……」と、「引きこもり体験」の発表会で、「自立に向けて歩もうとする青年たち」による報告の内容が掲載されている。この発表会は、親たちでつくる「情報センターISIS大阪」が開催したもので、子どもの将来を案じる約四〇人の親たちが報告に聞き入っていたという。この会で体験を語った二四歳の若者は「目標は、仕事に就き、一人暮らしをすること。でも、ネットカフェ難民とか見ていると、自分もホームレスになるんじゃないかと思ったりします」「今の心境を天気で例えると、雨が降りそうな曇り。ゴロゴロ鳴っています」と不安を語っている。また、この記事では続けて、「国は、働きも、学びも、職業訓練もしない一五～三四歳を「ニート」と定義する」と述べ、総務省の労働力調査では六〇万人余りと推計されていること、厚生労働省のニート実態調査では半数近くに「ひきこもり」経験があったと述べ、「ニート」と「ひきこもり」の関連の強さを強調している。さらに、二〇〇四年に大阪府で「ひきこもり」の三〇代の男性が両親を殺害する事件が起きたことにふれ、「悲劇はすでに起きている」と述べている。加えて、この記事では、ファイナンシャルプランナー畠中雅子氏のもとに親たちからのSOSが届いていることや、新宿のNPO法人「自立生活サポートセンター・もやい」の湯浅誠事務局長による「家族の支えで持ちこたえている潜在的貧困層が、社会にあふれ出す恐れがある」というコメントが掲載されている。また、湯浅氏のコメントに続いては「心配するのは「引きこもり」のことだけではない。一八〇万人を超えるというフリーター。我が子は生き残れるのか。「もやい」に、親たちからの相談が、舞い込み始めた」と、フリーターについても親からの相談が舞い込んでいることも述べている。このように、「ひきこもり」「ニート」「フリーター」が共に若者の自立と貧困の問題を象徴する状態として取り上げられている。

二〇〇八年四月には、『讀賣新聞』でまた別の連載「貧困・底流」が開始された。二〇〇八年四月一八日付『讀賣新聞』（朝刊）の「貧困・底流」（4）住居喪失　ネットカフェに住民登録」では、「見えないホームレス増加」として、「ネットカフェ難民」が改めて取り上げられている。その後、二〇〇八年四月二四日付『讀賣新聞』では、「ネットカフェ難民向け相談窓口　あす開設、予約受け付け」という見出しで、東京に開設されるサポートセンター「TOKYOチャレンジネット」について報じられている。この「TOKYOチャレンジネット」は新宿区歌舞伎町で開設され、二日前の予約開始日には二五人からの予約が入り、オープン当日の予約は締め切られたという。また、東京都では住居を失ってネットカフェや漫画喫茶で寝泊まりしながら日雇い労働などに就く若者らに、安定した就職と住宅を確保するために最大六〇万円を貸し付ける無利子融資制度を創設したこともあわせて報じられている。この取り組みは、東京だけでなく大阪や名古屋でも展開され、そのことが新聞でも周知された。他にも、職業訓練を条件とした生活費・住居費支援など「ネットカフェ難民」を対象とした施策が国や自治体で取り組まれるようになり、そのことが新聞等のメディアで周知された。

こうして、「ワーキングプア」「ネットカフェ難民」などの言葉とともに、派遣・日雇い労働者を中心に若者の貧困と孤立の問題が社会で広く取り上げられ、それは次第に、「ひきこもり」「ニート」などの若者の自立と就労の問題とも結びつき、「新たな貧困」として認識されるようになっていった。さらに、二〇〇八年九月からは、リーマンショックの煽りを受けて仕事と住まいを失った人々が急増し、同年の年末には集まって年を越せるようにと、NPO法人の「自立生活サポートセンター・もやい」や「全国コミュニティ・ユニオン連合会」が事務局となり、日比谷公園を中心に「年越し派遣村」の運動が起きた。この「年越し派遣村」の運動は、「派遣切り」という言葉とともに、若者も含めた非正規労働者の問題をさらに広く社会に知らせる重要な契機となった。

さらに若者の貧困と孤独・孤立の問題化を後押ししたのは、二〇〇九年の一連の言説活動である。二〇〇九年四月、北九州市で三〇代の男性が「たすけて」という手紙を残して孤独死するという事件が起きた。この男性は、餓死したものとみられている。この事件をきっかけに、一〇月七日、NHKの番組『クローズアップ現代』で「〝助けて〟と言えない――いま30代に何が」が放映された。「就職氷河期世代の孤独な実態」を描いているとして、高視聴率で社会的に注目されたこの番組は、第二弾、第三弾と放映され、二〇一〇年一〇月にはNHKクローズアップ現代取材班による『助けてと言えない――いま30代に何が』（NHKクローズアップ現代取材班 2010）が出版された。この本では、タイトルや「派遣切り、ホームレス、孤独死――。社会から孤立する三十代が急増している。なぜ、彼らは「助けて」と声を上げないのか?」という表紙の扉に書かれている文章からもわかるように、「なぜ「助けて」といえないのか?」を探り、その背景として「社会には「たすけて」という声を受け止められる環境が整っているのだろうか」と問うている。この番組や書籍では、NHKの取材班だけでなく、当時のNPO法人「北九州ホームレス支援機構」代表の奥田知志氏、同世代の作家である平野啓一郎氏らも協力し、こうした若者の問題が「個人」の問題ではなく「社会」の問題であり、「社会に生きる一人一人が、自分のことのように考えなければならない問題」であって、「自分を責め続けてひっそりと生きている人たちが、ホームレスや自死を選ばず、希望を持って生きられる社会が、いま、早急に求められている」と訴えている。

第4節　おわりに

二〇〇〇年前後から、「ひきこもり」「ニート」「パラサイト・シングル」「孤立無業者（SNEP）」など、若者の自立・就労をめぐる問題を示す言葉が次々と生み出され、普及した。当初は若者の「甘え」や「怠け」などと若者を非難する言説が支配的であった。しかし、「ロストジェネレーション」「ワーキングプア」「ネットカフェ難民」などの言葉とともに若者がおかれた厳しい雇用環境と非正規労働の過酷な実態が明らかにされ、若者の貧困と孤立の問題がいかに生存リスクにつながる深刻なものであるかが認識されるようになった。それに伴い、「ひきこもり」「ニート」、さらには「フリーター」などの状態も、そうした厳しい雇用環境が背景にあるという言説が広がることとなった。

若者は、かつては孤独感を抱える主体として捉えられることはあっても[4]、生存に関わるような孤独・孤立リスクを抱える主体として捉えられてはこなかった。しかし、現在に至っては、飢えや貧困による若者の孤独死、住居喪失問題など、若者にとっての孤独・孤立の問題は生存のリスクと直結するものとなっているのである[5]。そして、その実態は、問題を抱えた若者たちの「高齢化」により、中高年者の問題へとつながっている。その点については、次の第10章で取り上げたい。

注

（1）「ニート」をめぐる若者バッシングへの対抗言説としては本田由紀『ニートっていうな！』が代表的である。

（2）　具体的にはまず、『朝日新聞』『讀賣新聞』の記事データベースを用い、一九九〇年から二〇二〇年を対象に「若者」「若年者」「青年」など若者をあらわす言葉と「孤立」「孤独」を示す言葉を検索語として記事を抽出した。さらに、それらの記事で若者の孤独・孤立と関連づけられている「ひきこもり」「ニート」「ワーキングプア」「ネットカフェ難民」などの言葉をリスト化し、それらを検索語として記事を抽出し分析対象に加えた。

（3）　この数値に対しては、市民活動団体等から少なく見積もられているという指摘がなされている。

（4）　本書では紙幅の都合から取り上げられないが、若者に関しては、孤独感からカルト信仰に走る若者、犯罪と孤独の関係、さらには親密性の変容論やSNS普及と関連づけた「承認欲求」と孤独感の問題など、他にも様々な言説活動が近年も続いている。また、二〇二三年の政府の調査からは「最も孤独感を抱いているのは若者である」という言説が形成されてきており、これに対処する社会活動も活発化している。

（5）　近年の日本では、これまでになかったほど若者の孤独・孤立の問題化が進み、ユースセンターや居場所など、従来の自立・就労支援とは異なる目的をもった若者の孤独・孤立への対処活動も広がっている。

第10章　中高年者の孤独・孤立と「単身急増社会」

第1節　はじめに

第9章では、若者の自立・就労問題と孤独・孤立に焦点をあてた。若者は、かつては孤独感を抱える主体として捉えられることはあっても、生存に関わるような孤独・孤立のリスクを抱える主体として捉えられてはこなかった。しかし、近年は、飢えや貧困による若者の孤独死、住居喪失問題など、若者にとっての孤独・孤立の問題は生存のリスクと直結するものとなっている。

この傾向は、中高年者の孤独・孤立の問題にもあてはまる。中高年者、特に中高年男性は、戦後日本社会システムにおいては働き盛りで最も社会との関わりが多い世代とみなされ、失業状態にある人、障害のある人などいわゆる「標準」とは異なる状況にある少数者を除き、中高年男性の孤独・孤立が社会的に問題となることはなかった。しかし、一九九〇年代頃から、中高年男性は自殺・孤独死の中心層として注視すべき存在となった。本章では、その中高年男性の孤独・孤立がいかにして問題化されてきたか、その過程ではどのような言説活動が展開されてきたのかを、新聞記事を中心とする大衆的言説に焦点をあてていきたい(1)。

第2節　自殺・孤独死をめぐる中高年男性の孤独・孤立の問題化

一九九〇年代の初め頃から、中高年男性の悩み相談の増加が新聞記事として取り上げられるようになった。たとえば、一九九一年六月一八日付『朝日新聞』（朝刊）の記事「生き方・仕事…悩みの相談　「働き盛り」の男性に増加」では、一九七八年から自殺を防ぐためのボランティア活動に取り組んでいる大阪市の「自殺防止センター」によれば、一九八〇年には二五八九件だった男性からの相談が一九八五年には五二九六件、一九九〇年には七二三九件となり、総数も増えているものの男性の増加が高く、特に三〇代から五〇代の男性は一〇年前の三～四・五倍に急増していることが報じられている。また、その内容は「精神障害と思われるものを除けば、生き方や職業についてを含む「人生」の悩みが三五四件と最も多く、次いで「体の病気や障害」「夫婦について」「失業や借金などの経済問題」」であると述べられている。バブル崩壊後の一九九四年頃からは、次第に、そうした中高年男性の悩みや自殺に関する記事が急増していく。たとえば、一九九四年六月六日付『朝日新聞』（朝刊）では、「価値観変動で悩む男性と中高年の相談増　九三年いのちの電話」という見出しで、「京都いのちの電話」が一九八二年の開設後初めて年間二万件を超えたこと、男性からの相談件数が女性からの相談件数を約五五〇〇件も上回っていたことが報じられている。この時の相談内容としては、「生き方や生きがい、孤独、性格など「人生」に関するものが圧倒的。「職場でやりがいが見つからない」「生きがいがない」など、バブルがはじけて物質優先から冷めた価値観変動の時代に、どう生きたらいいかわからない人からの相談が目立つという」とされており、一九九一年の相談内容とほぼ同じキーワードがあげられている。

こうして一九九〇年代以降、徐々に中高年男性が抱える悩みや不安、孤独などが取り上げられてきたが、一九九〇年代末頃からは、中高年男性の自殺率の高さへの注目が高まり、さらに中高年男性が抱える問題についての記事が増加していくこととなる。一九九九年七月二三日『朝日新聞』(夕刊)「中高年男性の自殺急増を考える」という記事では、「働き盛りの中高年男性にとって、「家族とは何か?」と思わず考えこまざるをえない事態が起きている。警察庁の発表によると、昨年一年間の自殺者数は三万二千八百六十三人で、過去最多を記録した。とりわけ目につくのが、中高年男性自殺者の急増ぶりで、とくに五十代男性の自殺者数は、前年の一・五倍に達している。この自殺急増が、長引く不況の結果であることは明らかだ。戦後最悪の失業率のもとで、借金や事業不振や失業などを苦に、中高年男性が三十分に一人の割合で命を絶っている」と冒頭で述べられ、作家の若一光司がこの社会背景や対応すべき点を論じている。

二〇〇〇年二月一九日付『朝日新聞』(朝刊)では、「中高年男性、生へ叫び　関西いのちの電話に深刻な悩み」として、「重圧背負い、弱音を吐けず。そんな男のしんどさもわかってほしい――。二十四時間体制で自殺の訴えや心の悩みに耳を傾ける「関西いのちの電話」(事務局・淀川区)に、中高年から深刻な悩みが数多く寄せられている」ことが報じられている。「関西いのちの電話」への相談件数は年間約二万件で、成人男性の相談内容をみると、「人生」に関するものが一九九九年は一四七九件で一九九〇年に比べて五〇〇件近く増えており、そのうち「生き方」「職業」「孤独」についての悩みが大半を占め、「自殺」をほのめかすものは百十二件あった」とされている。また、大阪府内では四〇代から六〇代の自殺者が急増しており九八年の自殺者約二四〇〇人のうち七割以上を占め、動機は「病苦」に次いで「経済・生活問題」が多いと書かれている。

こうした傾向は他の地域でもみられた。たとえば愛知において、二〇〇一年一月六日付『朝日新聞』(朝刊)の記事「名古屋いのちの電話　中高年から相談増える」では、「自殺防止を目的に導入された「名古屋いのちの電話」に、リストラや借金などに悩んで「死にたい」と訴える中高年からの相談が増えている。長引く不況のためか、県内での年間の自殺者は中高年の世代を中心に千五百人を超えた。相談相手を必要とする「働き盛り」の人は多いとみられ、相談員らは「一人で悩まずに電話してほしい」と呼びかけている」と記されている。東京においても、二

○○一年一一月八日「時代映すＳＯＳ　24時間、悩みに応答　「いのちの電話」30年」という記事の中で、東京の「いのちの電話」が三〇年の間受けてきた約八七万件の電話の内容について、「かつては集団就職で上京した若者の孤独をいやし、いじめに悩む子どもを支え、最近は中高年の人生の喪失感と向き合う。電話口のＳＯＳは、時代を映し出してきた」「リストラを意識し、人生を見つめ直す男性。夫の定年を前に、夫婦関係や子育てを問い直す女性たち。斎藤さんは「家庭や地域が不安を受け止め、いやす場でなくなった。自立できない人にとっては、より孤立感を深める時代だ」という」と記されている。大分でも、二〇〇二年五月一三日付『朝日新聞』（朝刊）の記事「自殺相談500件超える　昨年1年間のいのちの電話」で、二〇〇一年の相談状況をまとめ、自殺にふれた相談が開設後初めて五〇〇件を超えたこと、相談内容については男女ともに「人生問題」が多く、男性では「「話し相手もなく、孤独でつらい」」「人生や仕事に夢がなく、希望が持てない」など、長引く不況を反映して、リストラや会社の倒産などによる生活不安を訴えるものが目立った。特に中高年では、再就職できない焦りで精神的に落ち込む訴えが多かった」ことが報じられている。二〇〇二年二月一二日付『朝日新聞』（朝刊）「心の病気に対策を　自殺防止（社説）」でも、「自殺者が3年連続で3万人を超えた。交通事故の死者は年間ほぼ1万人だ。そう聞くと、自ら命を絶つ人のあまりの多さに改めてがく然とする」「昔と比べ、中高年の自殺が増えている」と中高年男性の自殺の増加について述べたうえで、「不況。リストラ。家族の中での孤立。男は弱音を吐いてはいけないという暗黙の規範。さまざまな要因が影響してのことだろう。個々の自殺例をとっても、原因を絞り込むのは容易ではない。しかし、その背後には、うつ病などの心の病が隠れていることが圧倒的に多い」との専門家の言葉が述べられている。こうして、バブル崩壊後の不況と社会変動のなかで、中高年男性の悩みや不安、自殺の問題がクローズアップされていくこととなった。

また、二〇〇〇年代には、中高年男性の孤独死に対しても社会的関心が高まった。中高年男性のリストラ、長引く失業が問題化するなかで、二〇〇七年に北九州市で「過度の就労指導」によって生活保護を辞退させられた男性が「孤独死」するという事件が起きた。この事件に関して、二〇〇七年八月二八日付『朝日新聞』(朝刊)では、「過度の「就労指導」今も　北九州孤独死…続く生活保護打ち切り」という記事で、全国的に同様の実態があるとして以下のように阪神地方の事例を取り上げて就労指導の問題を指摘している。

「まだ仕事がみつからないのか」。昨年、生活保護を受けていた阪神地方の元ホームレスの男性(54)は、担当CWの厳しい言葉に悩んでいた。就職活動を続けていたが、難聴と高血圧のためできる仕事は限られる。飲食店の洗い場などで働いたが、そのたびに周りの声が聞き取れず退職に追い込まれた。

だが、担当のCWは「こんなもの(難聴など)は病気やない」と、月数回の訪問のたびに保護打ち切りを口にした。一二月、男性がカッとなって「保護なんかいらん」と言うと、すぐに「辞退届」を書かされ、保護を廃止された。男性は今、行方が分からない。

この記事によれば、この男性を支えていたホームレス支援団体「神戸の冬を支える会」ではこの数年の間に生活保護受給者から「就労指導で保護を打ち切ると言われた」という相談が増えていたという。生活保護法では「期限付き保護」は違法であるにもかかわらず、「保護開始時に「三カ月で仕事をみつけないと打ち切る」と告げられることが多い」「うつ状態や多重債務などの問題を解決しないまま仕事に追い立てられ、再び路上生活に戻る人もいる」のだと述べられている。また、同会の司法書士の木谷公士郎氏は「実態は本人の個性や能力を生かした『就労指導』でなく、明らかに廃止を目的とした『就労恫喝(どうかつ)』だ。北九州市の事件はひとごとではない」とコメントしている。さらに、日本弁護士連合会が昨夏実施した電話相談でも「働かないと保護を廃止すると迫られた」という相談が六件あり、神奈川県の四〇代男性がヘルニアで働けないにもかかわらずケースワーカーから就職を要求され指導に従わなかったことを理由に保護を廃止された事例があること、日本弁護士連合会は「過度の就労指導で保護廃止を迫るなど、運用の誤りがかなりある」と結論づけていることが述べられている。

こうした中高年者の孤独死事件への注目が高まるに伴い、監察医務院等の孤独死の統計データをもとに、実は中高年男性こそが孤独死の中心層であるという言説が普及し始める。二〇〇七年一〇月九日付『朝日新聞』（朝刊）「（あなたの安心）孤独死と向き合う：2　孤立した中高年男性に目を」では、冒頭で「「孤独死」は高齢者だけの問題ではない」と述べ、東京都監察医務院による東京二三区内「一人暮らしの死＝独居死」統計をもとに、二〇〇五年に四七二九人が孤独死しており、毎年二〇〇〜四〇〇人ずつ増加していること、男女比は七対三、六五歳未満が約半数で、男性の四〇〜六〇代が全体の四割で「高齢者ではなく、中高年男性が独居死の中心層」であることを指摘している。また、阪神・淡路大震災をはさんだ一九九三〜二〇〇三年の神戸市内の独居死を追ったデータでも、中心層は中高年男性だったことも示されている。これに対し、専門家は「男性は女性より地域の人とのつながりが薄く、社会的に孤立しがち。食生活の乱れやアルコール依存症もしばしば見られる」と述べており、それをふまえ「発見の遅れる孤独死の前には「孤立」があることをうかがわせる」と記している。また、全日本民医連が加盟する医療機関を通じた通院歴のある人を対象とした調査では、二〇〇六年一〜九月に孤独死は一〇五例あり、そのうち八割が無職、使用した医療制度は生活保護の医療扶助が三六％であったことから、調査をまとめた金沢市・城北病院の原和人院長の言葉を取り上げ、「孤独死の危険因子として「男性、親族が遠い、アルコール性疾患や糖尿病などの慢性疾患」に加え、「経済的に厳しい境遇」をあげる。「この人たちに特に目配りが必要です」」と締めくくっている。

さらに、経済苦による自殺の問題は、「多重債務者問題」としても注目されるようになった。二〇〇八年一月二八日付『朝日新聞』（朝刊）「孤立させない社会に　多重債務者、自殺対策シンポ」では、冒頭に「多重債務による自殺があとを絶たない。全国は〇六年まで九年連続で三万人台、県内でも八年連続二〇〇人台。『借金は恥だ』とだれにも相談せずに苦しみ心も病んでいく」」と述べられ、佐賀市で開催された「自殺対策シンポジウム」で報告された多重債務者の自殺に関する厳しい現実と、「孤立させない社会づくり」の大切さが訴えられている。この記事では、続けて「賭け事や遊興による多重債務者からの相談は「今や少数派」」「多いのは医療費が苦しい高齢者、子どもの学費や生活費のかかる中高年からの相談」「「寝付けない」「食事がのどを通らない」との訴えも多い、うつ病で治療が必要な例も目立つ」ことが述べられている。また、「06年度自殺、「経済苦」が最多」という小見出しで「全国の自殺者数は九八年以来、九年連続で年間三万人を超えている（警察庁調べ）。交通事故死の約5倍」であることが示され、「九〇年代後半、自己破産の増加とともに自殺も増えているのが顕著だ。このことからも自殺対策と多重債務者対策は切り離せない」という弁護士のコメントが掲載されている。

以上のように、一九九〇年代から二〇〇〇年代にかけては、失業や借金、生活保護の打ち切りといった経済的問題で追い詰められた中高年男性の自殺、孤独死が顕在化し、それらの問題をめぐって、孤立させない社会づくりが急務と認識されるようになった。

第3節　未婚化・単身化の将来予測と「単身急増社会」の衝撃

前節でみてきたように、一九九〇年代以降は、中高年者、特に中高年男性の失業、借金など経済苦を主な原因とする自殺や孤独死事件が増加し、中高年者の孤独・孤立の問題化が進んだ。特に、中高年男性のなかでも単身者が孤独・孤立のリスクが高いことも指摘されるようになった。この状況からさらに、二〇一〇年頃から、将来の日本社会においては単身者が急増することが予測され、孤独・孤立の問題がさらに深刻化するという言説が普及することとなる。

その重要な契機となったのが、二〇一〇年一月三一日に放映されたＮＨＫスペシャル「無縁社会――〝無縁死〟三万二千人の衝撃」と、二〇一〇年五月の藤森克彦による『単身急増社会の衝撃』の出版である（藤森 2010）。「無縁社会」は、「行旅死亡人」の追跡から始まり、様々な「無縁」の実態を取り上げ、「もはや孤独死は他人事ではない」というメッセージを強く訴えて社会にインパクトを与え、「無縁社会ブーム」ともいえる現象を生じさせた番組である。藤森克彦による『単身急増社会の衝撃』は、「無縁社会」が放送されてまもなく出版された本で、人口統計調査をもとに二〇三〇年には単身の中高年層が都市部を中心に急増するという「二〇三〇年問題」を予測している。「無縁社会」のメッセージとあわせて、その内容は新聞などのメディアを通じて広く知られるようになった。たとえば、二〇一〇年八月一日付『朝日新聞』(朝刊)では、「(書評)単身急増社会の衝撃　藤森克彦著　〝無縁社会〟が深まる「二〇三〇年問題」」という見出しで、『社会的ひきこもり』の著者である斎藤環による書評記事が掲載されている。その記事では、藤森の著書について「現代日本は〝無縁社会〟だ。雇用が崩壊し、地域共同体の支えが潰(つい)え、若者が結婚しなくなる。人々の絆(きずな)は薄れ、中高年の自殺や孤独死が増え、孤立を支える無縁ビジネスが流行する。本書は、そんな日本における〝二〇三〇年問題〟の到来を予測してみせる」「緻密(ちみつ)なデータの分析から浮かび上がるのは、リアルで衝撃的な未来図である」と説明し、藤森が貧困・介護・孤立の三点を強調していることについて述べている。

「無縁社会」の放送と「単身急増社会」の将来予測の公表に続き、他のメディアも続々と同様のテーマで特集記事などを組んだ。そのひとつが、朝日新聞社の連載記事「孤族の国」である。「孤族の国」の連載第一回の二〇一〇年一二月二六日付『朝日新聞』(朝刊)「(孤族の国　第1部　男たち:1)孤族の国の私たち　55歳、軽自動車での最期」の記事では、「単身世帯の急増と同時に、日本は超高齢化と多死の時代を迎える。それに格差、貧困が加わり、人々の「生」のあり方は、かつてないほど揺れ動いている。たとえ、家族がいたとしても、孤立は忍び寄る」など と単身化が進む将来の社会における孤立のリスクについて述べたうえで、具体的な事例として、軽自動車の中で亡くなり三か月後に遺体が見つかり「行旅死亡人」とされた五五歳の男性のエピソードが取り上げられている。また、記事の最後には、「孤族の国」の第1部「男たち」の趣旨として、「企業社会に適応した生き方を選んできた日本男性は今、壁にぶつかっています。中高年は会社という共同体の衰えに惑い、若者たちは非正規雇用に立ちすくむ。単身者の増加も止まらない。「孤族」の迷宮から抜け出す道を、読者の皆さんと一緒に考えていきたいと思います」と述べている。さらに、次の紙面では「街のアパートで一人また一人」という見出しで、東京都北区の二階建アパートでの五〇代男性の孤独死に関するエピソードを皮切りに、同じアパートで既に四人の孤独死があったことを住民が語り、隣のアパートなど周囲も同様に「単身男性ばかりの今、誰が住んでいるかすらわからない」ことから孤独死が珍しくないことが述べられ、「市民が当たり前の生活を営む場所の一角で、人知れず孤独死が発生する。そんな時代を、この国は迎えている」と述べられている。さらに、同記事は、「あんしんネット」の石見良教氏の「助けを求めることもできない人たちに目を向けてほしい」という言葉と「悲惨な孤独死が問題なのは迷惑だからではない。それが、孤独な人間の苦しみの末路だからだ。そこに目を向けることが、いま多くの人が抱える生きづらさを和らげる一歩にもなる」との言葉で締めくくられている。

　同じ「孤族の国」の二〇一〇年一二月二六日付『朝日新聞』（朝刊）「（孤族の国）個から孤、加速　家族に頼れる時代の終わり」という記事では、「所在不明高齢者」が全国で見つかった件など近年の事件を受け、「住民票や戸籍という紙の上だけで生きる「所在不明高齢者」が全国で見つかった。大阪で実の母親が二人の子を餓死させた。各地の高齢者が次々と熱中症で世を去った。いま、この国で、何かが起きている」と問題提起をしている。続いて、「増え続ける「独居で未婚」」として、藤森の「単身急増社会の衝撃」での指摘等を引用しつつ、次のように、政策も個人の意識も高度経済成長期にとどまっていることを指摘し、新しい生き方や政策を生み出すしかないことを問題提起している。

> 　問題なのは、日本が「個人を単位とする社会」へと変化しているにもかかわらず、政策も人々の意識も、まだ昭和／高度成長期にとどまっていることではないか。精神科医の斎藤環さんは「日本は『家族依存社会』

だ」と言う。国が担うべき仕事、社会保障などを家族に押しつけてきた、という意味だ。家族が「孤族」へと姿を変えた今、このやり方は通用しない。

「個」を選んだ結果、「孤」に足を取られている。この国に広がっているのは、そんな風景なのだろう。誰もが「孤族」になりうることを前提にして、新しい生き方、新しい政策を生み出すしか道はない、と考える。

（後略）

さらに、二〇一〇年一二月二八日付の「（孤族の国　第1部　男たち：3）失職、生きる力も消えた」では、自殺した浜松の男性のエピソードを中心に「働きたいともがく」複数の男性の事例が取り上げられている。このように、「孤族の国」の第1部は中高年男性の事例を中心とし、現在の問題に対処するだけでなく、このままでいけば確実に訪れるであろう単身急増社会と孤立のリスクを見据え、新たな生き方や政策を生み出すべきことを提言している。

以上のように、二〇一〇年代には、ＮＨＫによる「無縁社会」、藤森による「単身急増社会」、朝日新聞社の「孤族の国」などのように、当時既にあらわれていた中高年男性を中心とした孤独・孤立の問題とあわせ、単身者が急増する将来の日本社会における孤立の問題への早急な対処の必要性を訴える言説活動が展開され始めたのである。

第4節　「中高年ひきこもり」と「八〇五〇問題」

前節でみてきたように、二〇一〇年に起きた「無縁社会」ブームにおいては中高年者の孤独・孤立の問題が中心に取り上げられた。そのなかでは、中高年者の「ひきこもり」に着目する記事も多数出てきた。たとえば、「（孤族の国　第1部　男たち：9）ひきこもり、抜けたくて」では、「ひきこもりの長期化に、当事者と家族が追い詰められている。国の推計で当事者は全国七〇万人。「親の会」の調査では平均年齢三〇歳を超す」とし、「ひきこもり」の長期化の問題が取り上げられている。

こうした「ひきこもり」の長期化ないし高年齢化の問題は、二〇一〇年代の半ば頃から全国各地での調査により「ひきこもり」の状態にある人のうち多くが四〇歳以上の中高年者であることが明らかにされるに伴い、さらに注目を集めていくこととなる。二〇一六年九月一四日付『朝日新聞』（朝刊）では、「ひきこもり、高年齢化「四〇代以上が半数超」の調査結果も」という見出しで、「ひきこもりの人たちが高齢化している。社会的な孤立が続き、四〇代、五〇代に。親は「自分がいなくなったら食べていけるのか」と子の行く末を案じる。将来、経済的に不安定な独り暮らしの高齢者となる可能性もあり、一部の自治体は調査に乗り出した」と報じている。このように、内閣府の「ひきこもり」の調査ではそれまで一五～三九歳が対象となってきたが、四〇歳以上の「ひきこもり」がかなり多数いることが各方面から指摘されるようになる。たとえば同記事では、『大人のひきこもり――本当は「外に出る理由」を探している人たち』（池上 2014）の著者でジャーナリストの池上正樹による「自治体の調査では、ひきこもりの半数以上が四〇代以上という結果も出ている。実際には国の推計の二倍前後はいるはずだ」という指摘が掲載されている。また、この記事では全国各地の実態調査の結果として、山形県では約一六〇〇人のうち四割以上、山梨県では約八二〇人の六割以上、島根県では一〇四〇人の約五割が四〇歳代以上であったことが示されている。また、国や自治体の調査で、ひきこもりのきっかけとして「失業や職場の人間関係」が上位に入ることも指摘されている。これを受けて、池上による「社会的孤立から救うためには就労支援が大切だ」とのコメントが掲載され、自治体の就労支援の事例が載せられている。このように全国各地で「ひきこもり」の高年齢化が生じている実態については、各自治体がこぞって報じ出した。たとえば、二〇一七年五月一七日付『朝日新聞』（朝刊）の「ひきこもり支援、高年層にも　四〇代以上が七割超　県がセンターを開設」という記事では、ひきこもり状態の人のうち七割以上が四〇代以上である実態が示され、「これまで届きにくかった高年層への支援にも力を入れる」と述べられている。こうして、それまで三〇代までが対象とされてきた「ひきこもり」施策は、四〇代以上も対象とされていくこととなった。

二〇一九年三月二九日付『朝日新聞』（夕刊）では、「中高年ひきこもり六一万人　四〇～六四歳、若年層上回る推計　内閣府初調査」という見出しで、内閣府初の「中高年ひきこもり」の推計値が発表され、「四〇～六四歳のひきこもり状態の人が全国に六一・三万人いる。内閣府は二九日、そんな推計を公表した。「中高年ひきこもり」の全国規模の数が明らかになるのは初めて。従来ひきこもりは青少年・若年期の問題と考えられてきたが、その長期化・高年齢化が課題となる状況が浮き彫りとなった」と報じられている。この調査結果をうけて、内閣府の北風幸一参事官は「想像していた以上に多い。ひきこもりは決して若者特有の現象ではないことがわかった」と述べている。この記事では「八〇五〇問題」にもふれ、その背景として「就職氷河期世代」の多くが四〇代に達したことがあげられている。

翌日の二〇一九年三月三〇日付『朝日新聞』（朝刊）でも、「ひきこもり、長期高齢化　中高年六一万人、二〇年以上が一九％　四〇～六四歳推計」と続けて報じられた。「ひきこもり期間は五年以上が半数超、二〇年以上が二割弱――。内閣府は二九日、四〇～六四歳のひきこもり状態の人が全国に六一・三万人いるという推計を公表した。ひきこもりが若年期のみの問題ではなく、長期高年齢化していることが示された形だ」と強調されている。また、同紙の三面では、「ひきこもり、孤立と困窮　五三歳、閉め切った自室で食事　八三歳父「蓄え残さないと」」という見出しで同じテーマの記事があり、これに関しては「高齢の親とひきこもる中高年の子が孤立し困窮することへの懸念が近年広がっている。今回の調査では、ひきこもりの人のうち、父親か母親が家計を支えているという人が三四・一％。また、四八・九％が「家族に申しわけないと思うことが多い」「生きるのが苦しいと感じることがある」を、自分にあてはまると答えた」と述べられている。三面の記事では、「全国六一・三万人。四〇～六四歳の中高年ひきこもりの広がりが内閣府の推計で初めて明らかになった。老いていく親とひきこもる子の孤立と困窮は、八〇代の親と五〇代の未婚の子の世帯の困難という意味で「八〇五〇（はちまるごーまる）問題」とも呼ばれる。どう支援していくのか、新たな社会の課題となっている」と問題提起したうえで、この問題の事例や、KHJ全国ひきこもり家族会連合会の「八〇五〇問題」をテーマにした連続シンポジウムの取り組み、「ひきこもり支援センター」など「年齢の壁」をなくす自治体の取り組み、当事者らの集いの場である「ひ老会」（ひきこもりと老いを考える会）などを紹介している。

こうして「中高年ひきこもり」への注目が高まっているときに、五〇歳代の「ひきこもり」状態にあったとされる人が容疑者の殺傷事件が起きた。この事件は、「中高年ひきこもり」への注目をさらに高めることとなった。ただし、二〇〇〇年の「ひきこもり」を「犯罪予備軍」とみる偏見に満ちた報道とそれに対する批判という経験から、二〇一九年には、「ひきこもり」に関する各種団体や当事者・支援者らが、同種の偏見を危惧した声明を出した。二〇一九年六月二日『朝日新聞』（朝刊）では「ひきこもり報道、偏見が怖い　川崎殺傷で「懸念」声明相次ぐ」という記事が掲載されている。この記事では、稀な犯罪事件と「社会的孤立」や「ひきこもり」を関連づけようとする世間の眼差しを糾弾している。そのうえで、「ひきこもり」を「社会的排除」の文脈で捉えていることがうかがえる。

二〇一九年には、『朝日新聞』で「#ひきこもりのリアル」という記事が連載された。二〇一九年六月一六日付『朝日新聞』（朝刊）の記事「（#ひきこもりのリアル）親死んだら僕、どうなる…　44歳、川崎20人殺傷事件に焦り」では、「ひきこもり状態やその傾向にある人の実情や支援のあり方などに関心が集まっています。多角的に考え、伝えていきます」という連載の主旨が書かれている。この記事では、四四歳の男性が川崎市の殺傷事件の報道に釘付けになり、事件の容疑者と自分の境遇を比べ「容疑者と重なる部分を感じた」とし、「「あんな事件を起こそうとは全く思わない」が、「ほぼ確実に親が先に死ぬ。親が死んだら、僕、どうなるんや」。ぼんやりと感じていた不安が、事件でははっきりと突きつけられた」ことから、「自分と同じような境遇の人はどうしているのか」とネットを検索し、四〇～五〇歳代のひきこもりの人と家族を支援する「市民の会　エスポワール京都」の記事を見つけ、その会を訪れたというエピソードが掲載されている。また、二〇一九年六月一六日付『朝日新聞』（朝刊）「（#ひきこもりのリアル）居場所見つけ、戻った笑顔」では、「社会で居場所を失った理由も、家庭の環境もさまざまな「ひきこもり」。全国に「一〇〇万人以上」との見方もある。そうした人たちに笑顔を取り戻してもらおうと、寄り添い、支援をしている現場を訪ねてみた」と冒頭に記され、先の記事でも取り上げられていた「市民の会　エスポワール京都」や、大阪府豊中市社会福祉協議会が運営する「びーの×マルシェ」など、様々なひきこもりの人や家族を対象とした支援活動の事例があげられ、一層の支援を広げていく必要性が指摘されている。

こうして「中高年ひきこもり」は社会的に対処すべき問題となった。ただし、その対策は、相談を受けることや家族のケア、就労支援、ライフプランの作成、精神医学的介入とケアという点にとどまっており、社会（保障）システムや雇用環境の問題には十分切り込めていない。調査では、推計一四六万人が「中高年ひきこもり」であり、そのうち七年以上継続してひきこもり状態にある人が多数で、「脱出の難しさ」がうかがえるとされている。この「中高年引きこもり」は四割以上が「退職」がきっかけであり、「不登校」から「ひきこもり」状態が継続している人は二割弱である。それにもかかわらず、メディアでは「退職」理由が半数近いことをあまりクローズアップして報じてはいない。

また、「ひきこもり」をめぐる言説活動は中高年者の孤独・孤立をめぐる言説空間を変容させつつある。「無縁社会」ブームなどによって、孤独・孤立の問題は社会的排除の問題と結びつけて認識される枠組みができつつあった。しかし、「ひきこもり」が若者から中高年層の問題としてクローズアップされ孤独・孤立問題の中心的位置を占めたことで、今度は当事者の精神的問題が再び焦点化されることになった。つまり、孤独・孤立を問題化する際の重要論点が、当事者個人の精神的問題、それと密接に関わるものとしての家族関係をはじめとする人間関係の問題へと戻されつつある。先に述べたように、個人の問題とみなされていた事象を社会の問題へと転化させるのが孤独・孤立をめぐる言説活動のひとつの特徴であった。しかし、孤独・孤立の問題がひきこもりという概念を通じて捉え直されることで、再び、個人あるいは個々の家族の問題へと還元され始めている。もちろん、社会全体の生きづらさ、閉塞感といった問題を指摘する言説もみられる。しかし、たとえば中高年ひきこもりの半数近くのケースが仕事を辞めたことをきっかけとしているにもかかわらず、就労構造や社会構造が問題にされるよりも、個人のメンタルヘルスが問題にされる。このように孤独・孤立の問題が「ひきこもり」の問題と接続されることで、個人のメンタルヘルスの問題が再び焦点化されてきたことは留意しておかねばならない。

第5節　おわりに

以上みてきたように、一九九〇年代半ば以降、失業、借金、うつなどを主な要因とする中高年者の自殺・孤独死への注目が高まり、中高年者の孤独・孤立を問題化する言説活動が活発化した。前章で取り上げた若者の貧困・孤立の問題と重ねて、二〇一〇年からは「無縁社会」ブームのなかで、経済苦にある中高年者の問題がさらに注目を集めることとなった。また同時期、「二〇三〇年問題」として、単身の中高年者が都市部を中心に急増すること、単身者には無業者や非正規労働者が多いことから特に中高年の単身男性が社会的に孤立し貧困状態になるケースが懸念されることが指摘された。さらに、二〇一〇年代には中高年ひきこもりの問題化も進み、中高年者、とりわけ中高年男性の孤独・孤立の問題は深刻な社会問題と認識されるようになったのである。

先に述べたように、戦後日本の社会システムでは、中高年の男性はシステムの「中心」ともいえる立場であることが前提とされてきた。家族では「大黒柱」として、企業などの職場では管理職のポストに就き、自営業者や専門職としても運営主体として、社会の中心的な担い手となることが想定されてきた。そうした立場であったはずの中高年男性が、いまや、今後の日本社会で孤独・孤立のリスク、さらには貧困など生存に関わるリスクを抱えた中心層になることが指摘されているのである。このことは、孤独・孤立の問題はもはや少数者の問題ではないことを示しているといえるだろう。

注

（1）新聞記事の収集にあたっては、『朝日新聞』『讀賣新聞』の記事データベースを用いた。一九九〇年から二〇二〇年を対象に、「中年」「中高年」「壮年」など中高年者をあらわす言葉と、「孤独」「孤立」をあらわす言葉で各々クロスして検索し、記事を抽出した。さらに、それらの記事にみられるキーワード「自殺」「孤独死」「ひきこもり」を検索語として加えて記事の収集作業を行い、分析対象として追加した。

終　章

かつて、孤独・孤立とは、個の確立に向けて個人が前近代的束縛から解放され自律的な連帯を獲得するまでの過渡期に直面せざるを得ないもの、乗り越えざるを得ないものであった。そのため、戦後まもない時期には、孤独・孤立はただちに問題とは捉えられなかった。むしろ、孤独・孤立を問題とみなすことで個の覚醒や確立が妨げられること、前近代的封建遺制への「逆コース」となってしまうことが危惧されていた。しかし、次第に、孤独・孤立は、戦後日本の社会システムとその前提となる画一化された生のあり方から外れてしまう人々にとっての、生存を脅かす問題となった。それは、戦後日本が築こうとした／築いてきた社会システムの歪みのあらわれでもあった。都市化・核家族化、高齢化が進むなかで、子ども世帯から離れて孤立する高齢者たち。核家族のなかで父親が不在となり孤立して育児の問題を抱える母子たち。画一的な生のあり方が前提とされる社会に適合できずドロップアウトする子どもたち。これらの孤独・孤立の状態にある人々の存在が、極限まで追い詰められて自殺・心中・犯罪などに至る事件をめぐって明らかにされるようになった。そして、こうした事件をめぐっては、「なぜこのような悲劇が起きたのか」を明らかにしようとする言説活動が様々な人々により展開された。それらの言説活動は、それまで自らがおかれた状態の意味について語る言葉を持たなかった人々がつながり、社会システムの歪みを改善ないし補完する試みにつながってきた。

ところが、一九九〇年代のバブル崩壊、二〇〇〇年代のリーマンショック等の経済危機、少子高齢化、グローバルな潮流でもある個人化・多様化の進行等により、もはや孤独・孤立は「逸脱する少数者」の問題ではなくなった。超少子高齢社会となり、「老々介護」「介護心中」「介護殺人」「同居孤独死」など、ひとり暮らし高齢者だけでなく夫婦やきょうだい、親子など複数人で暮らす家族も介護にまつわる様々な問題を抱えていることが明らかにされた。また、ダブルケアや貧困率の高いひとり親世帯などの多様な「育児の孤立」の問題、「不登校」や「ひきこもり」の子ども・若者の増加、「派遣切り」など非正規労働者の生活困窮問題や「ネットカフェ難民」など住居喪失の問題、過労うつやリストラ、失業等による中高年者の自殺や孤独死、未婚化・単身化の進展により未来予測で示される今後の「無縁社会」「一億総孤独社会」化への危惧など、様々な孤独・孤立のリスクがあらゆる世代・属性の人々を取り巻くようになった。また、本書では取り上げることが出来なかったが、コロナ禍で新たに出現した孤独・孤立をめぐる問題の数々も見過ごすことはできない。数十年前から、国・自治体やＮＰＯ、学校など様々な機関や個人が孤独・孤立の問題に取り組んでいるものの、追いつくことも難しいほど多様な問題が現れている。

このように、近年の孤独・孤立をめぐる問題は、「当事者」である個人の問題をひとつひとつ解決していくだけでは追いつかないものとなっている。もちろん、いま・ここで困窮したり辛さを抱える人とつながり、その人が抱える問題をともに解決していく活動が重要であることは言うまでもない。しかし、現在はそれに加えて、社会システムの問題にきり込んでいくためのアクションが不可欠な段階にあるだろう。歴史的にみても、孤独・孤立を問題化する言説活動は、社会システムの問題性を浮き彫りにし改善・変革に向けての連帯を生み出すことにつながってきた。しかし、現在は、孤独・孤立が政策課題に取り上げられ、国や自治体をあげて孤独・孤立の問題に対処しようとしているにもかかわらず、その政策やしくみの多くは、孤独・孤立の状態を解消すること、当事者をケアすることのみが主要な目的になっているようにみえる。さらにいえば、そうした孤独・孤立に対処するための制度やしくみは、綻びだらけの社会システムから次々と外れる／こぼれ落ちる人々を再びシステムに適合させて、何とかしてシステムを維持存続させようと苦心しているようにもみえる。しかし、いくら外れる／こぼれ落ちる人々をフォローしてシステムに包摂しようとしても、次から次へと増えていく一方で、到底追いつかないだろう。システム自体が綻びだらけで各所に穴があいているだけでなく、システムを動かす力を発するはずの根幹部分も崩れてきて機能不全に陥っているので、システムの構造全体を見直さない限り、根本的な対応はできないだろう。それにもかかわらず、現在の孤独・孤立の問題に対処しようとする政策や事業の多くは、孤独・孤立の状態でいることが「問題」や「リスク」になってしまう、その背後にある問題に目を向けず、社会システムから外れていく／こぼれ落ちていくリスクにお互い警鐘を鳴らし合って何とか回避しようとしたり、応急処置的に阻止したり、外れる／こぼれ落ちる人々をフォロー／ケアしては綻びだらけのシステムに戻そうとするための制度やしくみを強固に築こうとしているようにみえる。

では、どうすればよいのだろうか。最後に、本研究から見出せることをふまえ、これからを展望してみたい。

まず、人々が孤独・孤立の状態を問題と捉え、その状態に不安を抱く意味を、より掘り下げて検討することが重要であろう。かつて、孤独・孤立は前近代的拘束からの解放、個の確立と重ねられ、ただちに問題とはみなされなかった。しかし、精神的・経済的セーフティネットが家族にのみ科せられて家族が「積みすぎた箱舟」になり、公的扶助が生活保護しかなくそれすら狭き門の現在の日本社会で、加速するグローバル資本主義や新自由主義の潮流に晒され続けた現在の日本社会で、孤独・孤立への不安とは、生存が脅かされることへの不安と一体不可分である。現在の日本社会で、なぜ孤独・孤立がこれほどまでに問題となっているかが議論される時、個人化により生き方や人間関係の選択が個人にゆだねられるようになったからである、すなわち「個人の選択の帰結」であると、しばしば論じられる。しかし、筆者の研究によれば、日本社会で孤独・孤立が問題として立ち現れるときは、その当事者にとってどうしようもない追い詰められた状態が生じていることが多い。たとえば、リストラによる失業と経済苦で自殺や孤独死に追い込まれるケースや、過労うつなどで退職・休職しひきこもり状態となるケース、病気や貧困などの事情を抱えながら孤立したケアで追い詰められているケースなどが挙げられる。こうした切迫した、逃げ場のない状態。旧来のシステムが破綻し機能不全であるにもかかわらず、あるいは旧来のシステムの綻びによって閉塞的環境が生まれそこで継続して過ごすには耐え難いにもかかわらず、旧来のシステムしか頼るものがない状態。そのような状態が身近にあふれている。そのことこそが、多数の人々にとって孤独・孤立への不安を生じさせているのではないか。誰もが、いつ何のきっかけで、こぼれ落ちるかわからない。その時に家族・企業以外には何の保障も助けも得られない社会で不安を抱えて多数の人が生きている。だからこそ、孤独・孤立に対する不安は高まり続けているのだろう。その不安のありかを社会の多数の人々が共有したうえで、現在のように孤独・孤立の状態にあることがただちに生存を脅かすリスクになりかねない状況を生み出す社会システムの根幹の問題を炙り出し、社会システムそのものを変えていかねば、本質は何も変わらないのではないか。

そのためには、孤独・孤立を個人の精神・内面や人間関係の問題、あるいは個人の「選択」の問題にのみ還元するのではなく、その根幹にある社会システムの問題を浮き彫りにし、社会で共有していくためのしくみとアクションが重要であると考える。その際に、孤独・孤立をめぐる言説活動の歴史から学べることは多いのではないだろうか。これまで述べてきたように、心中、虐待、いじめ、孤独死、自殺、貧困、「ひきこもり」といった社会問題との結びつきに着目すれば、孤独・孤立を個人の内面や人間関係の問題としてのみ捉えるのとは異なり、社会システムの具体的な問題を浮き彫りにすることが可能になる。たとえば、子殺し・心中や虐待をめぐっての「母親の孤立」を問題化する言説活動は、母子を一体視する文化や母親に子育ての負担・責任を負わせてきた性別役割分業、ケアに関わる社会システムの問題に多数の人々の目を向けさせた。また、孤独死をめぐる言説活動は、子育ての孤立の問題化とあわせて、家族と企業ばかりがつながりのセーフティネットとなってきた、家族ばかりにケアの機能を負わせてきた日本型社会システムの根本的な問題性を様々な観点から示した。また、「いじめ自殺」や「登校拒否」に関しては、学校教育の問題、子どもを閉塞的な環境のなかで追い詰めてしまう社会システムに目を向けるべきことを社会に知らしめた。中高年者の「ひきこもり」や自殺・孤独死、「みえない貧困」をめぐる言説活動も、社会における労働の意味やその環境のあり方、労働システムの根本を問い直すべきことを示唆している。さらに、近年の言説活動は行き過ぎた資本主義・新自由主義の功罪を問うことにもつながっている。このように孤独・孤立をめぐる言説活動は、社会システムの根幹に切り込まねばならないという認識とそのアクションの芽生えを広く社会で共有させる力を持っている。

こうした言説活動、アクションを活性化させるために、現在取り組まれている孤独・孤立の対処活動や施策は、さらに有効に活用できる可能性がある。孤独・孤立対策としての相談窓口や居場所づくりに、より意味をもたせるには、そこでの相談内容や居場所での対話、つながりによって、そこに寄せられる問題が何によって生じているのか、それらの問題の本質は何か、それを解決するために社会システムの何を変えていくべきかをすくい上げ、社会で共有してかたちにしていくことが重要であろう。また、個々人では言語化しづらい経験や意識を互いの対話・交流を通じて言語化していくこと、そして、それを機関職員や専門家らがしっかりと世に問うて言説化し、社会システムに反映していくためのアクションにつなげることが重要である。

孤独・孤立の状態が問題となるのは、何らかの問題が生じた場合に、それが周囲の人にみえないまま、助けをもらえないまま深刻化することがあるからである。つまり、孤独・孤立はそれ自体が問題というよりも、他の問題に従属する問題ともいえる。貧困、虐待、自殺、心中などはいずれも、それらの問題を生じさせる原因を突き止め、解決することがより重要であるはずだ。それにもかかわらず、近年の行政が主導する孤独・孤立対策は、「孤独・孤立を防ぐ」「つながりをつくる」ことが主目的となり、主従を逆転させている側面がある。「つながりをつくる」「孤立を防ぐ」ことは、当事者のケアとして重要であるが、支援や政策としてはそれだけでは不十分である。対話し、言語化し、実践することで、各々の問題の背後にある社会システムを改善・変革していくこと、それにより少しでも多くの人の抱えている辛さや問題が解消され幸福へとつながること、それがより重要ではないか。そのためにも、孤独・孤立の状態にある人が直面している問題や経験とその意味を言説化すること、すなわち「言説活動」

が果たしうる役割は大きいのではないか。

一方で、人々が過剰に孤独・孤立に不安を抱くような言説活動は避けるべきである。本来は、孤独・孤立の状態が、ただちに生存のリスクにつながるわけではない。現在の日本の社会システムが綻び機能不全になっているから、孤独・孤立が生存のリスクに結びつくケースが多々生じているのである。実際に、孤独・孤立しているようにみえても、幸福に暮らす人々は多数いる。古典的に論じられてきたように、孤独に価値を見出す考え方や、むしろ孤独・孤立できない社会こそが問題であるとする見方もある。ましてや、近年の孤独・孤立のリスクとして問題化されてきた、未婚でいること、定職に就かないこと、学校に行かないことなど社会システムに適合的な生き方や状態から外れることも、本来は生存のリスクに結びつくものではないはずである。これらを生存のリスクへと転化させているのは、家族・職場・学校といった限定的なコミュニティに属さない状態にあって何か不測の問題が生じるとただちに生存のリスクにつながる社会のあり方と、社会システムが機能不全であるにもかかわらずそこから外れることを問題にする社会の規範である。この状態から脱するには、まず、できるだけ多くの人がこの実態を認識する必要があるのではないか。

冒頭で述べたように、いま日本社会では孤独・孤立への対応が重要な課題とされ、孤独・孤立をめぐる言説活動が活発である。現時点では、孤独・孤立を当事者の精神や人間関係の問題とし、つながりの再生や行政・地域・専門家による見守りに資源を投入している。それらの現場では問題の根を語り合って共有し、ともに解決に向けてのアクションへと結びつけるための連帯へと発展しづらい状況にある。しかし、やり方次第では、この機会を捉え社会の改善・変革に結びつけることも可能であるはずだ。この機会に、孤独・孤立と結びつく問題の背後にある社会システムの問題性を言説化し、当事者・関係者だけでなくより広い人々と共有する。既に芽生えている言説活動をつなぎ、社会的なうねりにしていく。そして、多数の人々にとっての問題の解決と生きづらさの解消、幸福の実現を目指す。本書もそうした言説活動の一端を担うことができればと願う。

初出一覧

本書の各章は、以下の初出論文をベースとし、近年の調査研究で得られた知見をふまえて大幅に加筆修正している。

序　章　梅田直美「『孤独・孤立』の言説史――社会システムから外れる人々をめぐって」堀田新五郎・林尚之編『撤退学の可能性を問う』晃洋書房、二〇二四年、一七三―二〇七頁。

第1章　梅田直美「『隣組』の廃止と復活をめぐる言説――一九四五―一九五五年の新聞記事から」『奈良県立大学研究季報』第三一巻第三号、二〇二一年、六一―八九頁。

第2章　梅田直美「昭和三〇年代の団地論にみる『家族の孤立化』問題の形成過程の一局面」『人間社会学研究集録』第五巻、二〇一〇年、二九―五八頁。

第3章　梅田直美「コミュニティ政策の誕生と『孤立化』問題」『人間社会学研究集録』第六巻、二〇一一年、五一―七三頁。

第4章　書き下ろし

第5章　梅田直美「（博士論文）戦後日本における『育児の孤立化』問題の形成過程に関する研究」大阪府立大学、二〇一一年

第6章　（第1・3・4節）書き下ろし
（第2節）梅田直美「戦後日本における『母子密着』の問題化過程――一九六〇―八〇年代の新聞記事言説分析から」『奈良県立大学研究季報』第二五巻第四号、二〇一五年、一五―四三頁。

第7章　書き下ろし

第8章　梅田直美「『育児の孤立化』問題の形成過程――一九九〇年以降を中心に」『現代の社会病理』第二三号、二〇

〇八年、一〇九―一二四頁。
第9章　書き下ろし
第10章　書き下ろし
終　章　梅田直美「『孤独・孤立』の言説史――社会システムから外れる人々をめぐって」堀田新五郎・林尚之編『撤退学の可能性を問う』晃洋書房、二〇二四年、一七三―二〇七頁。

あとがき

本書は、孤独・孤立をめぐる言説活動の歴史を記述している。この営みを通じて筆者が考えたかったのは、現在の日本社会においては、なぜこれほどまでに孤独・孤立が問題とされるのか、孤立する人がたちまち「リスクを抱えた人」とみなされる社会とはいったい何なのだろうか、という問いであった。

筆者が孤独・孤立の研究に取り組み始めたのは、二〇年ほど前である。もっとさかのぼると三〇年前が始まりともいえる。はじめは大学学部生の頃に児童虐待の問題に関心をもち、なぜこのようなことが起きてしまうのかを考えたいと思い、建築学を専攻していたことから卒業研究では育児問題と居住環境の関わりをテーマとした。特に近隣関係に焦点をあてて、児童相談所職員への聞き取り調査や幼稚園に通う子どもの保護者へのアンケート調査を行い、論文をまとめた。一九九四年から一九九五年にかけて、神戸市でのことだった。その後は一旦民間企業で働き、二〇〇二年に大学院生として神戸に戻り研究を再開した。修論では、一〇年前と同じフィールドで同じテーマで研究をしようと思い、児童相談所で再び聞き取り調査をした。その際、聞き取りをさせていただいた複数の児童相談所の職員の方全員が、「いま孤立が最も重要な問題である」「孤立している人をいかに発見し輪のなかに取り込むかが重要課題である」と熱心に語ってくれた。その時なぜか、「なぜ孤立がこれほど問題とされるのか」ということが無性に気になった。そこで、孤立について様々な本や記事を集めて調べたり考えたりしていると、戦後まもない時期には、孤立は必ずしも問題と捉えられておらず、孤立が問題か否かは論争が生じており、孤立を問題とし結合を強調することは前近代的封建遺制への逆コースで問題とみなす見解も一般的であったことを知った。しかし、二〇〇四年現在の日本社会では、孤独・孤立はそれ自体が社会問題として認識されている。では、なぜ、どのようにして、孤独・孤立は社会的に対処すべき問題として自明視されるに至ったのだろう。その歴史を知りたいと思ったことが、最初に筆者が孤独・孤立の言説史研究を始めたきっかけであった。思い返すと、この時はおそらく、その時期の孤独・孤立をめぐる言説に対して、筆者なりに違和感を持っていたのだと思う。ひとりでいる人がたちまち「リスクを抱えた人」とみなされる社会とは、いったい何なのだろう、という疑問が生じていたのだ。この研究に本格的に取り組むため、博士後期課程からは社会学を専攻し言説史研究に取り組んだ。孤独・孤立というと幅広いため、まずは出発点となった「育児の孤立」に焦点をあて、戦後まもない時期までさかのぼって研究を行い、二〇一〇年に一旦博士論文としてまとめた。この研究に取り組んだ時期は、日本で孤独・孤立をメインテーマにしている学術研究はわずかしかなかった。それはおそらく、孤独・孤立という状態はそれ自体が問題というよりも、孤独・孤立によって見えなくなっている他の事象、あるいは孤独・孤立を原因または背景とする他の事象と結びつくことによって問題化されてきたからだと考えた。そのため、筆者の研究では、児童虐待、子殺しなど他の社会問題をめぐる言説を調べ、そのなかで孤独・孤立がいかに問題化されてきたかを探った。また、研究を進めるなかで、子殺しや児童虐待などの問題をきっかけに、社会システムに適合的な生のあり方から逸脱してしまう人たちが、自らのおかれた状態を語る言葉を探しながらつながり、社会的な認識枠組みを変えていくために新たな言説を形成し普及させる「言説活動」の力に関心を持つようになった。

その後、「無縁社会」ブームが生じたことで、フォローが追いつかないほど孤独・孤立をめぐる言説が次々と生み出された。筆者は博士論文をまとめた後も、孤独・孤立の言説史研究を続けてきたが、かつて「逸脱する少数者」の問題をきっかけとした言説活動が主だったのに比べ、近年は「無縁社会」「孤族の国」「総孤独社会」など、もはや社会全体が孤独・孤立のリスクで覆われているかのような言説活動が展開されているのを目の当たりにし、「ひとりでいることがこれほどまでに問題になり、たちまち「リスクを抱えている」とみなされる社会とは、いったい何なのだろう？」という問いを改めて考えなければならないと思った。さらに、これまでの研究を通じて知り得た「言説活動」の力について、ポジティブ／ネガティブ双方の側面から考えたくなった。終章でも書いているが、現在の日本で孤独・孤立がこれほど問題になるのは、社会システムが機能不全になっているからだろう。個人化により生き方や人間関係の選択が個人にゆだねられるようになったために孤独・孤立が問題になっている、という説明ですむ段階ではなくなっている。「就職氷河期世代」の中高年化により急増した単身かつ貧困で孤立する人々、様々な事情を抱えながらも自己責任で介護や育児を担わなければならず追い詰められる人々、これらの人々に、自ら「選択」する余地はあったのだろうか。もはや、現在の日本社会での孤独・孤立の問題は、生存リスクに直結しているにもかかわらず、「少数者」の問題ではなくなった。これらの問題は社会システムを改善ないし根本から改革していかねば対処しきれないのではないか。そのためには、これまで歴史的に行われてきたような「言説活動」の力を、社会システムの改善・変革に向けていくことが重要であると考えた。その思いからまとめたのが本書である。

ただし、本文でも書いたように、孤独・孤立を問題にするときは、おかしな方向に行かないように言説活動を展開していくことが重要であるとも思う。筆者が孤独・孤立を問題化する言説活動に対し違和感をもつことがあるのは、それが時として、「あるべき状態」から外れることに対する過度の不安を助長し、「あるべき状態」から外れてしまわざるを得ない（外れていることが自然で望ましい）人にすら、その状態に適合させることを強いているケースがあるからである。たとえば、「ひきこもり長期化」言説は、学校や職場で問題を抱え追い詰められていても、その場から一旦外れると自分も「ひきこもり」になってしまうかもしれない、そうすると後に戻れない、という不安を喚起させている。また、地域のつながり、支え合いは、もちろん重要だが、それがどのような意図で言説化されているかを考える必要がある。戦時日本の歴史が教えるように、過度につながり、結合、支え合いを強調することは、危険な側面ももつ。たとえひとりになったとしても安心して生きていける社会、その基盤があってこそ、お互い安心できるつながりや支え合いが生まれ、そのつながりを生かすことができるのではないか。もちろん、すぐにこのような理想に達することはできないだろうし、現在の日本社会では、ひとりでいることは生存のリスクにつながってしまうのが現実である。だが肝心なのは、孤独・孤立の状態にある人／なりそうな人が「もうダメだ」と思ってしまわないように、「ひとりであろうがなかろうが大丈夫、どんな状態であっても幸せに生きていけるみちがある」という安心感をもつことができる社会を目指し続けることであると思う。本研究は学術的関心から始めたものではあるが、本書の出版が、言説活動により社会を少しでもそのような方向に動かすための一助になればと願う。

ここで本書をまとめるにあたってお世話になった方々にお礼を述べたい。学部時代は、神戸大学の早川和男先生の研究室で「学問とは何か」を学ばせていただいた。工学部の建築系のゼミであったが様々な人文書を読む機会を与えていただき、様々な居住福祉研究を学ぶ機会もいただいた。また、神戸大学では平山洋介先生、児玉善郎先生にもご指導いただいた。児玉先生には、震災後の大変な状況のなかで、大変丁寧に卒論を指導していただいた。平山先生には、大学院に戻った際に研究を指導していただいた。フーコー、アレント、ブルデューなど様々な思想を勉強する機会を得ることができた。社会構築主義と出会ったのも、平山先生のご指導のおかげである。博士後期課程からは、大阪府立大学の中河伸俊先生のゼミで研究指導をしていただいた。社会構築主義だけでなく様々な質的研究のアプローチを学ばせていただいた。また、社会学の基礎ができておらず経験も浅い筆者に、研究会に参加して赤川学先生はじめ言説史研究を専門とされている先生方の研究にふれられる機会をいただいた。また、不登校・ひきこもりの言説史研究の工藤宏司先生、子殺しや中絶などをめぐっての母性愛に関する言説史研究の田間泰子先生、文化人類学の宮脇幸生先生をはじめ様々な先生方に指導していただけた。孤独・孤立の言説史研究に取り組むうえで最高の環境だった。これらの先生方には、大学院修了後も引き続き貴重な研究の機会をいただいた。また、現在所属している奈良県立大学の先生方、職員の皆さんには、研究上の刺激をいただいただけでなく、介護と教育研究の両立で迷惑ばかりかけているにもかかわらずいつもあたたかく励ましていただいた。本書の出版に対し助成をいただけたことも心から感謝している。

また近年は、堀田新五郎先生をはじめ様々な領域の国内外の研究者・実践家の方々と撤退学プロジェクトとそれに連なるオルタナティブな学びの場づくりの活動をスタートすることが出来た（ご関心のある方はぜひ『撤退学の可能性を問う』（晃洋書房 2024）をご高覧ください）。閉塞感・不安感が蔓延する社会のなかで希望とワクワク感をもってライフワークと思える活動と出会い継続していけるのは、これらの素敵なプロジェクト仲間のおかげである。晃洋書房の西村喜夫さんはじめ皆様には、本書の出版にご賛同いただき、大幅に原稿が遅れたにもかかわらずあたたかく待っていただいた。皆様、ありがとうございました。

最後に、家族の皆にも御礼を言いたい。筆者は父がキリスト教会（プロテスタント）の牧師、母が副牧師の家庭で、六人きょうだいの末っ子として生まれ育った。いままで、家族がいついかなる時も祈りと励ましによって支えてくれたことに心から感謝している。特にここ数年は、母との交わりがこれまでのどの時期よりも深まり、本書の執筆も含め日々の営みすべてがその慈愛に支えられている。母は現在、九〇歳である。昨年一月に父が持病の治療のため入院した先で新型コロナに感染して天に召され、筆者は突然の出来事にしばらくは哀しみにくれ教育研究に集中することも難しかった。しかし、母は自らが生死をさまよう状態が時々訪れるほど弱っているにもかかわらず、いつも明るく励まし元気づけてくれている。母がこの世で生きてくれている限り出来るだけ傍にいたいと思い、そうしていると、いつも母は「ありがとう」と言うが、共にいることで生きる気力をもらっているのは筆者のほうである。兄・姉もそれぞれ大変な状況を抱えつつも、いつも励ましや元気を与えてくれる。ありがとうございます。また、研究仲間として、パートナーとして共に歩んできた夫にも心から感謝を述べたい。この一〇年間、夫も同様に年老いた家族たちの介護と教育研究の両方に全力でのぞんできたが、その力の源となっているのは、家族であるか否かにかかわらず弱った人たち、社会に見捨てられたような人たちと寄り添いあい、互いの生命と幸せを守ることを何より大事にしたいという熱い想いであると思う。そのような夫との日々の対話・議論は、筆者が教育研究、社会活動を進めていくうえで最も重要な糧となっている。そして何より、筆者が病気で弱りきったときにも音を上げずに寄り添い続けてくれた。そのおかげで、いまがある。本当にありがとう。

筆者は弱くて無力ですが、母や父が教えてくれたヤベツの祈り、「地境を広げてください」との祈りとともに、これからも皆様と歩んでいきたいです。よろしくお願いいたします。

二〇二四年一二月

梅田直美

【付記】　本書の出版にあたっては、奈良県立大学学術図書出版助成を受けている。深く感謝申し上げます。

《著者紹介》
梅田直美（うめだ　なおみ）
1973年生まれ．
大阪府立大学大学院人間社会学研究科博士後期課程修了，博士（人間科学）．専門は社会学，社会福祉．
現在，奈良県立大学地域創造学部教授．
主要業績
『撤退学の可能性を問う』分担執筆，晃洋書房，2024年．『山岳新校、ひらきました——山中でこれからを生きる「知」を養う』分担執筆，エイチアンドエスカンパニー，2023年．『子育てと共同性——社会的事業の事例から考える』（OMUP ブックレット No. 62），編著，大阪公立大学共同出版会，2018年．『自由と人権——社会問題の歴史からみる』（OMUP ブックレット No. 59），共著，大阪公立大学共同出版会，2017年．『方法としての構築主義』分担執筆，勁草書房，2013年．

「孤独・孤立」の歴史社会学

2025年2月28日　初版第1刷発行　＊定価はカバーに表示してあります

著　者　梅田直美Ⓒ
発行者　萩原淳平
印刷者　中村勝弘

発行所　株式会社　晃洋書房
〒615-0026　京都市右京区西院北矢掛町7番地
電話　075(312)0788番(代)
振替口座　01040-6-32280

装幀　HON DESIGN（岩崎玲奈）　印刷・製本　中村印刷株式会社
ISBN978-4-7710-3934-6

索　　引

〈な・は　行〉

参 考 文 献

Berger, P. L. and Luckmann , T, (1966) *The social construction of reality : a treatise in the sociology of knowledge*, Anchor Books.（＝2003, 山口節郎訳『現実の社会的構成：知識社会学論考』新曜社).

Foucault, M. (1994) *Dits et écrits, 4 tômes*, Paris: Gallimard.（＝1999, 蓮實重彦・渡辺守章監修／小林康夫・石田英敬・松浦寿輝編『ミシェル・フーコー思考集成 1968-1970歴史学／系譜学／考古学』筑摩書房).

Friedan, B., (1963) *The Feminine Mystique*, Norton.（＝1965, 三浦富美子訳『新しい女性の創造』大和書房).

Hacking, I. (1995) *Rewriting the soul: multiple personality and the sciences of memory*, Princeton University Press.（＝1998, 北沢格訳『記憶を書きかえる――多重人格と心のメカニズム』早川書房).

Kitsuse, J. I. and Spector, M, (1987) *Constructing Social Problems*, Aldine de Gruyter.（＝1990, 村上直之・中河伸俊・鮎川潤・森訳『社会問題の構築――ラベリング理論をこえて』マルジュ社).

Kornhauser, W., (1959) *The politics of mass society*, Routledge.（＝1961, 辻村明訳『大衆社会の政治』東京創元社).

Parsons, T. and Bales, R. F. (1955) *Family, Socialization and Interaction Process*, Free Press.（＝1971, 橋爪貞雄ほか訳『核家族と子どもの社会化』黎明書房).

Townsend, P., (1963) *The family life of old people: an inquiry in East London*, Penguin Books（＝1974, 服部広子・一番ケ瀬康子共訳『老人の家族生活―社会問題として』家政教育社).

Townsend, P., (1963) *The family life of old people : an inquiry in East London*, Penguin Books（＝1974, 山室周平監訳『居宅老人の生活と親族網：戦後東ロンドンにおける実証的研究』垣内出版).

Wellman, B. (1979) "Community Question: The Intimate Networks of East Yorkers," *American Journal of Sociology*, 84, 1202-31.（＝2006, 野沢慎司・立山徳子訳「コミュニティ問題――イースト・ヨーク住民の親密なネットワーク」野沢慎司編『リーディングス ネットワーク論 家族・コミュニティ・社会関係資本』勁草書房).

Wirth, L., (1938) "Urbanism as a Way of Life," *American Journal of Sociology*, 44, 1-24（＝高橋勇悦訳, 1978,「生活様式としてのアーバニズム」鈴木広編『都市化の社会学』誠信書房).

赤川学 (2006)『構築主義を再構築する』勁草書房.

阿部彩（2008）『子どもの貧困――日本の不公平を考える』岩波書店〔岩波新書〕.
雨宮処凛（2007）『生きさせろ！　難民化する若者たち』太田出版.
雨宮昭一（1997）『戦時戦後体制論』岩波書店.
池岡義孝・木戸功（1996）「『核家族論争』再考試論」『ヒューマンサイエンス』9（1），126-140.
池上正樹（2014）『大人のひきこもり 本当は「外に出る理由」を探している人たち』講談社.
石川良子（2007）『ひきこもりの〈ゴール〉――「就労」でもなく「対人関係」でもなく』青弓社.
石田光規（2011）『孤立の社会学――無縁社会の処方箋』勁草書房.
磯村英一（1953）「都市の社会集団」『都市問題』44(10)，35-50.
――――（1960）「団地社会形成の社会的意義」『都市問題研究』12（9），3-16.
――――（1964）「団地形成の特殊性とC.O.の指向性」『都市問題研究』16（5），2-13.
――――・大塩俊介編（1958）『団地生活と住意識の形成――居住形式と人間関係に関する研究』東京都立大学社会学研究室.
稲村博（1978）『子殺し――その精神病理』誠信書房.
――――（1979）「子殺し・親子心中の状況」『教育と医学』27（1），54-60.
上野加代子（1996）『児童虐待の社会学』世界思想社.
上野加代子・野村知二（2003）『〈児童虐待〉の構築――捕獲される家族』世界思想社.
梅田直美（2008）「『育児の孤立化』問題の形成過程――1990年以降を中心に」『現代の社会病理』23，109-124.
――――（2010）「昭和30年代の団地論にみる『家族の孤立化』問題の形成過程の一局面」『人間社会学研究収録』5，29-58.
――――（2011a）「コミュニティ政策の誕生と『孤立化』問題」大阪府立大学『人間社会学研究収録』6，51-73.
――――（2011b）「（学位論文）戦後日本における『育児の孤立化』問題の形成過程に関する研究」大阪府立大学.
――――（2015）「戦後日本における『母子密着』の問題化過程――1960-80年代の新聞記事言説分析から」『奈良県立大学研究季報』25（4），15-43.
――――（2016a）「児童虐待」高原正興・矢島正見編『関係性の社会病理』学文社.
――――（2016b）「戦後日本における『母子密着』言説の形成過程の一局面――団地家族に関する新聞記事の分析を通じて」『奈良県立大学研究季報』27（1），1-39.
――――（2017a）「『子殺し』にみる自由と人権」林尚之・梅田直美『自由と人権――社会問題の歴史からみる』大阪公立大学共同出版会.
――――（2017b）「児童虐待と『母親の孤立』の問題化――歴史的視点から」『青少年問題』64(665)，18-25.
――――（2017c）「みえない母子の貧困と孤立」『女性学研究』24, 32-34.
――――（2019）「近代天皇制下における近隣組織と共同性」住友陽文・林尚之編『近代の

ための君主制――立憲主義・国体・「社会」』大阪公立大学共同出版会.
――――（2021）「『隣組』の廃止と復活をめぐる言説――1945-1955年の新聞記事から」『奈良県立大学研究季報』31(3), 61-89.
――――（2022）「社会システムからの個人の撤退――「フリーター」の言説史から考える―」『奈良県立大学研究季報』33(2), 3-54.
――――・林尚之（2017）「「孤立」にみる自由と人権」林尚之・梅田直美『自由と人権――社会問題の歴史からみる』大阪公立大学共同出版会.
NHKクローズアップ現代取材班（2010）『いま30代に何が――助けてと言えない』文藝春秋.
NHKスペシャル取材班＆佐々木とく子（2007）『ひとり誰にも看取られず――激増する孤独死とその防止策』CCCメディアハウス.
近江哲男（1958）「都市の地域集団」『社会科学討究』3(1), 181-230.
――――（1961）「都市と文化変動」『社会科学討究』6(1), 89-118.
大塩俊介（1960）「地域社会としての「団地」の性格(上)」『都市問題研究』12(9), 17-31.
大橋薫（1964）「団地社会におけるコミュニティ・オーガニゼーション」『都市問題研究』16(5), 30-43.
大原健士郎（1979）「親殺し・子殺し」『教育と医学』27(6), 49-55.
大原健士郎編（1975）『自殺学2』至文堂.
大日向雅美（1988）『母性の研究』川島書店.
大道安次郎（1964）「コンミュニティーとしての『団地』社会」『都市問題研究』16(5), 14-29.
大藪壽一（1964）「団地計画とコミュニティ計画」『都市問題研究』16(5), 44-57.
大藪壽一編（1963）『団地コミュニティの研究 1』大阪市立大学団地研究会.
――――（1964）『団地コミュニティの研究 2～5』大阪市立大学団地研究会.
奥井復太郎（1953）「近隣社会の組織化」『都市問題』44(10), 23-33.
奥田道大（1959）「都市化と地域集団の問題――東京都一近郊都市における事例を通じて」『社会学評論』9(3), 81-92.
――――（1967）「都市における住民組織とコミュニティ意識」『社会教育』22(7), 14-18.
――――（1970）「コミュニティ形成と住民意識」『日本教育社会学会大会発表要旨集録』22, 122
――――（1971a）「地域住民運動への視点」『社会教育』26(2), 6-10.
――――（1971b）「都市的状況とコミュニティ研究――都市社会学における研究の展開と課題」『都市問題研究』23(7), 28-41.
――――（1971c）「地域住民にとってコミュニティ施設とはなにか」『社会教育』26(11), 69.
――――（1973a）「コミュニティ形成とシビル・ミニマム――都市社会学的一試論」『社会

福祉研究』巻号数，47-53.
――――（1973b）「都市住民のコミュニティ指向と行政対応――週休２日制と都市行政の主題に寄せて」『都市問題研究』25(10)，24-47.
――――（1973c）「コミュニティ把握と住宅運動――その社会学的接近」『市民』13，28-35.
落合恵美子（1989）「育児援助と育児ネットワーク」兵庫県家庭問題研究所編『家族研究』１，19-133.
――――（1993）「家族の社会的ネットワークと人口学的世代――60年代から80年代への歴史的変容」蓮見音彦・奥田道大編『21世紀日本のネオ・コミュニティ』東京大学出版会.
――――（1994）『21世紀家族へ――家族の戦後体制の見かた・超えかた』有斐閣.
恩賜財団母子愛育会日本子ども家庭総合研究所編（2005）『子ども虐待対応の手引き　平成17年３月25日改定版』有斐閣.
河合克義（2009）『大都市のひとり暮らし高齢者と社会的孤立』法律文化社.
河合克義・板倉香子・菅野道生編著（2013）『社会的孤立問題への挑戦――分析の視座と福祉実践』法律文化社.
川北稔（2019）『8050問題の深層――「限界家族」をどう救うか』NHK 出版.
川崎昌平（2007）『ネットカフェ難民――ドキュメント「最底辺生活」』幻冬舎.
川名紀美（1980）『密室の母と子』潮出版社.
――――（1992）『親になれない――ルポ・子ども虐待』朝日新聞社.
木戸功（1998）「『家族社会学』の構築――『核家族論争』を再考する」『家族研究年報』23，２-17.
木村仁（1970）「コミュニティ対策――新しい近隣社会の創造」『地方自治』275，10-21.
熊谷次郎編（1940）『隣組読本』非凡閣.
倉沢進（1970）「都市化と地域社会的統合――コミュニティをめぐる問題」『不動産研究』12(２)，60-68
――――（1971）「コミュニティとは何か」『地方自治』283，13-36.
――――（1972）「コミュニティ施策の中間考察――「私たちのコミュニティづくり」をめぐって」『地方自治』297，30-40.
――――（1973a）「コミュニティ対策について（第３回コミュニティ講習会講演）」『地方自治』295，11-39.
――――（1973b）「コミュニティ活動の展開」『市民』13，42-49
――――（1975）「モデルコミュニティと社会教育」『社会教育』30(１)，18-21.
栗栖瑛子（1974）「子どもの養育に関する社会病理学的考察――嬰児殺および児童の遺棄、虐待」『ジュリスト』577，121-127.
栗原嘉一郎・藤田昌美・多胡進・大藪寿一（1961）「集団住宅地における配置形式と近隣関係」『日本建築学会論文報告集』69(２)，369-372.

栗原嘉一郎・多胡進・岩永秀夫（1963）「団地居住者における人間関係の展開とコミュニティー意識」『日本建築学会論文報告集』91，27-33.
厚生省『厚生白書』（昭和31年版～平成12年版）.
――――（1999）『子ども虐待対応の手引き』.
――――（2000）『第２回健やか親子21 検討会議事次第』.
――――（2001）『子ども虐待対応の手引き　平成12年11月改訂版』.
――――（2002）『健やか親子21検討会報告書――母子保健の2010年までの国民運動計画』.
――――（2003）『児童虐待の防止等に関する専門委員会報告書』.
――――（2007a）『育児支援家庭訪問事業の概要』.
――――（2007b）『こんにちは赤ちゃん事業実施ガイド――先進事例集』.
―――（2009）『地域子育て支援拠点事業 実施のご案内』.
厚生労働省『厚生労働白書』（平成13年版～平成21年版）.
越永重四郎・高橋重宏・島村忠義（1975）「戦後における親子心中の実態」『厚生の指標』22(13)，8-17.
小浜ふみ子（1994）「占領下における町内会の再編過程――台東区・谷中地区の事例から」『年報社会学論集』（７），25-36.
小森哲郎（1962a）「団地の人間関係」『北九州大学 15周年記念論文集』249-294.
――――（1962b）「団地の社会教育」『北九州産業社会研究所紀要』３，63-80.
――――（1963）「団地の人間関係（２）」『北九州大学外国語学部紀要』２，1-33.
小山隆編（1960）『現代家族の研究――実態と調整』弘文堂.
斎藤環（1998）『社会的ひきこもり――終わらない思春期』PHP 研究所〔PHP 新書〕.
佐々木保行・高野陽・大日向雅美・芹沢茂登子ほか（1982）『育児ノイローゼ』有斐閣.
佐々木保行編（1980）『日本の子殺しの研究』高文堂出版社.
佐藤カツコ（1977）「母親による子殺しとその背景」『犯罪社会学研究』２，95-105.
佐藤雅浩（2013）『精神疾患言説の歴史社会学――「心の病」はなぜ流行するのか』新曜社.
自治省（1970）『コミュニティ（近隣社会）に関する対策要綱（案）』.
自治大学校（1960）『戦後自治史〈第１〉隣組及び町内会，部落会等の廃止』自治大学校.
嶋﨑尚子（2018）「〈日本型システム〉の形成過程とその特性」『学術の動向』23(９)，10-15.
清水新二・大橋薫（1975）「核家族孤立論争再考――産業社会における適合性問題を中心に」『明治学院論叢 社会学・社会福祉学研究』43，1-18.
清水幾太郎（1951）『社会心理学』岩波書店.
鈴木栄太郎（1953）「近代化と市民組織」『都市問題』44(10)，13-22.
鈴木成文・牛田尹久子（1958）「アパート団地における集団の性格と集会の内容」『日本建築学会論文報告集』60(２)，301-304.
――――・下山眞司・山成彩子・増山雍二・多胡進（1960）「集団住宅地における主婦のつきあいについて」『日本建築学会研究報告』53，606-609.

生活科学調査会編（1963）『団地のすべて』医歯薬出版.
――――（1965）『家庭はどう変わる』生活科学調査会.
園田恭一（1978）『現代コミュニティ論』東京大学出版会.
高田保馬（1953）「市民組織に関する私見」『都市問題』44(10), 1-12.
高橋重宏・網野武博・柏女霊峰編著（1996）『ハイライト子ども家庭白書――子どもと親のウェルビーイングの促進をめざして』川島書店.
武田京子（1974）「既婚の母親の子殺し考」『あごら』8, 10-19.
谷口汎邦（1960）「住宅団地と近隣小学校に関連した2, 3の問題」『日本建築学会論文報告集』66(2), 441-444.
――――（1961）「住宅団地内外のコミュニケーションについて」『日本建築学会論文報告集』69(2), 373-376.
谷口汎郎・谷口汎郎・磯城弘一・笠木覚・吉田英彦（1960）「住宅団地内及びその周辺とのコミュニケーションについて」『日本建築學會研究報告』54, 384-391.
玉野和志（1993）『近代日本の都市化と町内会の成立』行人社.
田間泰子（2001）『母性愛という制度――子殺しと中絶のポリティクス』勁草書房.
中央社会福祉審議会（1971）『コミュニティ形成と社会福祉』.
対馬貞夫ほか（1960）「都市集団住宅地における近隣関係」『社会学研究』19, 1-56.
土屋真一・佐藤典子（1974）「嬰児殺に関する研究」『法務総合研究所紀要』17, 75-90.
鳥越皓之（1994,『地域自治会の研究――部落会・町内会・自治会の展開過程』ミネルヴァ書房.
内閣府（1969）『国民生活審議会コミュニティ問題小委員会報告書――コミュニティ―生活の場における人間性の回復』内閣府.
――――（1970）『人間環境整備への指針――成長発展する経済社会のもとで健全な国民生活を確保する方策に関する答申』.
内務省地方局内自治振興中央会（1940）『部落会・町内会等の整備方針』.
中河伸俊（1999）『社会問題の社会学――構築主義アプローチの新展開』世界思想社.
中河伸俊・赤川学編（2013）『方法としての構築主義』勁草書房 .
中沢卓実（2008）『常盤平団地発信　孤独死ゼロ作戦――生きかたは選べる！』本の泉社.
中谷瑾子（1973）「『核家族化』と嬰児殺し」『ケース研究』135, 2-15.
中谷瑾子編（1982）『子殺し・親殺しの背景――《親知らず・子知らずの時代》を考える』有斐閣.
長野士郎（1967）「空想地方自治論――広域行政とコムミュニティー」『地方自治』230, 4-13.
中村八朗（1965）「都市町内会論の再検討」『都市問題』56(5), 69-81.
――――（1973）『都市コミュニティの社会学』有斐閣.
奈良県福祉部こども家庭局編（2009）『なら子育て支援の輪づくり事業報告書平成20年度』.
奈良県立大学地域創造研究センター撤退学研究ユニット編『山岳新校、ひらきました――

山中でこれからを生きる「知」を養う』エイチアンドエスカンパニー.
新美美津子（1977）「『子殺し』とは何かを考えるにあたって」『家庭科教育』51(6), 42-45.
西村勝彦（1965）『大衆社会』誠信書房.
日本住宅公団建築部調査研究課編（1960）『アパート団地居住者の社会心理学的研究――人間関係と社会意識を中心として』日本住宅公団建築部調査研究課.
――――（1961）『アパート団地居住者の社会心理学的研究Ⅱ　地域差の分析を中心にして』日本住宅公団建築部調査研究課.
――――（1963）『アパート団地居住者の社会心理学的研究Ⅲ　団地と地域社会』日本住宅公団建築部調査研究課.
日本都市センター（2002）『コミュニティ・近隣政府と自治体計画――その軌跡と展望』日本都市センター.
橋爪貞雄（1962）『変りゆく家庭と教育――団地文化が予見するもの』黎明書房.
原田正文（2006）『子育ての変貌と次世代育成支援：兵庫レポートにみる子育て現場と子ども虐待予防』名古屋大学出版会.
久徳重盛（1979）『母原病　母親が原因でふえる子どもの異常』サンマーク出版.
日高六郎（1957）「結びにかえて――「大衆社会」研究の方向について」福武直ほか編『講座社會學第7巻　大衆社會』東京大学出版会.
平英美・中河伸俊（2006）『新版　構築主義の社会学――実在論争を超えて』世界思想社.
藤森克彦（2010）『単身急増社会の衝撃』日本経済新聞出版社.
法務省法務総合研究所（1966）『犯罪白書　昭和41年版』大蔵省印刷局.
――――（1974）『犯罪白書　昭和49年版』大蔵省印刷局.
母子愛育会日本子ども家庭総合研究所編（2001）『厚生省子ども虐待対応の手引き 平成12年11月改定版』有斐閣.
堀田新五郎・林尚之編（2024）『撤退学の可能性を問う』晃洋書房.
本田由紀・内藤朝雄・後藤和智（2006）『「ニート」って言うな!』光文社.
前田尚美ほか（1960）「団地集会所における集会の性格と内容」『日本建築学会論文報告集』66(2), 321-324.
牧野カツコ（1981）「育児における不安について」小平記念会家庭教育研究所編『家庭教育研究所紀要』2, 41-51.
増田光吉（1958）「鉄筋アパート居住家族の夫婦関係」『甲南大学文学会論集』7, 1-21.
――――（1960a）「鉄筋アパート居住家族の Neighboring」『甲南大学文学会論集』11, 1-12.
――――（1960b）『鉄筋アパート街の生活をさぐる――西宮市北口団地社会教育実態調査の報告』西宮市教育委員会.
――――（1964）「団地の家族――現代における適応の一姿態」『ソシオロジ』11(1-2), 119-129.

増田光吉（1971）「母親の子ども殺し」『別冊　経済評論』191-195.
松下圭一（1956）「大衆国家の成立とその問題性」『思想』389, 1317-1338.
――――（1962）「現代日本の政治的構成』東京大学出版会.
松原治郎（1968）「現代コミュニティ意識の動向」『国民生活研究』 7（1）, 37-44.
――――（1969）『核家族時代』NHK ブックス.
――――（1970）「コミュニティ形成と住民運動（シンポジウム「コミュニティ形成と教育」）」『日本教育社会学会大会発表要旨集録』22, 138-140.
――――（1971a）「コミュニティの諸問題――社会福祉と地方自治の接点として」『季刊社会保障研究』 7（2）, 2-11.
――――（1971b）「社会福祉活動におけるコミュニティ・アプローチ」『社会福祉研究』 8, 3-8.
――――（1971c）「都市開発における住民参加のルール――コミュニティ形成の大前提」『都市開発』101, 40-44.
――――（1972）「コミュニティとコミュニティ運動（講演）」『地方自治』298, 51-76.
――――（1973）「コミュニティ形成の論理」『市民』13, 19-27.
――――（1978）『コミュニティの社会学』東京大学出版会.
水島宏明（2007）『ネットカフェ難民と貧困ニッポン』日本テレビ放送網.
南博（1970）「なぜおこる“わが子殺し”」『子どものしあわせ』12, 9.
宮坂靖子（2000）「親イメージの変遷と親子関係のゆくえ」藤崎宏子編『親と子――交錯するライフコース』ミネルヴァ書房.
宮澤弘（1970）「コミュニティについて」『地方自治』266, 2-9.
柳田邦夫（1963）『団地文明論――住んで見たこと・考えたこと』産報出版.
山手茂（1974）「マイホーム主義の形成と展開」青山道夫ほか編『講座家族 8　家族観の系譜』弘文堂
山根常男・野々山久也（1967）「日本における核家族の孤立化と親族組織――家族と社会に関する仮説的考察」『社会学評論』18（1）, 64-84.
山根真理（2000）「育児不安と家族の危機」清水新二編『家族問題――危機と存続』ミネルヴァ書房.
有地亨（1970）「現代家族をめぐる社会的状況」『法政研究』36（2　6）, 213 247.
吉原直樹（1989）『戦後改革と地域住民組織――占領下の都市町内会』ミネルヴァ書房.